디지털인문학과 지식플랫폼

문화콘텐츠총서 06

디지털인문학과 지식플랫폼

2016년 9월 20일 1판 1쇄 인쇄 / 2016년 9월 27일 1판 1쇄 발행

지은이 임수경 외 / 펴낸이 임은주
펴낸곳 도서출판 청동거울 / 출판등록 1998년 5월 14일 제406-2011-000051호
주소 (10881) 경기도 파주시 문발로 115 (파주출판도시) 세종출판벤처타운 201호
전화 031) 955-1816(관리부) 031) 955-1817(편집부) / 팩스 031) 955-1819
전자우편 cheong1998@hanmail.net / 네이버블로그 청동거울출판사

ISBN 978-89-5749-185-0 (93000)

이 도서의 국립중앙도서관 출판시도서목록(CIP)은 서지정보유통지원시스템 홈페이지
(http://seoji.nl.go.kr)와 국가자료공동목록시스템(http://www.nl.go.kr/kolisnet)에서
이용하실 수 있습니다. (CIP제어번호: CIP2016020301)

이 저서는 2015년 대한민국 교육부와 한국연구재단의 디지털인문학사업의 지원을 받아 수행된 연구임
(NRF-2015S1A6A8050947)
This work was supported by the Ministry of Education of the Republic of Korea and the
National Research Foundation of Korea(NRF-2015S1A6A8050947)

문화콘텐츠총서 06

디지털인문학과 지식플랫폼

문학지리정보를 에디팅한 플랫폼 〈디지털인문학 한강〉구축 과정과 결과

임수경 편저

이 책은 종합지식플랫폼 〈디지털인문학 한강〉 구축에 대한 개발 전제와 개발 일련의 과정, 개발 결과와 확장 연구 결과물로 이루어져 있다.

현대사회는 디지털 시대를 맞아 어느 때보다 빠르고 편리하게 원하는 지식정보를 검색하고, 공유하며, 재생산해내고 있다. 현대인은 정보화 시대라는 위상에 걸맞게 아침부터 저녁까지 지식정보의 홍수 속에서 살아간다고 해도 과언이 아닐 것이다. 끊임없이 공유되고 재생산되며 재제공되는 지식정보들에서 이용자는 최적의 지식정보를 선별·종합하는 어려움을 겪게 되었다. 특히 현재 지식정보는 분야별로 제공되기에 이들을 통합한 종합지식플랫폼의 도입이 필요해졌다.

지식플랫폼 〈디지털인문학 한강〉 구축은 한강이 가진 인문학적 상징성을 바탕으로 문학, 역사, 지리에 대한 지식을 총체적으로 망라한 개발 연구이다. 각각의 지식을 보기 쉽게 체계적으로 정리하는 작업은 인문학적 사고력 개발과 문학적 상상력에 있어 긍정적인 효과를 거둘 수 있을 것으로 보인다. 더 나아가서 교구적, 학습 목적으로까지 발전을 꾀함은 물론 학제적 교육방법론을 도출할 수 있을 것으로 기대한다. 특히 문학, 지리, 역사의 통합 지식 허브는 관련 교육을 보다 체계화, 다양화할 수 있는 방편이 될 것이다. 여기에 체험 프로그램, 관광 코스 등을 접목시킨다면 교육의 방법은 보다 폭넓어질 것으로 판단된다.

　본 개발 과제를 진행하기 위해 문학 전공인 책임연구자와 전임연구자, 그리고 역사 전공, 뉴미디어디자인 전공, 교육공학 전공인 참여연구자가 협업을 하는 시스템을 구축했다. 우리는 전공(분야)별로 나뉘어 있는 지식정보를 한곳으로 모으고, 융합하여 최적의 자료로 제공할 수 있는 종합지식플랫폼을 구축하는 결과물을 도출해내었다. 따라서 본 과제는 과거 선행된 연구들과는 다르게 타 전공 분야와의 지속적인 학문적 유대를 강화하고, 후속 연구로의 확장을 통해 통합과 발전이라는 보다 발전적이고 심화된 학제적 연구로의 발판을 마련했다고 볼 수 있다.

　바야흐로 피터 노왁이 말한 대로 '휴먼3.0시대'가 도래했다. 자연을 이용하거나 기계를 이용하던 휴먼1.0&2.0시대를 지나, 현대사회에서 필요한 물질에너지를 기술을 통해 얻는 시대를 뜻한다. 특히 21세기에 들어와 스마트폰과 인공지능을 중심으로 한 급격한 기술의 발전은 미래사회의 편리하고 윤택한 모습을 예견하는 낙관적인 기대를 가능하게 했다. 그와 반대로 2016년 상반기를 뜨겁게 달구었던 전 세계 랭킹 1위인 이세돌 9단과 인공지능 알파고의 두뇌 대결을 통해 기술력의 진보와 확장에 대한 우려의 목소리 역시 높아지고 있다. 그러나 아직 오지 않은 미래사회에 대한 두려움으로 움츠리기보다 기술력을 바탕으로 한 발전을 도모하는 것이 훨씬 건설적이지 않을까 한다.

본 '문학지리정보를 에디팅한 지식플랫폼 〈디지털인문학 한강〉 구축' 프로젝트는 2015년 정부의 재원으로 한국연구재단(디지털인문학사업)의 지원을 받아, 2015년 9월부터 2016년 8월까지 12개월간 책임연구교수(임수경), 참여연구교수(이창욱, 엄기표, 전은화), 전임연구원(김미나), 보조연구원(엄준태, 나창주, 한혜림), 그 외에도 자료조사 전문인력(권현지, 이승연), 홈페이지 구축 전문 인력(박효상, 이세인, 한혜림) 등 총 12인이 공동으로 진행하였다. 자신의 분야와 다른 분야를 포괄하는 과정은 융합과 변화를 추구하는 이 시대에 꼭 필요하지만 어려운 작업임에 틀림없다. 이렇게 어려운 과제를 기꺼운 마음으로 끝까지 함께 해준 모든 연구자들께 사랑을 담아 힘껏 포용해 드리며, 이 결과물을 한 권의 단행본으로 완성시켜 준 청동거울의 조태봉 사장님께도 깊은 감사의 말씀을 드린다.

2016년 8월
죽전캠퍼스 폭포정원에서
임수경

| 차례 |

■ 책임연구자
  임수경 단국대학교 교육조교수, 문학 전공

■ 공동연구자
  엄기표 단국대학교 부교수, 고고미술사 전공
  이창욱 단국대학교 교수, 뉴미디어디자인 전공
  전은화 단국대학교 조교수, 교육공학 전공

■ 전임연구자
  김미나 단국대학교 전임연구원, 문학 전공

■ 연구보조원
  엄준태 단국대학교 석사과정, 문학 전공
  나창주 단국대학교 석사과정, 역사 전공
  한혜림 단국대학교 학사과정, 디자인 전공

제1부 지식플랫폼 〈디지털인문학 한강〉 개발 연구

제1장

디지털인문학 중심 지식플랫폼의 필요성

1. 인문학의 시대

21세기 사회는 유비쿼터스(Ubiquitous) 기능을 탑재한 개별 스마트폰의 보급으로 인해 다양한 방법으로 지식을 수집함은 물론 이를 공유·배포하는 것이 점차 수월해지고 있는 정보화 시대에 위치해 있다. 스마트폰을 필두로 다양한 매체를 통한 지식의 습득 및 공유는 학문별 분야에 대한 객관적인 범위기준을 넘어선 범전공적인 지식의 습득에 대한 필요성까지 강조하기에 이르렀다. 그 예로 취업준비생에게 기초교양을 넘어선 지식수준을 강조하면서 해당 과정을 상식, 적성검사라는 과목으로 포장한 것을 들 수 있다. 기업은 취업준비생들에게 전공과 상이한 다양한 분야의 지식까지 습득하기를 바라고, 때문에 취업준비생들은 다양한 분야의 지식을 고루 습득한 만물박사가 되어야 하는 것이 현실이다.

지식의 중요성이 강조되는 현실에서도 인문학지식이 일반교양 영역으로 인식되기 시작했고, 현재는 "인문학의 시대"가 도래했다는 말이 나올 정도로 인문학이 유래 없는 각광을 받고 있다. 현대사회에서 인문학은 생산성 향상에 직접적으로 기여한 결과를 확인하거나 그 가치를 측정한다는 것이 모호하기 때문에 종종 유용하지 못한 것으로 여겨지기도 한다.[1]

그럼에도 최근 들어 인문학이 주목받고 있는 이유는 기존에 가장 주목받던 분야인 산업의 목적의식이 변화하고 있기 때문이다. 기술의 발달은 급속도로 이루어지고 있고, 그에 따라 전문 인력들이 필요한 곳들에 배치될 수 있도록 수십 년간 인재 양성이 이루어져 왔다. 기술 발달은 인재의 배치라는 기본 요건이 충족되자 이제는 기술 개발을 넘어선 인간을 위한 기술로의 도약을 시도하고 있다. 이 과정에서 인문학은 기술 발달의 궁극적인 목적인 인간을 이해하기 위한 기본 소양으로 지위가 급변했다. 공학과 인문학의 결합은 사람을 중심으로 한 기술 개발이라는 변화의 시작인 셈이다.

공학 또는 사업과 관련짓지 않더라도 인문학이 주목받게 된 이유로 사회적인 요인을 들 수 있기도 하다. 대가족 형태의 가족 구성이 해체되고 소규모 형태가 유지되면서 공동체 속에서 배울 수 있었던 인문학적 소양들을 함양할 수 있는 다른 경로가 필요해졌다. 성장하면서 자연스럽게 배울 수 있었던 각종 요소들을 따로 배울 수 있는 개별적인 통로를 찾아야만 하는 시대가 된 것이다. 그 과정에서 인문학을 통해 관련 지식들을 습득할 수 있다는 사실이 부각되었다. 이로 인해 인문학은 인간의 기본적인 정체성은 물론 정서, 사회성 등을 평가하는 기준이자 통로로 활용되기 시작한 것이다.

이처럼 여러 이유로 인문학이 각광받게 되면서 인문학적 지식의 범위

---

1 전은화·정효정, 「인문콘텐츠를 활용한 스마트 학습 환경 개발」, 『청소년시설환경연구』(게재예정), 2016.

와 습득 과정, 사용 매체의 분화 및 발달 등에 대한 관심 또한 높아지고 있다. 때문에 이 과정에서 보다 효과적인 방법, 방향 등을 논의할 필요가 있다.

2. 왜 디지털인문학 지식플랫폼인가

인문학이 강조되는 시대를 맞아 지식을 습득하는 과정에서 각종 사용 매체들이 생겨났고, 제각기 발전하였다. 여기서 사용 매체의 분화 및 발달이란, 각종 디지털 양식이 '지식 습득의 도구'로 새롭게 등장했음을 의미한다. 매체를 통하여 손쉬운 방법으로 새로운 지식을 제공받을 수 있는 현대인은 매체의 세계 속에서 일방적으로 지식을 습득할 뿐만 아니라 양자 간의 반응, 효과, 영향 등으로 얽힌 상호작용 또한 가능하게 되었다. 현대의 매체활용은 나아가 보다 능동적이고 역동적인 활동이 가능한 플랫폼을 요구하고 있다. 때문에 가장 대표적인 매체로 실시간 소통이 가능하면서 사용의 편의성에 따른 높은 수요층, 그에 따른 막대한 파급력을 행사하고 있는 스마트폰이 가장 각광받는 매체로 부상하기도 했다.

스마트폰 사용자의 급증은 지식 습득의 과정이 새롭게 재편되었음을 의미한다. 이전에는 책이나 신문 등을 통해서만 확인할 수 있었던 내용을 지금은 손쉽게 각종 포털 사이트와 e-book 등을 통해 확인할 수 있게 된 것이다. 이전 시대와 비교했을 때 가장 차별화된 지점은 휴대성에 있다. 책이나 PC가 아니더라도 어디서나 손쉽게 각종 플랫폼을 통해 지식을 습득하고 활용할 수 있다는 접근성과 휴대의 편의성이야말로 스마트폰의 시대, 지식의 습득이 한층 수월한 시대가 도래하는 데 일조한 결과라 할 수 있다.

각종 플랫폼의 발전은 PC를 보유하기 시작한 가정들과 인터넷 사용이 증가하면서 빠르게 시작되었다. 다양한 형태의 플랫폼들은 지식정보 제공, 취미의 공유, 게임 등 세분화된 분야의 확장이 가능함을 증명함으로써 인터넷 시대의 개막을 알렸다. 인터넷을 통한 각종 플랫폼은 새로운 형태의 소통이 가능함을 의미하는 것이기도 하다. 현실에서의 직접적인 대면이 아닌 정보의 소통을 통한 만남이 가능해진 시대가 된 것이다. 이어 모바일 서비스가 가능해진 스마트폰의 시대를 맞아 플랫폼의 사용자는 급증하였고, 그에 따른 플랫폼의 개발 역시 폭발적으로 증가하였다. 그 이면에는 소비자가 곧 공급자가 될 수 있도록 변화한 콘텐츠 시장의 발전이 있었다. 플랫폼과 관련해서는 각종 앱(App)을 개인이 개발해 상점에 업로드 할 수 있게 된 시스템의 변화가 두드러진다. 또한 PC에서만 구동되었던 플랫폼들이 휴대폰에 적합하도록 변환되는 과도기적 시기이기도 하다.

이 과정은 인문학의 디지털화에도 지속적으로 영향력을 행사하고 있다. 사용자들이 원하는 플랫폼의 수요가 급증하기 마련이기에, 디지털인문학에 관련된 플랫폼의 수 역시 급격히 증가하였다. 하지만 사용자가 원하는 정보를 완전하게 제공하고 있는 플랫폼을 찾는 것은 쉽지 않다. 기존의 플랫폼들은 제한된 영역 내에서만 개발되고 있다는 한계를 지니고 있기 때문이다. 그 이유와 본 연구의 목적을 정리하면 다음과 같다.

첫째, 디지털화에 대한 개별 연구에 비해 통합 연구 성과가 미비하다는 점이다.

본디 디지털인문학의 과정은 연구방법론, 즉 개인이 일일이 자료를 조사하여 확인하고 연구하던 방법을 디지털 기술과 결합하여 그 한계를 극복하는 데에서 출발하였다. 가장 빠른 예로, 1995년 민간기업 (주)서울시스템에서 순수 민간자본으로 추진되었던 국역 조선왕조실록 시디롬의 개발은 한국 인문학 정보화의 효시이자 가장 커다란 파급 효과를 가져다준 획기적인 사업이었다고 말할 수 있다.[2] 그 이후 20년이 채 지나지 않은 지금, 다양한 연구방법의 개발로 인해 개별 연구의 성과는 정보의 홍수라고 불릴 만큼 방대한 양을 보유하게 되었다. 그러나 그 성과물은 개인 혹은 단체에 저작권이 있는 경우가 대다수이기 때문에 그들을 한자리에 모아 정리하는 통합 연구의 진행이 어려울 수밖에 없는 실정이었다. 모든 정보와 지식은 현대사회에서 생활하는 데 직간접적인 적용이 가능하다는 전제하에, 통합·재정립될 필요성이 있다고 사료된다.

둘째, 현대사회가 요구하는 인문학에서 문학의 입지가 크지 않았다는 점이다.

현대사회는 나 이외의 타인과 함께 소통하고 공감하며 살아가는 것이 기본이 된다. 때문에 유비쿼터스 강점과 함께 인문학은 교양필수가 되었다. 인문학이란 인간을 중심으로 인간들의 삶에 대한 이해를 목표로 하는 학문이다. 인문학은 인간의 생물학적인 삶과 그 환경을 다루는 자연과학과 구별되고, 인간의 사회적인 삶과 그 조건을 다루는 사회과학과도 구별된다.[3] 예로부터 인문학은 문(文)·사(史)·철(哲)을 기본으로 두었으나, 현대사회와 직접적인 영향 혹은 효과를 창출해낼 수 있는 문학에 대해 소홀할 수밖에 없었다. 특히 문학 작품의 해석이 가지고 없는

---

2 최희수, 「디지털 인문학의 현황과 과제」, 『소통과 인문학』 제13집, 2011. 참고.
3 권영민, 「디지털 시대 인문학의 방향」, 『국어국문학』 129, 2001. 참고.

상징성과 모호성은 현대생활에 있어서의 효율성과 능률성에 적용하기엔 다소 불편한 감이 없지 않았다. 또한 문학은 특정 한두 학과의 전공 분야라는 판단으로 인해 다른 관심 분야에서는 언급하는 것조차 불편한 것이 현실이다. 그러나 문학적 체험은 일상생활과 가장 밀접한 관계에 있으며, 특히 인문학적 소양에 주목하고 있는 현 실정에서 이러한 경계 짓기는 더 이상 유용한 예라고 할 수는 없다.

본 연구는 플랫폼을 통한 직간접적인 문학적 체험을 중심으로 관심 분야와 비관심 분야를 아우름으로써 활용도가 높은 결과물을 실생활에서 접할 수 있도록 유도하고자 한다.

현대사회에서 요구하고 있는 인문학은 급변하는 현대사회의 스마트 라이프에서 집중하고 있는 효율성과 능률성에 초점을 두기보다는, 사람들이 가져야 할 본연의 가치에 초점을 두어 점점 소홀해져가는 감성에 집중하고자 함을 의미한다. 스피디하고 스마트한 현대사회에서 인간적인 삶을 영위할 수 있는 방법론과 그 해답을 인문학만이 제시해 줄 수 있기 때문이다.

스피디한 현대인의 생활에 적합한 종합 지식 허브는 원하는 정보를 손쉽게 찾을 수 있도록 해준다는 데 그 존재가치를 들 수 있다. 본 연구는 방대한 자료를 한곳에 체계적으로 정리하고 역사, 지리, 문학을 융합한 종합 지식을 재창출하여 지식 제공 및 활용도를 높이고자 한다. 여기에 검색 서비스를 제공하고, 하나의 주제어와 관련 연관검색어를 함께 제공함으로써 사용자로 하여금 넓은 지식지도를 통해 통합적인 사고체계 수립을 가능케 하고자 한다.

여기서 사용자가 가질 수 있는 종합적인 사고란 문제 해결을 위한 방법론을 강구할 때 관심 분야에 한정된 단답형 답이 아닌, 제시된 문제를 다각적인 면에서 접근하여 복합적 사고를 토대로 능동적인 해결책을 제시하는 것이다. 이를 통해 현재의 문제를 해결하는 것뿐만 아니라 독립된 분야(영역)의 융합을 자연스럽게 유도하고 제3의 발전을 창조적으로 이끌 수 있는 종합적인 사고체계의 수립이 미래사회를 움직일 원동력이 될 것으로 기대된다.

제2장

다분야 융합 필요성 및 방안

1. 다분야 융합의 필요성

지식 습득의 중요성이 강조되고, 스마트폰이 보급화된 시대에 발맞춰 각종 지식 플랫폼의 개발 역시 활발하게 이뤄지고 있다. 백과사전을 포함한 각종 사전류, 특화된 각각의 지식 플랫폼들까지 종류와 성격 또한 다양하다. 이러한 플랫폼이 복잡하고 다양해져가는 현대사회에 맞게, 단편적인 지식이 아닌 인접한 분야, 혹은 사회현상과 관련을 지을 수 있는 분야의 지식까지 수용하여 결합 내지는 통합이 된 종합지식의 형태로 융합될 수 있다면, 지식플랫폼 연구의 활성화만이 아니라 향후 다양한 교육문화콘텐츠로의 발전도 기대할 수 있을 것이다.

이러한 배경으로 본 연구는 '디지털미디어 중심으로 재편되는 지식유통 변화에 적극 대응하고 교육 및 대중의 문화향유에 기여하는 인문학 디지털콘텐츠 개발'[4]이라는 측면에서, 웹으로 구현되는 스토리텔링 지

---

4 한국연구재단, 「2015년 인문사회분야 학술지원사업 디지털인문학사업 신청요강」, 2015.

식플랫폼의 필요성 및 융합 방향을 제시하고자 한다. 이때 "디지털문화 콘텐츠의 요체는 과학기술(디지털기술)과 문화(인문학) 및 예술의 융합"[5]을 기본으로, 기존에 구축되어 있는 스토리텔링 지식플랫폼의 장단점을 고려해서, 타 융합 연구와는 차별되게 인문학, 특히 문학 작품을 중심으로 한 융·복합적 통합 허브를 구축하고자 한다.

그동안 역사 중심의 인문학 연구(〈그림자계곡 프로젝트〉, 〈우리문화원형〉 등), 혹은 문학적 상상력을 근간으로 한 인문학적 연구(〈한국현대시어용례사전 웹 서비스〉, 〈디지털 이상〉 등), 답사 경험 중심의 디지털적 체험 연구(〈왕들의 계곡 3D 투어〉, 〈인천 투모로우시티〉 등), 지리정보를 활용한 전자지도 구축 연구 (〈TimeMapTM〉, 〈조선시대 전자문화지도〉, 〈유교문화권 유물유적 전자지도〉 등) 등 개별 적인 인문학 연구들이 진행된 바가 있다. 그러나 문학지리정보를 중심 으로 문학적 상상력과 체험적 역사공간을 결합시킨 〈디지털인문학 플랫 폼 구축〉은 시도되지 않았다. 본 연구는 해당 지점에서 출발하였다.

본 연구는 인문학, 문학, 지리, 역사 등의 정보를 통합해 제공할 수 있는 플랫폼을 제작하여 특정 주제에 관해 한 플랫폼 내에서 관련 정보를 모두 확인할 수 있게 하는 것이 궁극적인 목표라고 할 수 있다. 지금까지 특정 정보 또는 주제를 위해 제작된 기존의 플랫폼과의 차별점은 융합에 있다.

문학은 시대별, 작가별, 작품별로 각각 정해진 정보를 제공하는 플랫 폼들이 산재해 있다. 하지만 대부분이 교과서 또는 수학능력시험을 위 한 정보 제공을 목적으로 한다는 한계를 지닌다. 이는 문학을 아우르는 지식을 제공하고 심도 있는 이해를 하기엔 부적절한 환경이 아닐 수 없 다. 문학은 유구한 역사를 통해 누적된 수많은 작가와 작품 등 제공할 수 있는 정보의 폭이 무한하다 할 정도로 방대하다. 하지만 이를 통합적

---

5 박영우, 「현대시의 문화콘텐츠 활용 방안」, 『한국문예창작』 제12권 제1호 통권27호, 한국문예 창작학회, 2013, 23쪽.

으로 제공하는 플랫폼의 제작은 환경, 정보의 수합 등의 제한이라는 한계에 도달하게 한다. 이를 해결할 수 있는 방법으로 체계적인 정보의 분리, 주제별 심화를 들 수 있다. 역사 역시 문학이 처한 플랫폼의 제한적인 환경과 크게 다르지 않다.

지리와 문화의 경우는 앞서 언급된 분야와는 차이를 보인다. 1995년 본격적인 지방자치제가 시행된 이후 각 지역은 지역만의 특수성을 부각시켜 관광 상품화하기 위한 수많은 노력을 하고 있다. 그 결과는 각 지역별로 산재해 있는 박물관, 축제, 기획형 마을 등의 형태로 발전되어 나타난다. 현실에서 나타나는 변화와 그 결과는 문화, 관광의 발전에는 긍정적인 영향을 끼친다. 하지만 이는 각 지역의 특수성과 특정 분야와의 결합일 뿐 역사 연구를 발전시킨 박물관, 역사관 등과의 융합, 역사와 지리가 결합된 문화공간으로의 확장까지 이뤄낸 것이라고 평가하기는 어렵다. 플랫폼의 경우에는 각 지역별 문화공간에 해당하는 각각의 플랫폼이 운영되고 있어 문학, 역사보다는 조금 나은 실정이나 이 또한 제한적인 정보에 그치고 있다는 한계를 가진다. 이러한 문제점을 해결할 방법으로 각 분야별 융합을 위한 통합 플랫폼의 제공을 들 수 있다.

문학 작품과 역사적 사건은 서로 뗄 수 없는 구조를 가지고 있다. 작가가 만들어낸 작품 속 세상은 현실을 반영함은 물론 나아가 이를 기조로 한 또 다른 현실상을 담아내고 있기 마련이다. 이때 특정 역사적 사건이 문학 작품에 반영되어 등장인물에게 미치는 영향을 확인할 수 있기도 하고, 인물들의 행동을 통해 역사적 사건의 면면이 새롭게 드러나게 되기도 한다. 이러한 관계 때문에 문학과 역사는 상호간에 영향을 끼치면서 각각의 영역을 구축하고 발전시키는 데 도움이 되고 있다.

이같은 상호발전적인 관계는 학문적인 성과에서도 쉽게 찾아볼 수 있는데 두 영역의 융합은 주로 콘텐츠화, 교육 등으로 확장되어 연구가 진행되고 있다. 이에 지리적 정보를 더한 통합 플랫폼을 구축한다면 문학, 지리, 역사를 포괄한 범인문학적 지식 플랫폼이 구축될 수 있을 것이라는 예상이 가능하다. 또한 각각 영역 정보에 특정 주제를 지정해 통합적으로 제공할 수 있다면 융합 연구에 큰 도움이 될 수 있을 것이다.

2. 연구의 내용 및 융합의 방안

본 연구는 한국역사와 문화의 근원지인 한강을 디지털 콘텐츠로 개발하는데 주목하지 않았던 기존 연구 성과물에 대한 반성적 성찰에서 출발한다. 한강은 수도문화의 모태이면서 한국 경제 성장의 격변지인 동시에, 현재까지도 한국문화와 역사의 중심지라는 점에서 한강 전역에 걸친 인문학적 지식을 바탕으로 한 디지털화적 가치는 충분하다고 볼 수 있다.

그러나 이러한 가치와 필요성에도 불구하고 지금까지의 연구에서 한강의 디지털 콘텐츠화가 시도되지 않은 원인을 파악해 보면 다음과 같다.

첫째, 지방자치제 이후 로컬리티를 아이덴티티로 내세운 지방콘텐츠(금강, 섬진강, 낙동강 등)의 특성화 전략에 밀려, 오히려 수도문화로서 포괄적인 한국 정서를 담은 한강에 대해서는 소홀했다는 점을 들 수 있다.

둘째로, 한강이 일반적이고 익숙하며 서울의 상징으로 정의된 공간이기 때문에 한강의 장소성에 대해 어떤 정의를 규정짓기가 난해한 작업이 될 수도 있었다는 점이다. 즉, 일반적이고 익숙한 장소성이라는 것으로 여타의 공간들과는 다르게 독특한 지방색을 찾기도 어렵다는 것으로, 한강의 장소성 연구는 연구자들에게 논외가 되지 않았나 싶다.

　마지막으로, 한강은 총 길이 497.5km로, 남한강·북한강·임진강 등이 본류로 합쳐져 흐르다가 서울을 관통할 때의 이름이 한강[경강, 京江]이라 지칭하는 것처럼, 큰 지류만 해도 세 강이 합쳐지는 한국 제2의 강이다. 절대 길이 자체도 방대할 뿐만 아니라, 한강의 장소성이라는 명명 하에 강원도·충청도·경기도를 한 번에 아우르기란 결코 만만한 작업이라 볼 수 없다는 점이다. 이러한 이유들 때문에 아직까지 한강의 장소성에 대한 연구 결과물은 미비한 상황이다.[6]

　이러한 배경으로 본 연구는 "인문자산 및 연구 성과의 디지털 콘텐츠 개발"에 부합된 접근 연구가 될 것이다.

　한국역사와 문화를 언급하고자 할 때, 반드시 거론되어야 하는 '한강' 관련 사료들을 지식종합 허브인 〈디지털인문학 한강〉 플랫폼으로 시각화시켜, 사용자로 하여금 직간접적인 경험의 기회를 제공함으로써 보다 포괄적이고 종합적인 정보를 제공하고자 한다. 이때 지리학·역사·문학 관련 사이트의 데이터 혹은 링크 형태로 재창출된 DB를 제공하고자 한다.

　관련 선행 연구로는 조동일의 논문 「문학지리학을 위한 출발선상의 토론」[7]이 본격적인 지리학을 통한 문학연구라 볼 수 있다. 이 논문은 그의 저서 『지방문학사―연구의 방향과 과제』[8]의 연장선상에서 지방문학과 문학지리학을 연결시켜 장소의 정체성을 확립하는 구체적인 방법론

---

6 임수경, 「현대시에 나타난 한강의 장소성 연구」, 『우리문학연구』 43호, 2014. 참고.
7 조동일, 「문학지리학을 위한 출발선상의 토론」, 『한국문학연구』 제27집, 한국문학연구소, 2004.
8 조동일, 『지방문학사―연구의 방향과 과제』, 서울대학교출판부, 2003.

을 언급하고 있다. 이후 김태준이 편저한『문학지리 한국인의 심상공간』[9] 이 학계에 소개되면서 보다 구체적이고 종합적인 장소성 연구가 진행되었다. 현대시를 장소성으로 접근한 선행 연구들은 크게 두 가지의 구조로 나눌 수 있다. 장소를 중심으로 문학 작품을 분석한 연구 결과물[10]이 그것이다. 그 중 '강'을 소재로 한 문학 작품을 다룬 기존 연구는 문학적 오브제로서 강의 이미지와 상상력을 강의 위치에 따른 지역성에 초점을 맞춘 연구로 정리할 수 있다. 한강희는 '영산강'을 소재로 한 세 명의 문인(나해철, 최규창, 이수행)의 작품을 통해 강의 심상 이미지와 상상력으로 형상화하는 과정과 의미를 추적[11]했고, 이민호는 역사적 사건을 중심으로 신동엽의「금강」, 신경림의「남한강」, 김용택의「섬진강」작품을 문학적 주체의 민중성과 함께 분석[12]했다. 이러한 문학지리에 대한 연구 외에도 최근에는 문학지리학적 문학연구를 교육에 접목시킨 연구물[13]이나 학제적 접근을 위한 방법론을 제시[14]하는 등 여러 방면으로 연구가 활발

---

9 김태준,『문학지리 한국인의 심상공간(상·중·하)』, 논형, 2005.

10 이하 현대시 대상 연구논문만 정리하면, 강영기,「현대시에 나타난 제주도의 양상과 의미」,『영주어문』19집, 영주어문학회, 2010. : 김수복,「현대시와 지형학적 상상력」,『한국문학공간과 문화콘텐츠』, 청동거울, 2005. : 남진숙,「한국 현대시에 나타난 섬의 공간 및 그 의미」,『도서문화』42집, 도서문화연구소, 2013. : 유성식,「한국 현대문학에 나타난 '서울' 형상 연구」,『서울학연구』23호, 서울학연구소, 2004. : 이혜원,「한국 현대시에 나타난 '서울'의 문학지리학적 연구」,『어문연구』59집, 어문연구학회, 2009. : 최명표,『전북지역 시문학 연구』, 청동거울, 2007. : 홍성식,「현대시에 나타난 '서울' 연구」,『새국어교육』71호, 한국국어교육학회, 2005. 외

시인을 중심으로 문학장소를 분석한 연구결과물은 강정구·김종회,「문학지리학으로 읽어본 1980년대 신경림 시의 장소」,『어문학』Vol.177, 한국어문학회, 2012. : 김진희,「한국 근대 기행시 연구」, 숙명여대 박사학위논문, 2008 : 박태일,「김영수 시와 문학지리학」,『한국문학논총』Vol.15, 한국문학회, 1994. : 임지연,「1950년대 시의 코스모폴리탄적 감각과 세계사적 개인주체」,『한국시학연구』34집, 한국시학회, 2012.: 한영옥,「한국문학과 로컬리즘―이성교 시의 장소성 구현과 특성」,『한국문예비평연구』38호, 한국문예비평학회, 2012. 외.

11 한강희,「시적 기제로서 강의 이미지와 상상력」,『한국언어문학』55집, 한국언어문학회, 2005.

12 이민호,「한국 리얼리즘시에 나타난 강(江)의 역사성과 시적 주체의 민중성 연구」,『국제어문』Vol.35, 2005.

13 최승권,「지역 문학의 교육 방법 연구 : 광주·전남 현대시를 중심으로」, 전남대 박사학위논문, 2005. 외.

히 진행 중에 있다.

이들의 연구결과물들은 지리학적 측면을 앞세워 그들만의 독특한 주변부의 지역성(로컬리티)이 형성한 문학적 상상력을 접근·분석했다면, 본 연구는 중앙이 가진 정서적 공통성과 원형성에 접근하여 수도문화의 원형에 대한 시발점을 찾는 데 초점을 맞추고자 한다.

이처럼 문학 작품에 나타난 장소성에 대한 연구가 활발히 진행되는 와중에서 한국문학의 근원지라 할 수 있는 한강문학(한강을 작품 배경(공간)으로 둔 문학 작품)에 대한 장소성 연구는 본 연구가 처음 시도한다고 말할 수 있다.

본 연구에서는 융·복합적 통합 허브로서의 〈디지털인문학 한강〉 플랫폼을 구축 및 제공함으로써 사용자들에게 지리와 역사를 연계시킨 지식정보에 현대인들에게 꼭 필요한 감성 코드인 문학적 감성을 함유할 수 있도록 한다. 이는 사용자가 속해 있는 현대사회와 문화 전반에 걸친 이해도의 확장을 도모하고, 더 나아가 통합적이고 창의적인 인재로 개발되는 데 잠재적 역할을 할 것이다.

스토리텔링 지식플랫폼 〈디지털인문학 한강〉을 통해 역사와 문학을 중심으로 한 통합적인 인문학 지식을 공유함으로써 궁극적으로는 한국적 인문학 콘텐츠의 디지털식 향유와 더불어 한강 여행 상품 개발 및 주변 상권 형성 등의 시너지 효과까지 기대할 수 있다. 후속 연구로 진행하고자 하는 〈문학지리학 디지털 정보를 활용한 학제적 교육방법론 구축〉과 〈디지털 한강을 중심으로 한 한국형 브랜드 이미지 융합 방안〉 등으로 이어져 '디지털인문학적 사고를 활용한 종합적 현대인의 교양양

---

14 심승희, 「문학교육의 학제적 접근 : 지리학과 지리교육이 문학에 접근하는 방법」, 『문학교육학』 37호, 한국문학교육학회, 2012. 외.

식'을 형성하는 데 일조하고자 한다.

이러한 통합적 지식정보 플랫폼을 기반으로, 각 학계 교수자의 입장에서는 보다 효율적이고 체계적인 학제적 교육방법론을 정립하여 실용적으로 적용 가능한 교육 커리큘럼을 개발하는 데 도움이 될 것이다. 여기서 문학 작품을 활용하는 이유는, 초·중·고등학교 12년 동안 습득해 온 문학 작품의 배경을 실재적으로 접근하면서 체험을 통해 학습자들로 하여금 다양한 역사, 자연, 사회, 문화적 내용 등을 능동적으로 습득할 수 있다는 장점을 활용할 수 있기 때문이다. 특히 학습자들은 문학적 상상력을 지식으로 전달받는 게 아니라 체험으로 습득하기 때문에 상상력의 활용도는 훨씬 높아질 것이다. 즉, 문학 작품의 상징성이 가진 친근함과 실제 문학 지리에서 얻어지는 공감각적인 지식 습득의 활용을 통해서 더 큰 교육효과를 획득할 수 있을 것으로 기대한다.

융합에 대한 연구 방법은 먼저, 문학 작품에 나타난 지리(장소) 정보를 주축으로 종합적인 인문학적 정보를 수집하고, 그후에 직접적으로 시각화를 통한 플랫폼을 구축함으로써 스토리텔링 지식플랫폼으로 정립해 내는 과정을 거친다. 보다 세분화시키자면,

첫 번째 과정, 대상 공간에 포함되어 있는 문학지리 정보를 수집, 정리한다.

두 번째 과정, 그곳에 현대사회의 근간을 이루고 있는 인문학적 정보(역사·문학·지리 등)의 측면을 포괄하여 종합적인 자료를 링크하는 작업을 진행한다. 이때 기존의 지식정보체계를 활용하는 과정을 기저(基底)로 하되, 통합적이고 종합적인 자료체계를 구축하는 데 중점을 둔다.

세 번째 과정, 상반기부터 작업한 플랫폼 틀에 직접적 적용으로 보다 가독성과 사용성을 편리하게 시각화로 최적화시켜 사용 효율성을 높인다.

마지막 과정, 후속 연구로 교육 커리큘럼과의 확장성을 고려한 교육공학적 접근 가능성을 확보한다.

이러한 연구과정을 다음 세 단계의 진행으로 구체화시킬 수 있다.

첫째, 문학지리정보 – 현대문학의 상징성과 지리에 따른 한국역사의 구체성 분류 · 분석

문학 작품 내에서 장소는 실제 공간이 어떤 식으로든 의미를 내포하고 발현되어, 작가들에 의해 재해석되고 재정의된 산물로 정의된다. 이때 재해석과 재정의의 과정은 작가가 창출해내는 개인적 상징에 한정되는 것이 아닌, 실제 공간이 가진 집단무의식에 대한 전체적 상징으로 정리할 수 있다. 융은 "개인의 무의식 밑에는 모든 인간 종족의 정신 유산으로 분배 받은 원시적 집단 무의식이 깔려 있다"[15]고 정의하면서, 개인적 상징 역시 집단무의식으로 확장되어 분류될 수 있는 공통성을 지닌다고 했다. 즉, 개인적 상징들이 공통적으로 함유하고 있는 상징성이 집단 무의식이 함유된 장소상징성으로 확장되기 때문에 이를 사회적으로 정치적으로 문화적으로, 종교적으로 분류하면서 독특한 심상지리(Imagined Geographies)를 형성하게 된다.[16]

---

15 C.G.융, 설영환 역, 『C.G. 융 심리학 해설』, 선영사, 2007, 221쪽. 참고.
16 김동우, 「문자로서의 도시, 도시학의 가능성—도시인문학의 기초」, 『한국근대문학연구』 24호, 2011, 283쪽. 참고.

문학지리학의 상징성은 장소 상징을 중심으로, 사회학적 상징, 문화원형적 상징, 개인 경험적 상징 등으로 나누어 다각적인 측면에서 접근하여 기초 자료로써의 활용도를 높이고자 한다. 이러한 연구 과정은 문학 작품에서 축출되는 현대문화의 상징성에 대한 흐름과 경향을 분석·예측하는 데 도움이 될 것이고, 직접적으로는 앞으로의 문학(문화)의 상징을 이끌어나갈 주체인 현 플랫폼 사용자에게 한국역사를 근간으로 한 문학적 상상력에 대한 능동적인 수용 활동을 제시할 수 있을 뿐만 아니라 사용자의 인문학적 사고력의 개발 및 응용을 비롯하여 사회활동에까지 영향을 줄 수 있을 것이다.

둘째, 다각도로 수집할 수 있는 인문학적 정보를 종합한 자료 정리 및 플랫폼 구축

지리학에서 자주 사용되는 장소의 사전적 의미는, ① 무엇이 있거나 무슨 일이 벌어지거나 하는 곳, ② 지금 있는 곳 또는 차지하는 자리이다. 또한 공간의 사전적 의미는 '아무것도 없는 빈 곳'이다. 공간이 지리학에서는 지표상에서 벌어지는 여러 현상들을 일반화하고 법칙화하기 위해 사용되어 왔는데, 차츰 지표의 구체적인 특징을 갖고 있는 중요성이 주목받게 되면서 새로운 개념 정립이 요청되었다. 그때 등장한 것이 '바로 그곳'이라는 구체성을 내포하고 있는 '장소'이다. 장소를 특정 짓는 요소는 자연적인 것과 인문적인 것을 포괄한다. 이러한 장소의 구체적 특징이 주체인 인간과의 상호작용 속에서 일정한 관성적인 이미지를 구성하게 되었을 때 그것을 장소성이라고 한다.[17]

---

17 이기봉, 『고대도시 경주의 탄생』, 푸른역사, 2007, 318쪽. 참고. ; 김익균, 「서정주 시의 장소와 장소상실」, 『근대 한국의 문학지리학』, 동국대학교출판부, 2011, 346쪽. 참고.

본 연구에서 기초 자료로 수집, 분석하고자 하는 부분은 문학 작품에서 나타나 있는 장소의 상징성이다. 장소에는 앞에서 언급한 바와 같이 자연적 요소와 인문적 요소를 함유하고 있고, 특히 문학 작품 내 장소는 시대적 요소까지 내포하고 있기 때문에 〈디지털인문학 한강〉 플랫폼을 구축하기 위한 기초 자료로써 충분한 가치를 지닐 것으로 사료된다.

문학지리학이 가진 상징성의 분류와 분석을 토대로 영역 · 측면별(역사적, 문화적, 자연적 영역 등, 인문학적, 자연과학적, 사회과학적 측면 등) 자료를 종합화하여 실질적인 교육현장에서의 효용성을 높이고자 한다. 특히 본 연구의 대상이 되는 한강에 대한 전반적인 이해도를 높이기 위한다는 연구 목적에 주목하고, 사용자의 눈높이에 맞게 전개되는 과정 및 효율적인 지식 전달 효과까지 염두에 두고 있다. 이러한 종합적인 자료 정리 결과물은 〈디지털인문학 한강〉 플랫폼을 사용하는 일반 사용자는 물론이고, 현재 대학(교)의 교수자에게 교구적 목적으로 활용하여 대학생들에게도 접근이 용이할 수 있도록 활용 범위를 넓히고자 한다.

셋째, 연구 결과물을 토대로 한 학제적 교육방법론 도출

교육이란 본질상 '시간의 흐름에 따른 인간 발달을 목적'으로 한다. 다시 말해서 모든 교육이란, 학습자를 '교육'이라는 과정을 거치게 하면서 '변화'를 유도하는 목적을 가지고 있다. 그렇기에 교육의 진행에 앞서 그들의 성향과 학습 욕구의 파악이 충분히 이루어져야만 한다. 특히 대학(교) 교육은 학습자가 사회로 나가기 전 마지막 교육과정이란 점을 감안할 때, 그들의 요구하는 '변화'라는 목적에 대한 인식이 충분히 선행되어야 교육 효과를 극대화시킬 수 있을 것이다.[18] 이러한 문제를 해결하기 위한 방법으로 그들에게 제공되는 교육의 중심에 문학지리학을 두고자 한다.

또한 지금까지 대부분의 콘텐츠들은 콘텐츠를 전달하는 데 초점을 두고 있기 때문에 사용자들이 제공된 콘텐츠와 능동적으로 상호작용할 필요성을 인식하지 못한다는 것이다. 학습은 목적 지향적(goal-directed)으로 이루어진다. 우리는 성장 과정에서 다양한 학습경험을 하게 되는데, 목적이 배제된 학습경험은 삶에서 의미 있게 활용되지 못하게 된다. 본 연구에서는 목표기반시나리오(Goal-based Scenario) 교수학습 모형을 적용하여 인문콘텐츠를 보다 적극적으로 탐색하며 학습할 수 있는 방법론적 틀로 확대하고자 한다. 이는 기존의 학습자와 콘텐츠간 상호작용을 위한 적절한 지원체제가 마련되지 못하고 있다는 점을 보완하여, 최근 IT 기술의 발전에 따라 다양한 방식으로 상호작용을 지원하기 위한 플랫폼이 제안되고 있다. 이 점을 감안하여 본 연구에서는 학습자와 콘텐츠간 상호작용을 지원하는 스마트 학습 환경을 구현까지 제안하고자 한다.[19]

따라서 본 연구에서 제시되는 학제적 교육방법론은 학제적, 융·복합적, 더 나아가서는 생활 속에서도 적용이 가능한 확대된 영역에서의 교육으로 접근될 수 있다. 이러한 교육과정을 통해 각 학과가 가지고 있는 취약 부분과 강세 부분을 조정할 수 있고, 문화 전반에 대한 인식을 넓히는 교육방법론이 될 것으로 사료된다.

---

18 임수경, 「다매체의 문학교육적 수용과 활용방안 연구」, 『한국문화기술』 7집, 2009, 참고.
19 전은화·정효정, 앞의 글.

제3장

기존 지식플랫폼 현황과 개발 제안

1. 지식플랫폼 개발 현황

문학 중심 스토리텔링 지식플랫폼의 융합 방안을 도출해내기 위해서, 현재 제공되고 있는 지식플랫폼의 현황을 확인하고 그 한계점을 도출해 내는 작업이 선행되어야 할 것이다. 현재 인문학 관련 지식플랫폼은 통합 검색 사이트를 통하여 산발적으로 제공되고 있다. 2011년 있었던 포털 사이트 현황에 관한 연구에 따르면, PC와 스마트폰을 통해 많이 활용하는 포털 사이트는 네이버(77%), 다음(10.7%), 구글(7.5%) 순으로 나타났으며, 스마트폰의 접속 방법 역시 포털 사이트를 기본으로 한 어플리케이션의 활용 비율이 34.6%로 가장 높게 나타났다.[20] 가장 흔하게 사용되는 지식 습득 방법은 포털 사이트 검색창을 통해 제시어를 입력하고 관련해

---

[20] 오세나·이지연, 「스마트폰 이용자들의 포털 서비스 이용 현황에 관한 연구」, 『한국정보관리 학회 학술대회 논문집』, 126~127쪽.; 최근 연구에서도 사이트 활용 순위는 큰 차이를 보이지 않는데 네이버 78.64%, 다음 12.45%, 구글 7.54%로 조사될 만큼 포털 사이트 중 네이버는 효 율성이 가장 높은 곳임을 입증되었다. (정광재, 「모바일 인터넷 이용자 및 이용패턴 특성과 인 터넷 중립성」, 『정보통신정책연구원 동향/연구보고서』, 정보통신정책연구원, 2014, 284쪽.)

나열되는 여러 콘텐츠들을 개별적으로 확인하는 방법이다. 이밖에도 각각의 사이트 주소를 직접 주소창에 입력해 특정 사이트상에 나열된 지식을 습득하는 방법이 있을 수 있다. 그 중에서도 가장 빈번하게 활용되는 방법인 스마트폰을 통한 포털 검색을 중심으로 현황을 알아보고자 한다.

네이버(www.naver.com), 다음(www.daum.net), 구글(www.google.co.kr) 사이트에 임의로 정한 단어 "박완서"를 검색하고 결과를 정리하면 다음과 같다.

[표1] 인터넷 포털 사이트 검색 결과

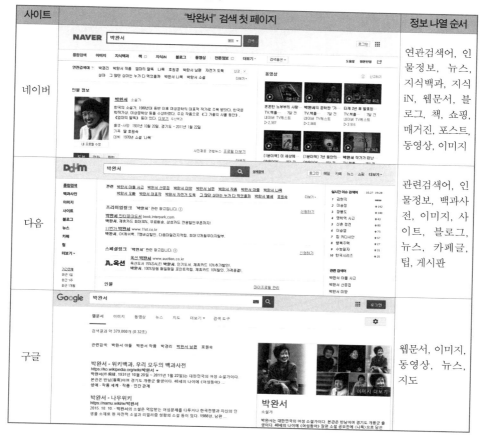

사이트	"박완서" 검색 첫 페이지	정보 나열 순서
네이버		연관검색어, 인물정보, 뉴스, 지식백과, 지식iN, 웹문서, 블로그, 책, 쇼핑, 매거진, 포스트, 동영상, 이미지
다음		관련검색어, 인물정보, 백과사전, 이미지, 사이트, 블로그, 뉴스, 카페글, 팁, 게시판
구글		웹문서, 이미지, 동영상, 뉴스, 지도

검색 결과 사이트 별로 각각의 특징을 확인할 수 있었는데 네이버의 경우, 뉴스 8,101건, 지식백과 536건 중 박완서와 직접적인 관련이 있는 정보는 12건, 그밖에 작품에 관련된 내용이 26건 검색되었다. 이때 정보의 밀접성은 인물로 검색어를 한정하였기에 인물과 직접적인 관련이 있는지 여부에 따라 차등을 두어 구분하였다. 네이버는 〈지식백과〉[21]라는 특정 콘텐츠를 체계화하고 있어 비교적 관련 정보를 쉽게 찾아볼 수 있었다.

다음의 경우, 백과사전 141개 항목 중 동명이인을 제외한 인물정보는 3건(위키백과, 다음 백과사전, 인물백과 순), 그밖의 작품에 대해 직접적으로 관련된 정보가 18건, 나머지 항목들은 다른 검색에 언급된 경우였으며 순서 또한 연관성의 정도에 따라 정리되지 못한 모습을 보였다. 사이트는 박완서 문학관, 창비 박완서 페이지 등 15건의 검색 결과를 얻었으나 그 중 작가 박완서와 직접적인 관련이 있는 사이트 수는 7개에 불과했으며 그마저도 팬아트 사이트 4개가 포함된 결과이다. 이밖에 블로그 게시물 약 56,700건, 뉴스 약 6,460건, 카페글 약 64,200건이 검색되었다.

구글은 웹문서 검색을 기본으로 하며 위키 백과사전, 책소개, 각종 인터뷰 기사 등 장르의 구분 없이 나열되어 있음을 확인할 수 있었다. 때문에 네이버나 다음의 검색 결과 수보다 월등히 많은 379,000건의 검색 결과를 확인할 수 있었다. 그 중 직접적인 결과가 몇 건인지에 대한 정확한 정보를 확인하는 것 자체가 의미 없을 정도로 순서 없이 나열되어 있어 많은 자료를 검색할 수 있다는 장점에 비례해 정확한 자료를 찾기 어렵다는 단점을 보였다.

---

21 네이버 〈지식백과〉의 경우, "아이들도 이해할 수 있는 어린이 백과사전부터! 대학생 수준에 맞는 전문적인 지식까지!"를 모토로, 이미 출간된 책을 디지털화하여 쉽게 검색할 수 있도록 구성되어 있다. 때문에 관련 검색어 도출 건수가 높았으며 특히 각종 문학관련 지식플랫폼과 직접적으로 연관시켜 사용편의를 높였다.

우선 세 곳에서 동시에 검색되는 곳은 〈위키백과〉[22]로, 작가소개, 작품세계, 작품, 인간관계, 학력, 수상 내역 등으로 정보를 제공하고 있다. 누구나 내용을 편집할 수 있다는 것이 특징인 만큼 검색이 쉬운 뉴스 기사 또는 단행본에 실린 작가의 말을 짜깁기한 결과로 이루어져 있기 때문에, 포털 사이트를 통해 기본적으로 검색 가능한 인적사항이나 작품 내역을 넘어선 세분화된 문학적 견해나 작품 정보를 얻기는 미흡한 것으로 보인다.

다음의 〈다음 백과사전〉과 〈인물백과〉는 천재교육에서 집필한 백과사전의 내용을 공유하는 것으로, 역시 간단한 인물정보와 작품에 대한 간단한 줄거리를 제공하고 있다. 이때 작가의 대표작품을 선정하는 기준이 모호하며, 작품에 대한 문학적 가치보다는 단순 줄거리 나열에 그치고 있다는 점이 아쉽다.

네이버는 포털 사이트 중 지식플랫폼과의 연계가 긴밀하여, 정보를 전달받는 데 있어 가장 유용하다 볼 수 있다. 특히 네이버 〈지식백과〉와 〈네이버캐스트〉는 네이버가 직접 기획하는 생활, 문화, 지식콘텐츠 등의 여러 플랫폼을 독자적 카테고리를 통해 연결시켜 여러 분야의 지식을 한꺼번에 전달받을 수 있다는 장점을 가지고 있다. 연계되어 있는 플랫폼은 이미 발표된 단행본(전문지식)을 디지털화하거나, 다양한 전문가를 섭외하여 독자적으로 기획·작성한 내용들로 구성된다. 하지만 네이버 포털 사이트 내 지식플랫폼 역시 개별적으로 존재될 뿐, 지식의 연결이나, 연계성에는 초점을 맞추지 못하고 있다는 한계를 가지고 있다.

---

22 〈위키백과〉(https://ko.wikipedia.org)는 2001년 전 세계적으로 구축된 사전 서비스로 이용자들이 직접 관련 내용을 입력 및 편집할 수 있다는 특징을 가지고 있다. 때문에 다양성을 가질 수 있는 반면 관심도가 떨어지는 분야에 관해서는 충분한 정보가 제공되지 않는다. 또한 내용의 분명한 검증 또한 이루어지지 않고 있기 때문에 전문성이 보장되지 않는다는 단점을 가지고 있기도 하다.

검색 결과를 통해 현재 사용되고 있는 검색 방법의 한계를 다음과 같이 확인할 수 있다.

첫째, 정보 나열의 순서가 분명하게 설정되어 있지 않다.

각 사이트들은 정확도, 유사성 등을 기조로 검색 결과를 도출하고 있지만 각 포털 사이트 별로 그 결과가 일정하지 않다는 한계를 가진다. 때문에 어떤 포털 사이트에서 검색을 했느냐에 따라 얻을 수 있는 정보의 순서와 양이 제한적일 수밖에 없다. 이를 하나의 페이지에 명확하고 일정한 틀로 제시한다면 검색 결과의 순서와 관계없이 정보의 습득 방법과 검색 속도 향상에 도움이 될 것이다.

둘째, 검색된 정보의 연결고리가 부족하다.

검색을 통해 연결된 페이지로 이동하였을 경우, 그 페이지에서 얻을 수 있는 정보의 양은 한정적일 수밖에 없다. 각 사이트에서 제시하고 있는 연결고리 역시 지극히 제한적이다. 이때 부족한 부분에 대한 연결고리가 하이퍼링크로 제시된다면 원하는 정보를 얻는 것이 보다 수월해질 수 있다.

셋째, 검색된 정보들의 전문성 여부를 확인할 수 없다.

개인이 얼마든지 원하는 내용의 게시물을 업로드할 수 있고, 이 또한 검색 결과로 도출된다. 다양한 정보를 얻을 수 있다는 측면에서는 긍정적일 수 있으나 이는 전문적인 지식이라고 단정지을 수 없다는 한계를 가진다. 때문에 보다 전문적인 지식을 원하는 이들에게 검증된 정보를 통합적으로 제시할 필요가 있다.

분석 결과, 사용 빈도가 높은 포털 사이트 세 곳은 각각의 특징과 장단점을 가지고 있었다. 각 사이트 별로 노출하고자 하는 정보 자체가 다른 경우는 물론, 정리 자체가 되지 않는 상황은 검색어를 통해 지식의 융합과 총체적인 정리에 이르기는 쉽지 않다는 결론에 다다르게 하였다. 특정 주제에 대해 통합적인 정보를 제공하는 것은 사용자 개인을 위한다기보다는 관련 영역의 전반적인 체계의 확립에 밑거름이 될 수 있다는 데 그 의의가 있다. 때문에 영역의 폭에 제한을 두고 이미 나열되어 있는 정보들을 수집해 일정한 체계와 방법을 기준으로 한 스토리텔링 지식플랫폼 마련이 필요하다는 결론을 얻을 수 있었다. 인지도 있는 유명 작가를 검색어로 설정했음에도 체계적으로 관련 지식을 얻을 수 없다는 사실은 그만큼 통합적인 정보망 구축의 필요를 확인할 수 있었다.

　사실 최근까지 인문학을 디지털화해 이를 하나의 플랫폼으로 구축하려는 시도가 이어지고 있기도 하다. 역사 중심의 인문학 연구인 버지니아대의 〈그림자 계곡 프로젝트〉(http://valley.lib.virginia.edu)는 미국 남북전쟁의 기록물들을 뉴스, 지도, 편지 등으로 분류하고, 이를 시간별, 시대별로 재배치하여 플랫폼을 구축하였다. 전쟁 직전, 전쟁 중, 전쟁 이후로 시대를 구분한 것이 특징이다. 〈우리문화원형〉은 한국콘텐츠진흥원에서 산하 〈문화콘텐츠닷컴〉(http://www.culturecontent.com) 플랫폼을 구축하고 문화원형에 관련된 다양한 자료를 한곳에서 확인할 수 있도록 정비되어 있다. 문학적 상상력을 근간으로 한 인문학적 연구인 〈한국현대시어용례사전 웹서비스〉(http://www.krpia.co.kr)는 누리미디어의 〈KRpia〉를 통해 제공되고 있으며 유료로 확인이 가능하다. 답사 경험 중심의 디지털 체험 연구인 〈TimeMapTM〉(http://www.timemap.net)은 시드니 대학교에서 진행한 프로젝트로 각 나라의 지도를 기원후를 기준으로 플래시 애니메이션으로 제작하였다. 이는 시간의 흐름에 따라 역사적으로 변화하는 모습을 지도로 생동감 있게 확인할 수 있도록 구성되어 있으나 상세한 내용은 확인할 수 없다는 단점을 가진다. 〈유교문화권 유물유적 전자지도〉는 〈유교넷〉(http://www.ugyo.net)이라는 플랫폼으로 구축. 고도서, 문서, 일기류, 지도 등의 역사적 기록물들과 이와 관련한 애니메이션을 구축해 두고 있으며 체험 코스 개발 및 주제별 지역별 코스를 확인할 수 있도록 구성되어 있다. 하지만 실제 관련 사이트를 검색하기 쉽지 않거나, 구축되어 있더라도 활발한 홍보가 이루어지지 않는 경우가 많았으며 사이트 자체의 관리가 소홀해 정보의 구축 자체가 미흡한 경우도 찾아볼 수 있었다.

이처럼 다양한 디지털화 방법의 개발로 인해 개별 연구의 성과는 20년이 채 지나지 않은 지금, 정보의 홍수라고 불릴 만큼 방대한 양을 보유하게 되었다. 그러나 그 성과물은 개인 혹은 단체에 저작권이 있는 경우가 대다수이기 때문에 그들을 한자리에 모아 정리하는 통합 연구의 진행이 어려울 수밖에 없는 실정이었다. 또한 언급된 연구들 역시 디지털화에 대한 개별 연구의 성과에 이은 뚜렷한 후속 연구가 진행되지 않았다고 볼 수 있다. 따라서 이러한 연구 결과의 한계를 보완하는 후속 연구의 진행에 따른 지원이 보장된다면, 보다 실질적이고 활용도가 높은 디지털 인문학 연구가 진행될 수 있으리라 본다.

2. 지식플랫폼 성공 사례 분석

인문학을 디지털화한 다양한 지식플랫폼의 사례들 중에는 특정 분야의 지식정보를 체계적으로 정리함은 물론 시각화까지 성공한 플랫폼을 찾아볼 수 있었다. 국사편찬위원회에서 한국사 유관 기관들이 보유하고 있

는 데이터를 융합해 LOD(Link Open Data) 형태로 편찬한 역사 지식플랫폼 〈
한국사 LOD〉(http://lod.koreanhistory.or.kr)가 그것이다. 해당 플랫폼은 구현
방식과 접근성, 활용도 면에서 여타 지식플랫폼과의 차별성을 가지고 있
었다. 때문에 본 연구의 벤치마킹(benchmarking) 대상으로 선정했다.

[그림 1] 〈한국사 LOD〉 분류 체계(시계방향으로 인물, 사건, 유물, 조직 순)

〈한국사 LOD〉는 'Korean History Linked Open Data'라는 명칭에 걸
맞게 한국사를 대표하는 인물, 사건, 조직·단체, 유물·유적을 중심으로
서로간의 연관성을 찾아보기 쉽도록 구성되어 있다. 위 그림은 〈한국사
LOD〉의 분류체계를 순서대로 나열한 것이다. 검색창에 특정 키워드를
입력하지 않아도 각 항목별로 배치된 체크 박스를 선택하면 지정된 분
류체계를 거쳐 원하는 결과를 산출해 보여준다.

플랫폼에 검색창을 두고 키워드 또는 단어로 검색을 가능하게 해 둔
플랫폼들은 많다. 하지만 이를 특정 항목으로 제시해 쉽게 확인할 수 있

도록 한 지점이 〈한국사 LOD〉의 차별점이라고 할 수 있다. 각 항목을 어떻게 설정해 제공하느냐에 따라서 사용자들이 원하는 정보에 접근하는 과정이 단축될 수 있고, 연관된 다른 항목들을 함께 확인하는 확장까지 가능해질 수 있다는 특징을 가진다. 항목 선정에 신중을 기한다면 해당 분류 체계는 지식정보 제공의 과정에 있어 사용자의 편의를 반영한 검색 서비스가 될 수 있을 것으로 보인다.

〈한국사 LOD〉는 항목별, 키워드별 검색을 위주로 한 자료 중심의 기본형 페이지라고 할 수 있다. 시각적인 효과는 동일한 자료를 활용해 연계한 확장 플랫폼 〈한국사 콘텐츠〉(http://contents.koreanhistory.or.kr)를 통해 확인할 수 있다. 〈한국사 콘텐츠〉에서는 플랫폼에 탑재된 지식정보의 배치, 이미지 활용에 따른 정보 전달 방법에 대한 다양한 시도를 찾아볼 수 있다.

[그림 2] 〈한국사 콘텐츠〉 가나다 보기

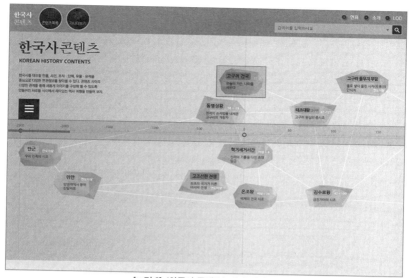

[그림 3] 〈한국사 콘텐츠〉메인 페이지

　〈한국사 LOD〉를 통해 확인할 수 있었던 분류 항목들은 그대로 유지한 채 시각적인 요소를 부각시키는데 주목한 〈한국사 콘텐츠〉는 검색결과에서 분명한 차이를 보인다. [그림 2]에서 확인할 수 있듯이 기존에 텍스트 형태로 제공되었던 검색 결과가 각 키워드별로 사진은 물론 간단한 설명까지 확인할 수 있도록 시각화되어 나타난다. 이는 사용자들의 흥미를 돋을 수 있을 뿐 아니라 큰 관련이 없는 키워드까지 쉽게 접근할 수 있도록 돕는다.

　뿐만 아니라 메인 페이지에서도 두 플랫폼은 차이를 보이는데 〈한국사 LOD〉는 단순하게 표와 텍스트로 이루어져 있어 원하는 정보만을 빠르게 검색하고 확인할 수 있도록 구성되어 있다. 그에 반해 〈한국사 콘텐츠〉는 사용자들의 흥미를 유발할 수 있는 요소를 도입했다. 연대기별 정보를 타임라인에 맞춰 배치해 두고 파노라마 슬라이드와 타임바

(Timebar)를 도입해 마우스로 이동이 가능하게 제작했다. 각각의 사건과 인물 등은 해당 시기에 맞춰져 있어 역사적 사건의 발생, 진행은 물론 관련 인물까지 시간을 기준으로 확인할 있다는 특징을 가진다.

이는 역사를 어렵고 복잡한 것이라고 생각하는 사용자의 접근성을 높일 수 있는 방법이자, 플랫폼 자체에 흥미를 느끼게 할 수 있는 방법이라고 할 수 있다. 또한 그래픽의 효율적 활용을 통해 쉽고 재미있게 해당 지식에 접근할 수 있도록 이미지화하여 사이트 사용자들에게 편의를 제공하고 재미를 극대화시켰다는 점을 〈디지털인문학 한강〉에 접목시키고자 한다.

〈한국사 콘텐츠〉의 메인 화면에서 가장 눈에 띄는 요소인 파노라마 슬라이드와 타임바에 변형을 주어 검색 타임라인 페이지를 제작해 둔

[그림 4] 〈한국사 콘텐츠〉 타임라인을 이용한 자료 열람하기

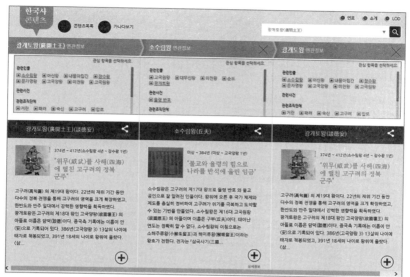

[그림 5] 〈한국사 콘텐츠〉 주제별 관련정보 확인

것 역시 흥미롭다. [그림 4]에서 확인할 수 있는 것처럼 원하는 시대를 설정하면 해당 시기에 발생한 사건, 시대를 대표하는 유물 및 인물을 확인할 수 있도록 구성되어 있다. 특정 시대에 대해 알아보기 수월한 구조로 이루어져 있기 때문에 관련 연구자 또는 학생들에게 충분한 도움이 될 것으로 보인다.

폭넓은 시대를 한눈에 확인할 수 있도록 한 것, 특정 시대를 좀 더 상세하게 확인할 수 있도록 페이지를 설정해 둔 것 역시 타 플랫폼에서는 쉽게 찾아볼 수 없는 장치이다. 이는 사용자의 입장을 충분히 고려한 결과라고 판단된다.

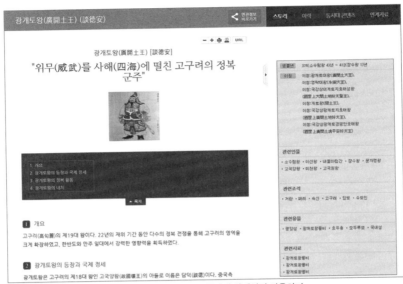

[그림 6] 〈한국사 콘텐츠〉 주제별 상세설명 이용하기

　지식을 전달하는 것이 목적으로 제작된 플랫폼의 경우, 결과를 나타내는 최종 페이지가 중요할 수밖에 없다. 그 안에 최대한의 정보를 담아내야 하기 때문이다. 하지만 무조건적으로 많은 정보를 담아내기 급급해 중구난방으로 구성되어 있는 플랫폼들도 많다. 때문에 지식을 최대한 정확하게 간추려서 중요한 것을 확인할 수 있도록 하는 것이 중요하다.

　〈한국사 콘텐츠〉의 경우 [그림 6]에서 확인할 수 있듯이 주제어와 간단한 목차는 파란색으로, 주요 키워드는 빨간색으로 구분해 두었다. 때문에 모든 설명을 다 읽을 필요 없이 필요한 부분만 쉽게 찾아볼 수 있다. 또한 우측에는 관련 생몰년, 이칭, 관련 인물, 관련 조직 등의 연관 정보를 간단하게 정리, 배치해 두었다.

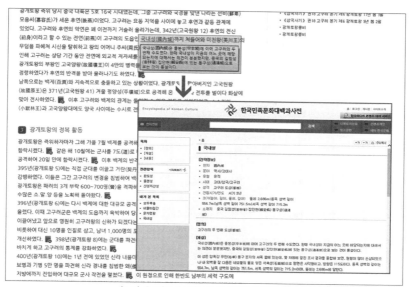

[그림 7] 〈한국사 콘텐츠〉 연관정보 확인하기

　최종 페이지에서 확인할 수 있는 정보들 중 다른 색으로 표시된 키워드들을 클릭하면 [그림 7]과 같이 다른 플랫폼의 보다 상세한 페이지로 연결되게 된다. 플랫폼에서 제공할 수 없는 지식정보까지도 책임지고 확인할 수 있게 한 것은 물론 보다 폭넓은 지식을 습득할 수 있게 하는 방법이라고 할 수 있다.

　확인 결과 〈한국사 콘텐츠〉는 시각적인 요소들을 골고루 배치해 사용자의 흥미를 이끌어냈음은 물론 편의성, 가독성을 고려한 편집과 키워드 배치에 성공했다. 이는 지식정보를 제공하는 플랫폼이라면 충분히 수용해야 할 부분이라고 판단된다. 해당 플랫폼들의 성공 요인을 정리하자면 다음과 같다.

역사지식플랫폼 〈한국사 LOD〉와 〈한국사 콘텐츠〉의 특징은 다음과 같이 정리할 수 있다.

첫째, 한국사와 연관된 모든 사항들을 분류하여 조직화했다.

해당 프로젝트는 크게 두 개의 지식플랫폼으로 구분되어 있다. 〈한국사 LOD〉의 경우 하나의 인물이나 사건 등을 설정해 검색하면 관련 링크들이 사건명, 관련 인물, 정의 등의 순서로 정리되어 검색된다. 검색된 결과 중 좀 더 알아볼 목록은 제시된 하이퍼링크를 클릭하면 확인할 수 있는 방식으로 되어 있다. 또한 그 결과는 서로 연결되어 있어 관련 용어를 통해 원하는 지식을 연계해 찾아볼 수 있는 구조이다.

둘째, 지식의 연관성을 쉽게 확인할 수 있도록 이미지화했다.

이 지식플랫폼은 역사에 따른 관련 정보들을 연대기 순으로 나열하고 있다. 가로의 타임바를 플랫폼 화면 정중앙에 위치시켜, 좌측 건국을 시작으로 우측으로 갈수록 현대와 가까워지는 방식이며 각각의 사건, 인물 등은 거미줄처럼 이어져 있다. 때문에 시기별 사건이나 시대를 대표하는 인물을 거점화해 한눈에 파악할 수 있다. 또한 해당 부분을 버튼화해 클릭하면 관련 인물, 사건, 조직·단체, 유물·유적으로 이루어진 관심 항목을 선택해 상세하게 확인할 수 있도록 배치되어 있다. 상세페이지에 들어가서 내용을 확인할 경우에도 내용 중간에 언급된 책 제목 등을 누르면 본문의 일부를 확인할 수 있게 해놓았다.

셋째, 한국사에 관련된 인물, 사건, 단체 등이 각각의 주제로 재구성이 가능하다.

〈한국사 콘텐츠〉 플랫폼에는 '가나다 보기'라는 페이지가 추가로 구성되어 있다. 이때 관련 내용들은 단순히 순서대로 정렬한 것에 그치지 않고 세분화되어 있다. 간략하게 제공되는 기본 정보의 단순 나열이지만 그것만으로도 충분히 그 내용을 확인할 수 있도록 구성되어 있는 것이다. 기본 분류는 전체, 인물, 사건, 조직·단체, 유물·유적으로 나누어져 있기 때문에 원하는 정보를 보다 쉽게 확인할 수 있는 구조이다. 각각의 페이지는 내용에 포함되어 있는 하이퍼링크를 통해 연관된 사건이나 인물 등을 쉽게 확인할 수 있게 이루어져 있다.

다음 절에서는 〈한국사 LOD〉와 〈한국사 콘텐츠〉를 통해 확인할 수 있었던 장점과 특징들을 토대로 연구 방법을 설정하고 플랫폼 제작의 밑그림을 그려보도록 하겠다.

3. 성공사례를 통한 한계 및 개발 제안

수많은 지식플랫폼 사이에서도 눈에 띄는 장점들을 보유하고 있는 〈한국사 LOD〉와 〈한국사 콘텐츠〉에 대해 살펴보았다. 그 중에서도 몇 가지 특징의 경우 새로운 플랫폼 개발 시 유용하게 활용할 가치가 있음을 확인할 수 있었다.

이처럼 수용할 부분이 많은 플랫폼임에도 아쉬운 부분들을 찾아볼 수 있다. 그 한계에 주목하고 이를 바탕으로 보다 나은 플랫폼 개발을 제안하고자 한다.

첫째, 자료의 제공을 문화사 전반으로 확대하지 못했다.

〈한국사 LOD〉와 〈한국사 콘텐츠〉는 '한국사'라는 플랫폼의 명칭에 맞춰 폭넓은 주제에 대해 복합적인 지식정보를 제공하고 있다. 정보의 구분, 나열 방법에 있어 세분화되어 있으며 얼개 또한 촘촘하게 짜여 있어 다양한 지식정보를 한 플랫폼 내에서 다양하게 획득할 수 있다는 것이 장점이기도 하다.

하지만 역설적으로 '한국사'에 관한 정보를 제공한다는 것 자체가 한계점이 될 수 있다. 한국사는 역사학의 범주에 포함되는 학문이자 우리나라의 역사 그 자체를 일컫는다. 역사는 결코 사회, 문화 등과 연관 짓지 않은 채 별개로 설명할 수 없는 학문이기도 하다. 특정 인물 또는 사건에 관련된 정보들은 어떤 식으로든 다른 분야와 필연적으로 연관될 수밖에 없다. 두 플랫폼은 '한국사'라는 명칭에 갇혀 그 너머의 지식정보를 제공하지는 않고 있다.

플랫폼의 각 키워드 결과 페이지에 제공되는 설명에는 개요, 주요 키워드에 대한 하이퍼링크가 제공되고 있다. 하지만 설명을 뒷받침할 때 함께 쓰인 사회, 문화에 관련한 설명 또는 하이퍼링크는 제공되지 않고 있다. 이는 한국사에 집중한 나머지 그 이외의 분야와의 개연성이 확보되지 못했음을 의미한다. 사용자가 한국사에 관련된 키워드에 의문을 가졌을 경우에는 플랫폼 내 하이퍼링크를 통해 얼마든지 관련 정보를 확인할 수 있지만, 그 의문이 링크되지 않은 용어일 경우 또 다른 플랫폼을 통해 지식정보를 수집해야 하는 번거로움을 겪어야만 하는 것이다.

이를 개선하기 위해서는 플랫폼의 성격과 연관된 다른 분야와의 연계성을 검토, 반영해야만 한다. 구체적인 대안을 들자면 플랫폼의 규모를 확대하고 연계 분야까지 결과 페이지를 제작하는 방법이 있다. 이 방법은 하나의 플랫폼만으로도 분야와 관계없이 다양한 지식정보를 얻을 수 있다는 장점을 가진다. 하지만 플랫폼의 규모가 비대해지는 것을 경계해야 할 경우라면 실현되기 어렵다는 한계가 있다.

또 다른 대안으로는 언급된 연계 분야의 키워드 역시 개별 표시를 하고 관련 분야에 대한 전문성을 확보한 특정 플랫폼과의 하이퍼링크를 구축하는 방법이 있다. 이 방법은 타 플랫폼의 전문성을 검증하는 과정이 필요하다는 번거로움을 가진다. 하지만 하이퍼링크를 연결할 수 있는 플랫폼의 개수에 제한이 없기 때문에 제공할 수 있는 지식정보 역시 제한되지 않는다는 장점이 있다.

둘째, 역사에 대한 단순 지식플랫폼의 구축에 그쳤다.

〈한국사 LOD〉와 〈한국사 콘텐츠〉는 한국사라는 중점 주제를 설정하고 역사적 지식정보를 제공하고 있다. 다양한 분류 방법, 체계적인 지식 제공이라는 장점은 결국 '한국사'라는 한정된 틀에서 벗어날 수 없음을 의미한다. 때문에 역사 이외의 분야와 연계성은 떨어질 수밖에 없다. 플랫폼을 제작한 국사편찬위원회는 플랫폼의 소개 페이지(http://lod.korean history.or.kr/lodIntro.do)를 통해 "다양한 어플리케이션이나 서비스가 개발되는 데 사용되었으면 하며, 한국사 외의 타 분야에서도 관련"되길 바란다는 기획 의도를 남겼다. 이는 제공되는 한국사를 발전·접목시키는 데 해당 플랫폼이 도움이 될 것이라는 의미이기도 하다. 하지만 완벽하게 제한되어 있는 플랫폼을 또 다른 분야와 접목시키는 데는 교차되는 적절한 지점이 필요하기 마련이다. 〈한국사 LOD〉와 〈한국사 콘텐츠〉는 이 접점을 찾아내기 매우 힘든 닫힌 구조로 이루어져 있다. 때문에 의도와는 다르게 타 분야와의 단절을 만들고, 이는 곧 한계가 된다. 또한 두 플랫폼을 통해 제시된 자료들이 미디어 등을 통해 재구축될 수 있음을 강조했으나 이는 OSMU(One Source Multi Use) 차원의 연계일 뿐 학제간의 연동이 될 수는 없다.

한국사는 학문의 범주 안에 속해 있기 때문에 플랫폼을 통한 학제간의 연구를 이끌어낼 필요가 있다. 이는 보다 다양한 연구 방법론을 도출할 수 있는 방법이기도 하다. 하지만 닫힌 구조인 해당 플랫폼으로는 연구의 범위를 넓히는 것이 힘들 수밖에 없다. 이 같은 한계점을 보완하기 위해서는 이미 구축된 두 플랫폼의 체계적인 틀을 활용해야 한다. 한국사뿐 아니라 이와 연관된 문화사, 세계사 등의 학문을 접목시키는 방법을 대안으로 제시할 수 있다.

예를 들어 시대별로 인물과 사건을 분류했을 때 각 시대의 특성과 생활상을 포함한다면 문화사까지 포괄하는 결과를 얻을 수 있을 것이다. 또한 특정 사건과 관계된 외국의 인물 또는 사건까지 범위를 확대해 다룬다면 한국사뿐 아니라 한국 관계사로의 확장도 가능할 것으로 보인다. 이외에도 제시된 한계를 개선할 방안은 다양할 수 있다. 이는 한국사라는 제한된 분야뿐 아니라 다양한 분야의 지식 융합에 도움이 될 것으로 보인다.

이 같은 한계와 제안을 통해 본 연구가 구축하고자 하는 지식플랫폼 〈디지털인문학 한강〉은 종합 지식 허브로 기능할 수 있는 방안을 찾아 반영하고자 한다. 이는 다른 플랫폼을 거쳐야 하는 번거로움의 과정을 줄여 사용자의 편의성을 개선하기 위함이다. 또한 문학, 역사, 지리에 대한 통합적인 정보를 제공함으로써 타 분야와의 연계성을 높이고, 사용자 또는 연구의 활용성을 높이는 방안 역시 포함해 제시된 플랫폼의 한계점을 개선하고자 한다.

문학 작품과 이를 배경으로 하고 있는 역사, 지리에 관한 지식정보는 현대사회에서 생활하는데 직·간접적인 적용이 가능하다. 때문에 각 분야를 통합·재정립될 가능성에 초점을 둘 필요가 있다. 하여 제작될 플랫폼의 자료를 문학 작품을 중심으로 체계화할 예정이다. 이를 바탕으로 역사, 지리, 문학을 융합한 종합지식을 재창출하여 지식 제공 및 활용도를 높이고자 한다. 여기에 검색 서비스를 제공하고, 하나의 주제어 또는 키워드와 관련된 연관 검색어를 함께 제공함으로써 넓은 지식지도를 통한 통합적인 사고체계 수립을 가능케 하고자 한다.

제4장

지식플랫폼 구축 방법과 가설

1. 연구 방법 및 가설

본 연구는 그동안 한국역사와 문화의 근원지인 한강을 디지털지식콘텐츠로 개발하는 데 주목하지 않았던 기존 연구 성과물에 대한 반성적 성찰에서 출발한다. 그동안 한강의 중요성에 대해 역사적으로 다루어진 경우는 많았으나, 그 외 인문학적 지식을 연결시킨 스토리텔링 지식플랫폼 작업은 이루어지지 않았다. 현재 제공되고 있는 지식플랫폼으로는 한강을 세분화해 각각의 장소에 대해 설명하고 대여할 수 있도록 한 〈서울특별시 한강사업본부〉(http://hangang.seoul.go.kr)나 한강의 생태자료를 수록한 〈한강 유역환경청〉(www.me.go.kr/hg)을 찾을 수 있다. 그 외에 한강에 대한 정보는 서울시청 사이트인 〈서울특별시〉(www.seoul.go.kr)와 시에서 인증한 관광 플랫폼 〈Visit Seoul〉(www.visitseoul.net) 등에서 찾아볼 수 있다. 해당 플랫폼들은 지식정보 제공을 목적으로 하나, 실제 특정 정보를 찾기 위한 접근은 쉽지 않았다. 이는 온전히 한강만을 주제로 한 지식플랫폼이 부재함을 의미하기도 한다.

한강은 수도문화의 모태이면서 한국 경제 성장의 격변지인 동시에, 현대까지도 한국 문화와 역사의 중심지이다. 때문에 오랜 시간 동안 한강을 중심으로 한, 또는 한강 전역에 걸쳐 창작된 문학 작품 중심의 인문학적 지식을 바탕으로 한 스토리텔링 지식플랫폼화적 가치는 충분하다고 볼 수 있다.[23]

한강을 배경으로 한 문학 작품은 물론 한국역사와 한국 현대문화를 언급하고자 할 때, 반드시 거론되어야 하는 '한강' 관련 사료들을 스토리텔링 지식플랫폼인 〈디지털인문학 한강〉으로 시각화시켜, 사용자로 하여금 직간접적인 경험의 기회를 제공함으로써 보다 포괄적이고 종합적인 정보로 제공할 수 있다.

따라서 스토리텔링 지식플랫폼 〈디지털인문학 한강〉은 사용자에게 직간접적으로 경험할 수 있는 지리적 측면과 그 지리를 기반으로 한 역사적 사건, 그리고 재창출된 문학 작품에 대한 지식정보를 에디팅(editing)하여, 종합적인 디지털 인문학 지식플랫폼을 개발할 계획이다. 이를 통해 더 나아가서는 도시 브랜드 콘텐츠화까지의 확장 가능성과 방법을 모색하고자 한다. 종합지식 플랫폼 구축에 있어서는 세부 내용을 새롭게 작성하기보다는 기존의 변별력 있는 자료 및 사이트를 선별해 신뢰할 수 있는 정보들을 한눈에 확인할 수 있도록 구성할 것이다.

이를 기조로 지식플랫폼 〈디지털인문학 한강〉의 가상 구축 모듈을 그려 보면 다음과 같은 형태가 완성된다.

역사적 사건 – 지리적 장소 – 문학 작품의 배경을 연결시켜 링크화 작

---

23 한강이 가지고 있는 문학 공간적 가치나 지리학적 가치, 역사 장소적 가치 등에 대한 전반적인 정리는 다음의 논문(임수경, 「현대시에 나타난 한강의 장소성 연구」, 『우리문학회』 43집, 2014.)의 내용을 보면 보다 자세하게 참고할 수 있다.

업을 할 콘텐츠의 단위 소스(source)를 간단하게 정리하면 다음과 같은
표로 확인할 수 있다.

[표 2] 콘텐츠 단위소스 예시 (1950년 한강 인도교)

시대			1941~1950
공간			용산구 한강로, 동작구 본동
			한강 인도교(한강대교) / 제1한강교 - 〈한국민족문화대백과〉
역사적 사건/시대적 배경			한강 인도교(한강교) 폭파사건 - 〈한국민족문화대백과〉
			한강 인도교는 1950년 6월 한국전쟁 중 북한군이 한강을 넘지 못하게 할 목적으로 폭파되었다. 이 때문에 수많은 난민들이 발생함은 물론 무고한 시민들이 목숨을 잃기도 했다.
문학 작품	소설	작가	김원일 - 〈나는 문학이다〉
		작품	김원일, 「난민(亂民)」 - 〈네이버 책〉 (http://book.naver.com/bookdb/book_detail.nhn?bid=7190269)
		설명	김원일은 한국전쟁 당시 한강 인도교 폭파사건을 작품의 배경으로 설정하고 전쟁 당시 상황을 생생하게 전달하고 있다. 다리가 폭파된 이후 임시로 만들어진 부교와 난민들의 심정을 연관해 전쟁의 비극을 드러내기도 하였다. 전쟁으로 인해 자의식을 잃어버린 난민들의 실상은 전쟁의 참담함이 참전한 군인들은 물론 일반 시민에게까지 이르렀음을 확인할 수 있는 자료가 된다.
		본문	"한강 둑에 도착하자 강 건너 영등포 너머 쪽에서 작열하는 포소리와 총소리가 강 이쪽까지 한층 가깝게 들렸다. 영등포 너머 그쪽 어디에서 전투가 한창임을 알 수 있었다. 부천 쪽이 틀림없다고 누군가 말했다. 그 말에 달아, 인명재천이니 운은 하늘에 맡겨야 한다고 했다. 눈 아래로 보이는 한강 인도교는 인민군이 서울로 들어오기 직전 6월 28일 새벽 두 시에 이승만 대통령의 명령으로 폭파된 뒤, 여태 복구되지 않은 상태였다.

한강 인도교 밑은 통나무를 줄줄이 엮은 깔판으로 임시로 부교를 만들어두고 있었다. 그래서 포대, 전차, 자동차까지 건널 수 있었고 각종 무기와 병참을 실어날랐다. 그런데 그 부교로 사람들이 하얗게 깔려 줄지어 건너고 있었다. 서울 사대문 안에서 동원된 시민들이었다. 부교를 경비하던 인민군들이 가축 몰듯 서울역 광장에서 온 사람들을 둑 아래로 몰아붙였다. 그들은 소대별로 줄을 서서 부교를 건너기 시작했다. 위기를 맞으면 무엇이든 판단할 능력을 잃어 멍청이가 된다는 말대로, 사람들은 온순한 가축들처럼 명령에 따랐다. 그렇게 도강한 일단의 서울 시민들에게 이름 붙이기를 '구로 지역 방위선 전투 지휘 후방부 시민군'이라 했다. 남한측의 인천항 기습으로 급조된 구로 지역 방위선 책임자는 제주도 출신으로 일제 때부터 공산주의운동에 투신한 서울시당 위원장 김응빈이었다."

– 김원일, 「난민(難民)」 일부, 『미망 ; 오마니별 외 : 김원일 단편소설집 김원일 소설전집27』, 강, 2013, 605~606쪽.

시	작가	조지훈 –〈한국민족문화대백과〉	
	작품	조지훈 – 「절망의 일기」 –〈네이버 책〉 (http://book.naver.com/bookdb/book_detail.nhn?bid=203186)	
	설명	「절망의 일기」는 한국전쟁이 한창이던 시기 중 특정한 날짜를 정해 기록화한 작품이다. 그 중에서도 한강 인도교가 폭파된 이후 다리를 미처 건너지 못한 난민들의 비참한 처지를 생생하게 그려내고 있다. 이동이 제한되어 몸이 묶여 있다는 사실을 넘어서 상황을 헤쳐 나갈 수 없는 한 개인의 답답한 내면을 세밀하게 그려내고 있다는 데 의의가 있다.	
	본문	"무슨 천벌(天罰)과도 같이 벽력(霹靂)이 친다 우리의 갈길은 영영 끊어지고 만 것을…… 한강(漢江) 언덕 여기가 서울 최후(最後)의 보루(堡壘) 그 지점(地點)에서 귓구녕을 틀어막고 잠이 든다 소리없이 느껴우는 소리가 들린다. (…)	

| | | | 마포(麻浦)에서 인도교(人道教) 다시 서빙고(西氷庫) 광나루로
몰려나온 사람은 몇십만(十萬)이냐.

붉은 깃발과 붉은 노래와 탱크와
그대로 사면초가(四面楚歌) 이 속에 앉아

넋없이 피우는 담배도 떨어졌는데
나룻배는 다섯 척 바랄 수도 없다.

아 나의 가족(家族)과 벗들도 이 속에 있으련만
어디로 가야 하나 배수(背水)의 거리에서

마침내 숨어 앉은 절벽(絶壁)에서
한척의 배를 향해 뛰어내린다.

헤엄도 칠 줄 모르는
이 절대(絶對)의 투신(投身)！

비오던 날은 개고 하늘이 너무 밝아 차라리 처참(悽慘)한데
한강(漢江)의 저 언덕에서 절망(絶望)이 떠오른다.

아 죽음의 한 순간(瞬間) 연기(延期)─

─조지훈, 「절망(絶望)의 일기(日記)」 일부, 『역사(歷史) 앞에
서』, 신구문화사, 1959, 160~164쪽. |

이 단위 소스는 각 장소마다 시대별(10년 단위)로 나뉠 예정이므로, 수십 개에서 수백 개로 구성되며, 문학 작품과 역사적 사실, 지리적 정보 등이 간략한 텍스트로 제공되고, 그 각각 단위 소스는 서로 링크작업을 통해 주제별로 재정렬이 가능하도록 한다. 물론, 문학 작품 외에도 역사나 지리에 대한 정보는 자체적으로 제작한 텍스트로 시작해서, 기존에 제공되고 있었던 관련 사이트의 데이터나 자료와의 링크작업을 통해, 제공하는 정보의 질을 높이고자 한다. 앞절에서 사례로 제시했던 〈한국사 LOD〉와 마찬가지로, 본 스토리텔링 지식플랫폼의 구축이 완성되고

활용 효율성을 높이기 위해서는 ① 시각적 효과를 극대화하고, ② 초기 텍스트는 짧고 명료하게 제공하여 타 지식들과의 차별성을 획득하고자 한다. 또한 ③ 링크를 최대한 사용하여 사용자의 요구에 맞게 효율성을 높이고, ④ 추후 문화콘텐츠로의 확대까지 확장될 수 있도록 가능성을 열어 두는 것이 중요한 과제가 될 것이다.

2. 플랫폼 구축 방안

본 연구의 최종 목표는 역사, 문학, 지리 정보를 한데 어우르는 통합지식플랫폼을 개발하는 것이다. 또한 그 대상의 폭을 한정지어 시대, 사건까지도 체계적으로 확인할 수 있도록 하고자 한다. 수많은 대상 중에서도 1900년 이후 '한강'으로 대상을 특정하고 플랫폼을 개발하고자 한다.

플랫폼은 다섯 가지의 큰 틀(메인화면, 메뉴, 검색, 결과 페이지, 하이퍼링크)을 기본으로 구분될 계획이다. 또한 이 구분에 의해 세부 유형 구분 및 각각의 페이지 구성이 진행될 것이다. 자세한 내용은 이어질 유형별 구축 방안에서 상세하게 논의하도록 한다.

1) 메인 화면

메인 화면은 〈디지털인문학 한강〉이라는 플랫폼의 특성을 최대한 드러나게 구성할 것이다. 본 플랫폼의 이름과 로고를 왼쪽 상단에 배치하고, 우측 상단에는 플랫폼 내부의 키워드 검색이 가능한 검색창을 배치한다. 그 아래쪽에는 소개, 문학, 역사, 지리로 이루어진 항목을 배치할 예정이다. 플랫폼의 중심에는 한강의 대표적인 사진을 게시하여 본 플

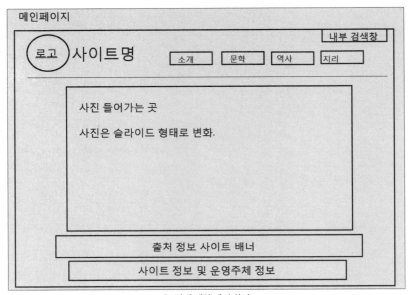

[그림 8] 예상 메인 화면

랫폼이 한강과 연관된 곳임을 명확히 함과 동시에 슬라이드 형태로 변화를 주어 지루함을 탈피하고자 한다. 아래쪽에는 플랫폼을 구성하는 다양한 정보를 연계 제공한 여러 플랫폼들의 배너와 간단한 사이트 정보 및 운영 주체 정보가 들어갈 예정이다.

2) 메뉴 구성

메뉴의 첫 번째는 소개 페이지로 구성된다. 소개 페이지는 책임연구자의 인사말과 본 연구의 간략한 소개 페이지가 각각 구성될 예정이다. 해당 페이지들을 통해 〈지식플랫폼 한강〉의 제작 및 연구의 목적을 밝힘으로써 사용자들이 다양한 방법으로 활용할 수 있는 방향까지 제시할 것이다.

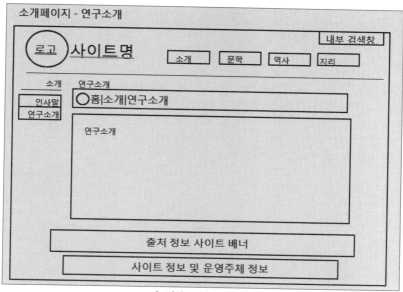

[그림 9] 소개 (연구 소개)

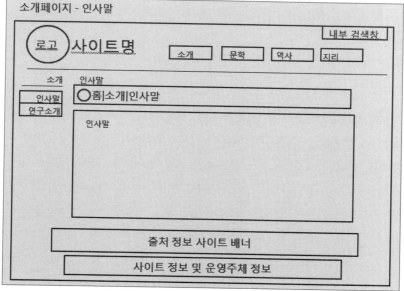

[그림 10] 소개 (인사말)

소개 페이지를 제외한 나머지 항목들은 지식정보 플랫폼의 성격에 맞춰 배치될 예정이다. 메뉴는 플랫폼에서 제공할 수 있는 정보의 체계를 한눈에 확인할 수 있도록 구성해야 하기 때문에 그 구분을 명확히 할 필요가 있다. 역사, 문학, 지리를 아우를 수 있어야 한다는 것이 우선적인 구분 기준이 된다. 또한 시대별, 사건별, 색인까지 확인할 수 있도록 나눠지는 항목 구분에서도 보다 상세한 분류가 이루어질 예정이다. 기본 분류를 간략히 표현하자면 다음과 같다.

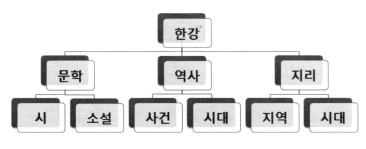

[그림 11] 항목별 기본 분류

플랫폼의 가장 중심이 되는 키워드인 '한강'을 기준으로 큰 항목은 문학, 역사, 지리로 구분된다. 문학은 시, 소설로 1차 구분되고 이어 각각 작가, 작품으로 세부 항목이 이루어질 예정이다. 역사는 사건, 시대별 구분으로, 지리는 지역, 시대별 구분으로 이루어진다. 각 세부 항목은 성공 사례에서 착안한 대로 시각적 효과를 극대화해 사용자에게 보다 쉬운 형태로 전달될 수 있는 방법을 고안해낼 필요가 있다. 때문에 최대한 알아보기 쉬운 단순한 형태를 유지하고자 한다.

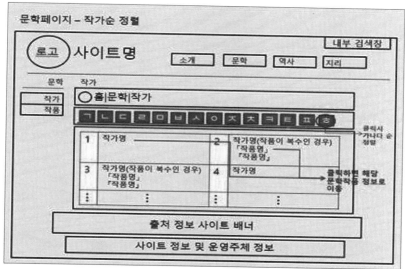

[그림 12] 문학 항목 (작가별)

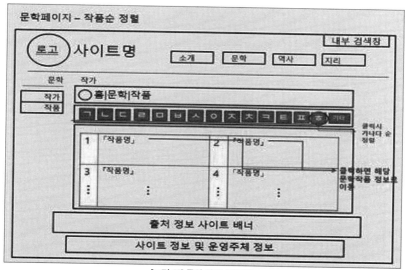

[그림 13] 문학 항목 (작품별)

첫 번째 항목인 문학은 작가, 작품으로 구분되어 결과가 정렬된다. 작가로 정렬했을 때 해당 작품이 2편 이상인 경우에는 작품명까지 함께 검색되면서 작가명, 또는 작품명을 선택한 경우 결과 페이지로 이동할 수 있도록 구성되어 있다.

작품의 경우 역시 가나다순으로 정렬되도록 하며 작품명을 클릭하면 결과 페이지로 이동이 가능하다. 두 페이지 모두 간결하게 표로 목록을 확인할 수 있도록 구성했으며 원하는 작가 또는 작품을 쉽게 찾을 수 있도록 정렬을 염두에 두어 배치하였다.

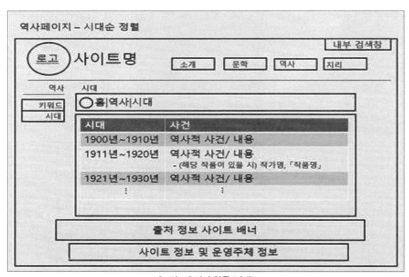

[그림 14] 역사 항목 (시대)

역사의 경우에는 시대와 키워드로 나누어 항목을 분류하였다. 시대별 분류는 1900년을 시작으로 2010년까지 일어난 역사적 사건과 내용을 간략하게 확인할 수 있도록 표로 정리한다. 시대별로 역사적 사건을 확

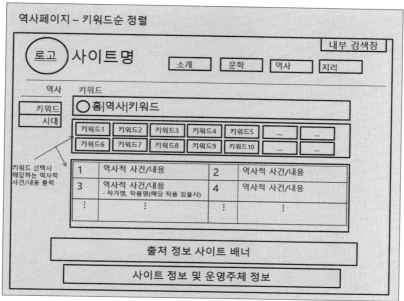

[그림 15] 역사 항목 (키워드)

인할 수 있다는 것은 사건의 선후관계 파악에도 분명 도움이 될 것이라고 예상된다. 또한 문학과 연관되어 있는 역사적 사건의 경우에는 관련 작가와 작품까지 간단히 확인할 수 있도록 해 도출될 결과의 선택의 폭을 넓히고자 한다.

키워드는 일반적으로 명명된 역사적 사건을 페이지 상에 직접적으로 노출시켜 정확한 사건명을 알지 못하더라도 관련 내용을 쉽게 찾아볼 수 있도록 구성할 예정이다. 각 키워드를 선택하면 해당 사건에 대한 역사적 사건과 내용을 간략하게 확인할 수 있고, 보다 상세히 내용을 확인하고 싶을 때는 간략하게 제시된 결과물을 선택해 최종 결과 페이지로 이동하도록 배치하였다.

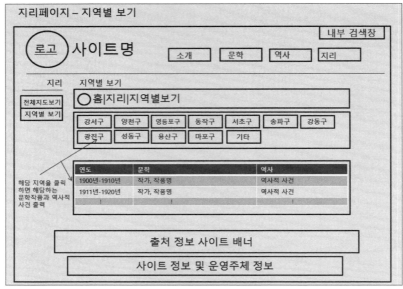

[그림 16] 지리 항목 (지역별)

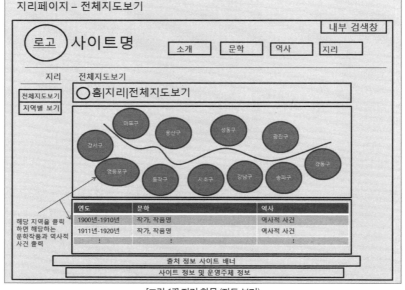

[그림 17] 지리 항목 (지도 보기)

지리의 경우에는 한강의 주요 지역인 서울을 구 단위로 구분해 기준으로 삼았다. 각 구를 선택하면 관련 지역에서 일어난 사건은 물론 그와 관련된 문학 관련 목록까지도 함께 결과로 도출된다. 무엇보다 지역별 항목이지만 그 결과는 시대를 기준으로 배치된다는 특징을 가진다. 이는 특정 지역에 역사, 문학 연구에 도움이 될 것으로 보인다.

지도 보기의 경우는 각 구의 위치를 명확히 알 수 없는 경우에 활용될 수 있다. 인접한 지역의 역사까지 연달아 확인할 수 있기 때문에 이 또한 지역 연계 연구에 도움이 될 수 있을 것으로 보인다. 지리 항목은 공통적으로 지역 기반, 시대 위주의 우선 결과 도출을 기본으로 한다.

4) 결과 페이지

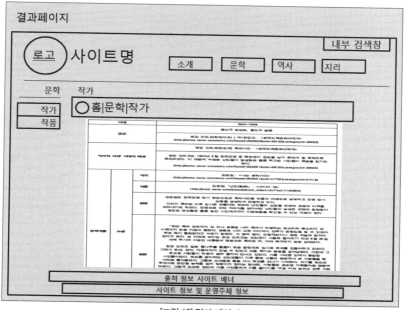

[그림 18] 결과 페이지

결과 페이지는 모든 항목에 배치되는 각각의 최종 페이지라고 할 수 있다. 이 한 페이지에는 키워드, 사건에 대한 간단한 요약 설명, 관련 문학 작품의 작가, 문학 작품에 대한 간략한 설명, 그리고 한강을 공간적 배경으로 한 문학 작품의 주요 본문과 작품의 출처까지 표기된다. 복잡하지 않도록 일정한 틀을 갖춘 표로 페이지를 구성하고, 일관성을 유지하기 위해 플랫폼 내 전체 결과 페이지를 동일한 형태의 표로 일체화할 예정이다.

결과 도출까지 이동하는 과정에 차이가 있을 수 있으나 최종 페이지에 포함되는 내용은 결국 역사, 문학, 지리와 관련된 통합적 지식정보를 포함한다는 특징을 가진다. 이는 종합지식플랫폼이라는 특성에 부합하기 위한 것으로 다양한 연계 지식까지 동시에 제공하는 것을 목적으로 한다.

5) 하이퍼링크

본 플랫폼은 한강과 관련된 문학, 역사, 지리에 대한 지식정보 제공을 기조로 제작된다. 하지만 모든 지식정보를 체계적이고 전문적으로 제공할 수 있다고 장담하기는 어렵다. 때문에 각 분야에 있어 전문적으로 관련 정보를 제공할 연계 플랫폼을 하이퍼링크로 연동할 계획이다. 이때 링크는 본 플랫폼의 기본이 되는 다양한 정보는 물론 문화, 사회적인 지식까지도 동시에 제공할 수 있도록 키워드 선정과 연계 플랫폼 선정에 신중을 기할 것이다.

통합 플랫폼을 제작하기 위한 항목별 구분도 중요하지만 또 다른 분야와의 연계, 기초적인 지식의 습득이 가능하도록 배려하는 것은 사용자의 학문과 이해의 폭을 넓히는 데 도움이 될 것으로 보인다.

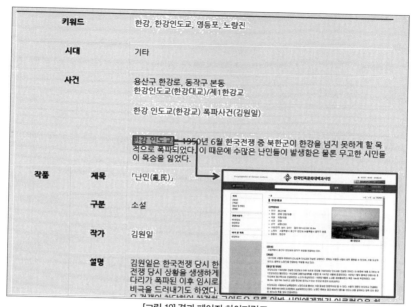

키워드	한강, 한강인도교, 영등포, 노량진
시대	기타
사건	용산구 한강로, 동작구 본동 한강인도교(한강대교)/제1한강교 한강 인도교(한강교) 폭파사건(김원일)
작품	한강 인도교는 1950년 6월 한국전쟁 중 북한군이 한강을 넘지 못하게 할 목적으로 폭파되었다. 이 때문에 수많은 난민들이 발생함은 물론 무고한 시민들이 목숨을 잃었다. 제목 「난민(亂民)」 구분 소설 작가 김원일 설명 김원일은 한국전쟁 당시 한 ... 전쟁 당시 상황을 생생하게 ... 다리가 폭파된 이후 임시로 ... 비극을 드러내기도 하였다.

[그림 19] 결과 페이지 하이퍼링크

    플랫폼의 설계도 격인 구축 방안을 구상하면서 각 페이지별로 넣을 수 있는 여러 항목 및 내용의 배치 등에 대해 기본적으로 구성해 볼 수 있었다. 하지만 본 연구의 계획 단계에서 구상했던 내용들이 구축 방안에서는 온전히 이루어질 수 없다는 몇 차례의 한계에 부딪히기도 했다. 플랫폼의 기본 규격이 정해져 있어 들어갈 수 있는 정보의 제한이 있을 수 있으며, 검색 결과의 도출 과정에서 각 항목의 구분이 보다 세분화되어야 함을 확인한 것이 그 예다.

    실제 플랫폼을 제작할 시 이보다 더한 물리적 한계와 예상치 못한 변수가 존재할 수 있기에 좀 더 체계적으로 구축 계획을 세워야 한다는 사실을 체득할 수 있었다. 또한 시각화, 세부 항목별 지식정보 배치 등에 대한 각각의 페이지 구성이 사용자의 편의를 최대한 고려해 제작되어야 한다는 계획 단계의 목적을 상기할 수 있는 기회가 되기도 하였다.

이러한 사항들을 종합하여, **스토리텔링 지식플랫폼 〈디지털인문학 한강〉의 구축 방안**은 다음과 같이 정리할 수 있다.

첫째, 문학 작품을 실제 장소와 연결시킴으로써 문학 중심으로 한 인문학 지식의 연계를 실현한다.

문학은 책이라는 특정 매체를 통해 접하는 것이 일반화되어 있다. 책을 구매하기 위해 관련 내용을 검색하거나, 책을 읽은 후 습득한 정보를 토대로 발생한 의문을 해소하기 위해 인터넷 검색을 활용하는 방식이다. 이때 문학 작품과 관련된 실제 장소를 구체화하여 관련 지식을 제공한다면 기존의 검색 방식이 간소화됨은 물론 얻을 수 있는 정보의 양은 늘어날 것이다. 본 연구는 문학 작품과 관련된 특정 공간에 대한 지리, 역사, 문화 등의 정보까지 포괄적으로 제공해 인문학적 지식으로의 폭을 넓히고 연계성을 구축하고자 한다.

둘째, 다각도로 수집할 수 있는 인문학적 정보를 정리하여 스토리텔링 지식플랫폼 구축한다.

본 연구의 바탕은 문학 작품에 나타나 있는 장소의 구체화 과정이다. 장소에는 자연적 요소와 인문적 요소를 함유하고 있음은 물론, 문학 작품 내 공간성은 시대적 요소까지도 내포하고 있다. 때문에 문학지리학이 가진 상징성의 분류와 분석을 토대로 역사, 문화, 인문학, 사회과학 등의 자료를 종합화하여 실질적인 교육현장에서의 효용성을 높이고자 한다. 본 연구의 대상이 되는 한강에 대한 전반적인 이해도를 높이기 위한다는 연구 목적에 주목하고, 효율적인 지식 전달 효과를 염두에 두고 있다. 이를 토대로 〈디지털인문학 한강〉 지식플랫폼을 교구적 목적, 학습 목적까지도 이루고자 한다.

셋째, 연구 결과물을 토대로 한 학제적 교육 방법론 도출 과정이다.

앞서 언급된 디지털화 연구들은 지식 정보들을 총체적으로 결합해 완성된 형태의 결과물로 나타났으나, 이후 후속 연구에서는 부진한 모습을 보였다. 〈디지털인문학 한강〉은 구축된 지식플랫폼 자체를 교육적으로 활용할 수 있는 방법을 모색하고자 한다. 교육이란 본질상 '시간의 흐름에 따른 인간 발달을 목적'으로 한다. 한강이 가진 역사성을 시대별로 분류해 각 시대에 적합한 사건과 문학 작품을 결합시켜 역사 교육과 문학 교육을 동시에 이뤄낼 수 있을 것이다.

넷째, 한강의 역사, 지리, 문학적 정보를 망라한 체험 프로그램, 관광 코스 개발로의 확장 과정이다.

"문화관광콘텐츠 개발 작업은 다음과 같은 측면에서 가치를 가진다. 첫째, 해당 지역의 문화적 정체성을 확립하는 데 중심적인 역할을 담당한다. 둘째, 지역민의 문화 복지 향상에 기여하고, 나아가 방문객들에게 지역문화의 우수성을 홍보할 수 있는 기회로 활용할 수 있다. 셋째, 각종 연계 사업을 통해 부가가치를 창출하여 지역의 산업경제를 활성화할 수 있다."[24] 때문에 이러한 스토리텔링 지식플랫폼을 활용한 체험프로그램화는 교육적 · 유희적 목적 외에도 많은 경제적 · 문화적 효과를 창출해

내는 점을 기대할 수 있다.

한강은 관광도시로 각광받고 있는 서울특별시에서 빼놓을 수 없는 관광지이다. 이를 역사, 문화적으로 결합해 코스화, 프로그램화한다면 외국인 관광객뿐 아니라 관련 교육이 필요한 학생은 물론 일반인들까지 폭넓게 수용할 수 있을 것이다. 〈디지털인문학 한강〉은 한강을 기본으로 한 여러 공간들을 거점화해 관련된 역사, 중요성에 대해 언급할 것이다. 이를 토대로 역사기행, 문학기행 등의 형태는 물론 관광 코스로의 개발 역시 기대할 수 있다.

---

24 김수복, 「윤석중 문학의 문화콘텐츠 활용 방안 연구」, 『한국문예창작』 제10권 제2호 통권 22호, 한국문예창작학회, 2011.8, 2~3쪽.

제5장

지식플랫폼 〈디지털인문학 한강〉 개발 결과

1. 가설 검증

제시된 구축 방안을 실제 플랫폼 제작 과정과 결과 도출에 따라 검증하면 다음과 같은 결과가 나온다. 앞서 연구된 구축 방안의 순서에 맞춰 검증을 진행하도록 하겠다.

1) 도메인 / 메인 페이지

〈디지털인문학 한강〉의 도메인은 "hangangdb"로 정하였다. 플랫폼의 주제인 한강과 데이터베이스화한 각종 지식정보를 제공하는 플랫폼의 성격을 쉽게 표현하기 위한 것으로, 주소를 직접 입력했을 경우에도 어렵지 않을 단어들의 조합으로 이루어졌다.

메인 페이지는 〈디지털인문학 한강〉을 상징적으로 나타내기 위한 영상으로 시작된다. 강물이 일렁이는 영상은 끊임없이 흐르는 한강의 유구한 역사성을 상징적으로 나타내기 위해 사용되었다. 또한 햇빛에 반짝이는 모습까지도 영상에 담아내 본 플랫폼이 추구하는 미래지향적인 제작 방향을 표현했다. 영상 가운데 자리한 한문으로 표기한 글자 "漢江"은 한강이 지니고 있는 역사의 무게감을 가볍지 않게 표현하기 위해 직접 제작한 것으로, 한강 인근에서 찾아볼 수 있는 각종 구조물, 세빛섬, 올림픽대교, 한강공원, 여의도 물빛무대, 물결, 해, 구름 등을 단순화하여 그래픽 디자인으로 나타냈다.

〈디지털인문학 한강〉 플랫폼의 구축에 관한 가설은 한강을 담은 사진 3~4장을 메인 페이지에 넣어 해당 플랫폼이 한강을 다루는 곳임을 부각시키려고 하였다. 하지만 사진의 특성상 특정 다리, 특정 공간이 아닌 이상 사용자 모두가 사진의 배경이 한강이라고 단정하기 쉽지 않다는 문제점을 발견했다.

이 같은 문제점을 해결하기 위해 실제 제작된 플랫폼에서는 한강을 상징적으로 나타낼 수 있는 상징적인 동영상, 로고 등을 직접 제작해 삽입하였다. 그 과정에서 단순하고 함축적이면서도 직접적인 플랫폼의 주제 및 성격을 드러낼 수 있는 방법을 자체적으로 고안할 수 있었다. 디자인적인 측면에서도 가설을 세웠을 때보다 실제 제작된 플랫폼이 초기 계획에 더 부합하는 결과로 판단된다.

[그림 20] 메인 페이지

2) 로고 및 배너

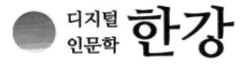

[그림 21] 〈디지털인문학 한강〉 제작 로고

[그림 22] 연계 배너

　메인 페이지 우측 상단에는 직접 제작한 플랫폼의 로고가 배치되어 있다. 이 로고는 두 가지 타입으로 제작되었다. 한강물의 물결을 곡선을 사용해 나타내었고, 여러 개의 면으로 나누어 색감에 차이를 두었다. 특히 서울시에서 지정한 한강을 상징하는 색인 〈한강은빛색〉을 사용하였으며 이를 기준으로 그라데이션을 통해 물빛을 묘사했다. 로고의 형태는 한강의 유한함을 표현하기 위해 단순하게 원으로 표현했다. 텍스트 로고에 사용된 폰트는 플랫폼에 신뢰감을 줄 수 있도록 나눔명조체를 사용하였다.

　앞서 진행된 가설의 경우, 로고 및 폰트에 대한 구체적인 계획은 세워져 있지 않았었다. 하지만 플랫폼 제작과 동시에 로고와 폰트까지 창작하게 되면서 디자인적인 요소에 다양한 스토리와 상징성을 투영할 수 있음을 확인할 수 있었다.

메인 페이지 우측에는 연계된 지식정보 페이지들의 배너들을 찾아보기 쉽게 나열해 두었다. 이는 가설과 일치하는 결과이다. 본 플랫폼은 검증된 지식플랫폼들과의 연계를 통해 문학, 역사, 지리는 물론 사회, 문화까지 아우를 수 있는 통합지식플랫폼을 지향한다. 때문에 각 분야에서 충분히 전문성을 검증받은 플랫폼들로 키워드 이동이 가능하도록 구성되어 있다. 하나의 플랫폼이 담을 수 있는 지식정보의 양은 제한되어 있다. 때문에 전문성을 갖춘 플랫폼을 제작하고, 이와 관계된 여러 플랫폼들을 연계하는 방법이 보다 효율적일 것이라고 판단하였다. 실제 제작 결과에서도 다양한 플랫폼으로의 이동은 사용자에게 지식정보를 폭넓게 제공할 수 있는 방안이 되었다.

3) 통합검색

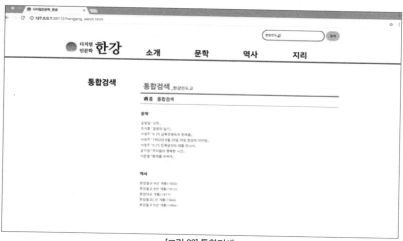

[그림 23] 통합검색

플랫폼 내 모든 페이지 우측 상단에 자리한 통합검색창은 쉽고 빠르게 키워드, 단어를 비롯한 다양한 검색이 가능하도록 배치하였다. 위 사진은 통합검색을 통해 "한강 인도교"를 검색했을 경우 나타나는 결과 페이지이다. 문학, 역사, 지리 등으로 이루어진 기본 항목에 해당하는 각각의 목록들이 순차적으로 도출되는 것을 확인할 수 있다. 이는 편의성, 접근성을 높이기 위한 방법으로 복잡한 접근법을 단축시키는 결과를 보였다.

4) 소개 페이지

본 플랫폼의 소개 페이지는 크게 세 가지 항목으로 정리되어 있다. 연구책임자의 인사말과 본 연구의 간략한 소개 페이지로 구성되는데, 한국연구재단의 재원을 받아 진행된 연구임을 하단에 표기하였다. 추가로 플랫폼의 간략 소개와 사용 방법이 명시된 페이지로 구성된다.

[그림 24] 소개 페이지 (인사말)

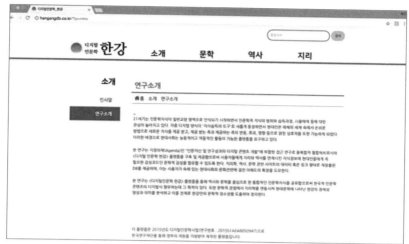

[그림 25] 소개 페이지 (연구소개)

　소개 페이지는 〈디지털인문학 한강〉의 제작 목적, 활용 방법 등을 제시하는 것을 목적으로 한다. 사용자들로 하여금 플랫폼의 성격 및 제작 목적이 분명하게 정해져야 플랫폼의 본격적인 활용에도 도움이 될 것으로 판단하였기 때문이다. 또한 한강에 관한 한 분야를 막론하되 총체적 지식정보를 제공하는 곳임을 명시한다면 사용자 역시 이를 활용하는 다양한 방법을 자의적으로 찾아내는 데 보다 수월할 것이다.

[그림 26] 플랫폼 소개 페이지

5) 항목별 구분─문학 (작가, 작품)

항목별 구분은 가설과 크게 달라지지 않았다. 가나다순 기본 정렬 역시 동일하게 반영되었다. 하지만 검색 결과 페이지에서 몇 가지 변수를 만나면서 세부 정렬 방식에 변화가 발생했다.

문학 항목은 예정대로 작가, 작품으로 구분된다. 문제는 작가 항목을 선택했을 경우, 한 작가의 여러 작품이 해당 플랫폼에 포함되어 있을 때 발생했다. 플랫폼 구현에 대한 가설에서는 도출된 결과를 클릭하면 최종 결과 페이지로 이동하도록 계획되어 있었다. 하지만 동일한 작가의 여러 작품이 플랫폼에 포함되어 있다면 최종 결과 페이지 역시 작품의 수만큼 도출될 수밖에는 없었다.

해당 문제점을 해결하기 위해서는 여러 작품이 포함되어 있는 경우,

[그림 27] 항목별 구분 (작가별)

검색 결과에 관련 작품 역시 순서대로 표시되도록 하는 방법을 사용해야 했다. 그 결과는 위 그림의 형태로 나타나게 되었다. 그림은 작가 항목 구분 결과 중에서도 '가'에 해당하는 검색 결과이다. 작가 고정희와 공지영의 경우 플랫폼의 결과 페이지에 포함된 작품 2편 이상이기 때문에 각각의 작품명 역시 결과로 도출됨을 확인할 수 있다.

가설과는 다른 사안이 발생해 변경 제작된 검색 결과 페이지이지만, 해당 페이지를 통해 한강에 관한 작품을 다수 발표한 작가를 손쉽게 확인할 수 있게 되기도 하였다. 이를 활용한다면 문학 연구 중에서도 작가론, 공간성 연구에 큰 도움이 될 수 있을 것으로 보인다.

[그림 28] 항목별 구분 (작품별)

문학 항목 중에서도 작품별 구분은 가설과 큰 차이를 보이지 않는다. 작가별 항목 페이지와 마찬가지로 가나다순 정렬이 가능하게 했다. 위 사진은 작품 항목을 선택했을 경우 도출되는 페이지이다. 겹낫표 표기

를 그대로 유지했기 때문에 작품의 길이에 따라 장·단편 여부를 확인할
수 있다.

6) 항목별 구분—역사 (키워드, 시대)

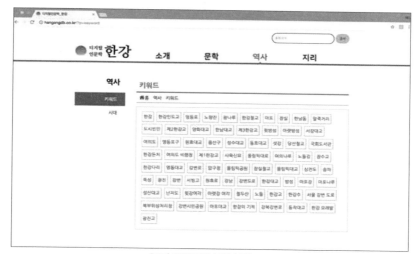

[그림 29] 항목별 구분 (키워드 1)

역사의 경우 예정대로 키워드와 시대 두 개의 항목으로 구분되었다.
다만 키워드 항목을 선택했을 경우 도출되는 결과의 표시 방식에서 조
금 변화가 발생했다. 단순한 텍스트 나열 방식은 키워드 간 구분을 명확
히 해주지 못한다는 사실을 구현하는 과정에서 확인한 것이다. 때문에
각각의 키워드는 구별이 용의하도록 개별 틀을 활용하였다.

다음 사진(키워드 2)은 구별된 키워드를 클릭했을 경우 나타나는 결과
페이지를 구현하기 위한 것으로 "한강 인도교" 키워드를 선택했을 때
관련 결과들이 하단에 배열되어 도출된다. 검색 결과는 사건, 관련 작가,

[그림 30] 항목별 구분 (키워드 2)

[그림 31] 항목별 구분 (시대별)

작품까지 확인할 수 있도록 설정되어 있으며 각각의 결과를 클릭하면 그에 해당하는 최종 결과 페이지로 이동하게 된다.

시대별 구분 항목의 경우에는 1900년부터 2010년까지 10년 단위로 분할된 단위 소스가 간단한 표로 정리되어 나타남을 확인할 수 있다. 시대에 해당하는 사건은 물론 문학 작품까지도 확인할 수 있기 때문에 사용자가 관련 연구를 계획 중이라면 보다 수월하게 연구 범위를 좁힐 수 있을 것이다. 도출된 결과는 모두 설정된 하이퍼링크를 이용해 각각의 최종 결과 페이지로 이어진다.

7) 항목별 구분—지리 (전체, 지역별)

지리의 경우 구축 방안과 동일한 결과를 구축해낼 수 있었다. 항목별 구분 역시 전체 지도 보기와 지역별 보기로 구분되었다. 전체 지도 보기

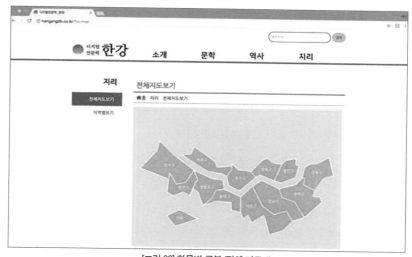

[그림 32] 항목별 구분 (전체 지도 1)

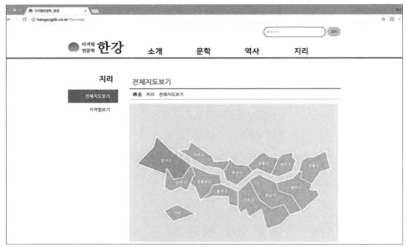

[그림 33] 항목별 구분 (전체 지도 2)

의 경우에는 간략화된 구 단위의 행정지도를 기본으로 한다. 이 부분은 시각적인 효과를 가장 크게 확인할 수 있는 항목이기도 하다.

[그림 32]가 전체 지도 항목의 기본 화면이다. 플랫폼을 제작하며 각 구에 해당하는 다양한 문학, 역사 자료를 목록으로 작성해 두었기 때문에 서울 이외의 공간은 기타로 표기해 선택할 수 있도록 했다. [그림 33]은 각 구에 마우스 오버 시 색상이 변화하도록 설정했음을 보여준다. 색상 변경을 통해 커서 위치를 알 수 있게 설정해 두었으며, 클릭한 후에는 해당 구의 결과 페이지로 이동하게 된다.

전체 지도 보기와 지역별 보기의 차이는 시각적으로 각 구의 위치를 확인할 수 있다는 것이다. 찾는 지역이 한강을 기준으로 북쪽인지 남쪽인지 또는 관심 있는 지역과 인접한 다른 지역을 직접 눈으로 확인할 수 있다는 데 의미가 있다. 이는 서울에 관해 자세히 알지 못하는 사용자들을 배려한 것이며 인접 지역에 관한 연구를 할 때도 도움이 될 수 있을 것이라는 판단 하에 제작된 결과이기도 하다.

[그림 34] 항목별 구분 (지역별)

지역별 보기 항목의 경우에는 전체 지도 보기 항목과는 다르게 각각의 구가 텍스트화, 키워드화되어 있다. 두 항목의 검색 결과는 위 그림에서 확인할 수 있듯이 정리된 표의 형태로 나타난다. 표에는 해당 구와 관련된 문학 작품, 역사적 사건들이 시대별로 분류되어 있다. 때문에 시대별 구분 항목을 따로 두지 않아도 시대 순까지 한눈에 확인할 수 있다.

8) 결과 페이지

결과 페이지는 가설과 마찬가지로 지역, 작가, 작품, 사건을 망라한 통합적인 정보를 제공하는 최종 도달 페이지가 된다. 확인할 수 있는 정보가 많기 때문에 이를 어떤 식으로 정리, 정렬하느냐에 따라 사용자의 편의성 정도가 결정된다고 보고 표 구성에 신중을 기하였다.

표 구성은 키워드 – 시대 – 사건 – 문학 작품 순으로 이어지며 세부 구분이 용이하도록 큰 분류와 세부 분류의 칸 구성과 위치에 차이를 두었다. 키워드는 사건과 연관되었다면 해당 칸에 모두 나열되도록 하였다. [그림 35]는 "한강 인도교"를 기준으로 한 검색 결과로 "한강", "영등포", "노량진" 등의 키워드가 함께 표시되는 것을 확인할 수 있다. 이어 역사적 사건과 관련된 세부 지역정보가 도출되고, 사건에 대한 간략한 정보를 확인할 수 있도록 구성되어 있다.

이어 사건과 연관된 문학 작품에 대한 정보가 도출되는데 작품명, 장르의 구분, 작가, 간략한 설명에 이어 한강을 공간적 배경으로 한 작품의 주요 본문 일부를 확인할 수 있도록 되어 있다. 때문에 문학 작품에서 한강이 어떤 배경, 의도로 활용되었는지를 알 수 있음은 물론 이와 관련한 공간적 의미, 상징성까지 발전시켜 연구할 수 있는 기본 자료로 활용할 수 있다. 이어 작품의 명확한 출처, 본문의 페이지까지 정확하게 밝혔다.

그림에서 확인할 수 있듯이 표의 왼쪽에는 해당 사건 또는 지역에 관한 사진이 게시되어 있다. 해당 사진을 클릭하면 [그림 36]과 같은 화면으로 변환된다.

[그림 35] 결과 페이지

1958년 복구된 한강 인도교

[그림 36] 결과 페이지 (사진1)

결과 페이지에는 담아야 할 정보의 양이 많다. 때문에 사진은 클릭을 했을 경우 확대해서 볼 수 있도록 구성했다. 페이지마다 특정 경우를 제외하고는 빠짐없이 사진이 게시되도록 하였다. 또한 동일한 지역의 다른 결과 페이지의 경우에는 사진을 교체함으로써 사용자에게 보다 다양한 시각 정보를 확인할 수 있도록 배려했다.

[그림 37] 결과 페이지 (사진 2)

[그림 38] 결과 페이지 (사진 3)

 위 그림은 동일한 사건인 "한강 인도교"를 주요 공간으로 한 다른 결과 페이지이다. 앞선 결과는 서정주의 시를, 해당 페이지는 김원일의 소설을 다루고 있기 때문에 결과 페이지 역시 다른 내용을 담고 있다. 사진 역시 동일한 공간을 배경으로 하고 있음에도 교체해 게시하였음을 확인할 수 있다.

[그림 39] 결과 페이지 (하이퍼링크 1)

　　가설에서 구상했던 것처럼 결과 페이지를 통해 도출되는 다양한 키워드들은 보다 상세한 설명이 되어 있는 타 플랫폼과 하이퍼링크를 통해 연결되어 있다. 위 그림은 "한강 인도교"라는 키워드를 클릭했을 경우, 보다 상세한 정보를 확인할 수 있는 〈한국민족문화대사전〉의 동일 키워드 결과 페이지로 이어진다는 것을 간략하게 보여주고 있다.

이밖에도 역사, 지리, 문학과 직접적인 관련은 없으나 사전적, 문화사적 의미를 포함한 단어 등에도 동일한 방법으로 하이퍼링크를 연결해 두었다. 이는 본 플랫폼이 모든 정보를 제공할 수 없다는 한계를 인정한 결과이자, 사용자들이 학문의 구분 여하와 관계없이 보다 손쉽게 많은 정보를 얻을 수 있도록 하기 위함이기도 하다.

[그림 40] 결과 페이지 (하이퍼링크 2)

[그림 41] 결과 페이지 (하이퍼링크 3)

[그림 42] 결과 페이지 (하이퍼링크 4)

[그림 43] 결과 페이지 (하이퍼링크 5)

배너를 통해 제공된 여러 플랫폼들이 모두 하이퍼링크를 통해 연결되는 곳들이며 모두 결과 페이지를 통해 이동할 수 있도록 구성했다. [그림 40] 하이퍼링크 2의 경우에는 작가 서정주에 대한 하이퍼링크로 연결된 플랫폼 〈한국현대문학대사전〉의 해당 페이지이며, [그림 41] 하이퍼링크 3의 경우에는 작가 김원일에 대한 연결 플랫폼 〈나는 문학이다〉 해당 페이지이다.

사건 또는 공간의 경우에도 같은 방식으로 하이퍼링크가 연결되어 있는데 [그림 42] 하이퍼링크 4의 경우에는 "한강 인도교 폭파 사건"에 연결된 하이퍼링크 결과이며 〈한국민족문화대백과〉의 "한강교폭파사건" 결과 페이지로 이동한다. [그림 43] 하이퍼링크 5의 경우는 "한강대교"에 대한 하이퍼링크 연결 결과를 보여준다.

계획 과정에서 세운 가설과 이를 바탕으로 한 구축 방안을 통해 체계적으로 플랫폼 제작을 위한 사전 작업을 진행했으나, 실제 구축 결과는 여러 변수에 따라 조정되었다. 따라서 가설 검증 과정에 있어서도 예상과는 다른 페이지가 제작되기도 하였다. 검증된 가설을 토대로 한 연구 결과는 다음 절에서 확인할 수 있다.

2. 연구 개발 결과

〈디지털인문학 한강〉의 가설 및 구축 방안에서는 무엇보다도 반드시 반영하고자 했던 몇 가지가 있었다. 그 내용이 원활하게 반영되어 플랫폼이 구축 되었는지를 확인하자면 다음과 같다.

첫째, 시각적 효과의 극대화이다.

시각적 효과는 얼마나 많은 프로그램 또는 플랫폼에 탑재될 틀을 제작했는지 여부에 따라 결과가 판가름 나는 것이라고 볼 수 있다. 때문에 〈한국사 콘텐츠〉에서 찾아볼 수 있었던 화려하고 컬러풀한 페이지들을 참고하려고 했다. 하지만 실제 플랫폼을 제작하는 과정에서는 오히려 최소한의 색, 정갈한 결과의 도출 등도 시각적 효과를 극대화하는 방법이 될 수 있다는 믿음을 갖게 되었다. 이는 로고와 폰트의 창작을 통해 발견할 수 있었던 다른 형태의 시각적 효과가 극대화가 되었다.

무엇보다도 "한강"을 최대한 표현하기 위해 메인 페이지, 로고, 단정하고도 여러 의미가 담긴 폰트가 〈디지털인문학 한강〉의 성격을 표현하는 극대화된 시각적인 효과라고 할 수 있다.

둘째, 짧고 명료한 텍스트의 제공이다.

이를 실현하기 위해 최종 결과 페이지에서 도출되는 문학, 지식, 역사 등의 각종 지식정보를 단정한 틀 안에 체계를 갖춰 배열하였다. 또한 역사와 문학에 대한 설명은 관련 전문가들이 최대한 짧고 간결하게 작성하였다. 이는 많은 정보를 단순나열하거나, 간단한 개요 정도로 구분지은 기존의 플랫폼들과의 분명한 차별점이자 가설의 성공적 반영이라고 할 수 있다.

셋째, 링크를 최대한 사용하는 것이다.

최종 결과 페이지에서 제공하는 지식정보의 양이 적다고 느낄 수 있는 사용자들을 위해 사회 문화적인 단어, 키워드 등에는 하이퍼링크를 사용, 전문성이 인정된 플랫폼으로의 이동이 가능하게 하였다. 한정된 분야의 지식정보만을 제공하려는 여타 플랫폼과는 다른 결과라고 할 수 있다.

또한 연계된 플랫폼들의 배너를 제작해 배치함으로써 사용자가 원할 때 쉽게 타 플랫폼으로 이동할 수 있도록 했다.

넷째, 문화콘텐츠로의 확대까지 확장할 수 있도록 가능성을 열어 두는 것이다.

추후 가능 여부가 판가름 날 사안이기 때문에 플랫폼의 실제 제작을 마친 현 시점에서 평가하기는 어렵다. 하지만 적어도 문학, 역사, 지리를 기조로 제작된 시대, 키워드, 사건별 정렬 페이지 등은 분야별 연계 연구로의 확장 가능성까지 예측할 수 있게 한다.

연구의 계획 단계에서 구상했던 연구 목표와 비교했을 때, 문학 작품을 실제 장소와 연결시킴으로써 문학 중심으로 한 인문학 지식의 연계를 실현하는 플랫폼 제작을 완료했다. 또한 다각도로 수집할 수 있는 인문학적 정보를 정리하여 지식플랫폼을 구축하였다. 연구 결과물을 토대로 한 학제적 교육 방법론 도출 과정은 이어질 연구 결과를 통해 간단히 확인할 수 있었다.

그러나 한강의 역사, 지리, 문학적 정보를 망라한 체험 프로그램, 관광 코스 개발은 본 플랫폼의 제작 과정에서는 진행되지 못하였다. 몇 가지 관광 코스를 구상하였으나 이를 실현시키기에는 현실적인 제약들이 컸다. 때문에 이 부분은 후속 연구에서 다시 구상, 실현시킬 계획이다.

본 연구 개발 결과로 제작된 플랫폼을 기반으로 다음과 같은 학술 연구가 이루어졌다.

1) 통합 지식플랫폼 구축의 필요성과 방법에 관한 연구

본격적인 지식플랫폼 〈디지털인문학 한강〉 구축에 앞서 해당 플랫폼이 제작되어야만 하는 이유, 학계 간 융합 연구의 필요성에 대한 검토가 이루어졌다. 이는 본 결과 보고서의 기초가 됨은 물론 이후 제작된 〈디지털인문학 한강〉이 가능할 수 있었던 학술적인 기반이 되었다.

관련 연구는 「디지털인문학 중심 스토리텔링 지식플랫폼 융합 필요성 및 방안 연구」[25]가 있다. 본 〈디지털인문학 한강〉 구축에 대한 총론 격의 논문으로서 주요 내용을 다시 한 번 정리하면 다음과 같다.

본 연구는 지금까지 시도되지 않았던, 문학 작품에서 구현된 문학적 상상력

---

25 임수경 · 김미나, 『커뮤니케이션디자인학연구』, 2016.

을 바탕으로 같은 장소의 역사적 지식과 체험적 지리공간을 결합시킨 스토리텔링 지식플랫폼 〈디지털인문학 한강〉을 융합하는 방안을 제시하는 데 그 의의를 찾을 수 있다.

지식플랫폼 〈디지털인문학 한강〉은 한강이 가진 인문학적 상징성을 바탕으로 문학, 역사, 지리에 대한 지식을 총체적으로 망라한 연구이다. 각각의 지식을 보기 쉽게 체계적으로 정리하는 작업은 인문학적 사고력 개발과 문학적 상상력에 있어 긍정적인 효과를 거둘 수 있을 것으로 보인다. 또한 교구적, 학습 목적으로까지 발전을 꾀함은 물론 학제적 교육 방법론을 도출할 수 있을 것으로 기대한다. 문학, 지리, 역사의 통합 지식 허브는 관련 교육을 보다 체계화, 다양화할 수 있는 방편이 될 것이다. 여기에 체험 프로그램, 관광 코스 등을 접목시킨다면 교육의 방법은 보다 폭넓어질 것으로 판단된다.

2) 분화된 학문 범주 내에서 이루어진 학술 연구

〈디지털인문학 한강〉을 기반으로 한 문학 연구는 한강을 공간적 배경으로 둔 다양한 문학 작품을 발굴, 확인하는 과정 속에서 이루어졌다.

ㄱ. 문학 1—「이문구 작품 속 한강의 공간성 연구」(김미나, 『한국문화기술』, 2016)

본 연구는 플랫폼 구축 과정에서 한 명의 작가가 동일한 공간을 바탕으로 여러 작품을 창작했다는 사실을 확인했다. 이를 통해 문학 작품이 특정 공간을 통해 시대성, 상징성 등을 새롭게 부여할 수 있는지에 대한 연구를 진행하였다. 대상 작가는 이문구, 작품은 1960년대 한강을 배경으로 한 작가의 초기작인 「부동행」, 「몽금포타령」, 「금모랫빛」을 대상으로 선정하였다.

연구논문의 결론을 수록하면 다음과 같다.

본 연구는 이문구의 초기작인 「부동행」, 「몽금포타령」, 「금모랫빛」을 통해 1960년대 한강을 중심으로 한 공간 인식을 확인하고자 하였다.

이를 위해 2장에서는 실향민들의 삶의 터전으로서의 한강을 살펴보았다. 실향민들에게 한강은 쉽게 정착할 수 있는 곳이자, 척박한 현실 자체를 의미한다. 때문에 실향민이자 하층민으로 살아갈 수밖에 없는 이들의 아픔과 그들을 바라보는 사회의 냉담한 시선까지도 확인할 수 있었다.

3장에서는 노동자들의 현실을 담아내는 공간으로서의 한강의 모습을 확인해보았다. 공사 현장을 따라 떠돌이 생활을 할 수밖에 없는 노동자들의 현실은 급격한 개발에 의해 영향을 받았다. 한강은 그들이 끼니를 해결할 수 있는 생계수단임과 동시에 그들이 힘없는 하층민임을 재차 상기하도록 하는 공간이다. 또한 한강 개발을 필두로 한 과도한 개발, 자본주의의 폐해를 의미하기도 한다.

4장에서는 세 작품에 나타난 한강의 상징성에 대해 살펴보았다. 각각의 작품들은 한강을 하층민들이 쉽게 정착할 수 있는 자유로운 공간으로 설정하였다. 하지만 그 자유 속에서 차별과 억압을 견디며 힘겹게 살아야만 하는 하층민들의 차가운 현실 역시 확인할 수 있었다. 작품 속 한강은 물과 강의 일반적인 상징을 포괄함은 물론 나아가 현실을 반영하기도 했다. 나아가 어두운 현실을 딛고 보다 나아질 미래를 기대하게 하는 의미 있는 공간으로 발현되고 있음을 확인할 수 있었다.

연구의 대상이 된 이문구의 작품들을 통해 확인할 수 있었던 1960년대 시대상은 다음과 같은 특징을 담아내고 있다.

첫째, 전쟁의 여파로 고향을 잃게 된 실향민들은 물론 개별적인 이유로 고향을 떠날 수밖에 없었던 이들이 서울로 모여들면서 인구 증가로 이어지고 한강 주변에 정착하게 되었다.

둘째, 한강 주변에 모여든 실향민들은 이미 서울에 정착해 살아가고 있는 중심인물들에 의한 차별과 핍박을 견뎌내야 했으며 결국 주변인물, 하층민으로 전락하거나 낙오되었다.

셋째, 근대화와 산업화를 맞아 급변하는 시대 상황 속에 자본주의, 물질만능주의 사상이 팽배하게 되었고 인간의 가치를 돈으로 판단하는 부정적 양상을 현실에서 찾아볼 수 있게 되었다. 이는 하층민들을 냉대하게 되는 주요 요인이 되었다.

이문구의 작품들을 통해 1960년대가 개발, 산업화, 자본주의라는 큰 명목 하에 수많은 변화가 이루어졌다는 사실을 확인할 수 있었다. 이로 인한 부작용들이 드러나기 시작하면서 다양한 문제점들이 발생했다. 이때 주변인물인 실향민, 노동자 등으로 구성된 하층민들이 냉대를 받으며 힘겨운 삶을 살아야만 했던 현실까지 반영되어 있었다. "주변인의 삶은 부정적 근대를 넘어서는 하나의 방식을 암시"[26]하기에 소외된 사람들의 힘겨운 삶은 곧 비극적인 현실을 넘어 새로운 세상을 꿈꾸는 하층민들의 또 다른 삶의 방식이자 목표가 된다.

각각의 작품들은 모두 한강이라는 동일한 공간을 배경으로 하고 있다. 이는 작가 이문구의 개인적인 체험의 소산이자 발현의 결과라고 할 수 있다. 하지만 작품의 배경이 된 한강이라는 공간은 모두에게 개방되어 있는 특수한 공간이자 척박한 개발 예정지를 의미하기도 한다. 열린 공간이기에 모여드는 수많은 하층민들의 비참한 삶은 결국 현재의 한강, 산업화, 자본주의를 이뤄내기 위한 디딤돌이자 부작용을 의미한다.

이문구가 각각의 작품을 통해 개별적으로 부여한 한강이라는 공간의 특수성은 1960년대라는 일정한 시대를 엿볼 수 있는 매개가 된다. 이 같은 특징이 기

---

[26] 고인환, 『이문구 소설에 나타난 근대성과 탈식민성 연구』, 청동거울, 2003, 90쪽.

존의 물과 강의 일반적인 상징성과 결합해 작품 속에서 새로운 의미와 주제를 부여하고 있다.

본 연구를 통해 동일한 시공간을 배경으로 한 작품들을 한데 묶여 연구하는 것이 특정된 시대의 특성을 규명하는 하나의 방법으로 활용될 수 있음을 확인할 수 있었다. 또한 공간 연구의 경우 중첩되는 의미작용을 통해 기존의 상징에 더해진 새로운 시대적 의미가 부여될 수 있다는 사실 역시 확인할 수 있었다.

본 연구는 한 사람의 작가인 이문구에 제한하여 동일한 시공간을 통해 새롭게 규명되고 발생하는 의미를 찾아볼 수 있었다는 데 그 의의가 있다. 이는 같은 방식의 작품을 발표한 여러 작가들에게도 공통적으로 적용하고 의미를 확인할 수 있는 연구 방법이 될 수 있을 것이며, 다양한 작가 및 작품에 대한 연계 연구가 가능함을 의미한다. 이어 후속 연구로는 동일한 시공간을 배경으로 여러 작가가 다양하게 부여하는 의미가 시대를 특정할 수 있는지, 새로운 의미를 발생시킬 수 있는지를 확인하고자 한다.

ㄴ. 문학 2─「문학 작품에 나타난 역사적 장소성 연구」(김미나, 『한국문예창작』, 2016, 게재예정)

문학 1 논문의 후속 연구인 「문학 작품에 나타난 역사적 장소성 연구」도 역시 플랫폼 구축 과정에서 확인된 특정 문학 작품들을 대상으로 진행된 연구이다. 연구의 내용은 동일한 시공간을 배경으로 벌어진 역사적 사건과 이를 배경으로 한 여러 작가들의 문학 작품들을 통해 역사와 문학의 연계 연구의 필요성을 피력한다. 연구의 대상은 '한강 인도교 폭파 사건'을 배경으로 한 네 편의 문학 작품 조지훈의 시 「絶望의 日記」, 김원일의 소설 「난민」, 서정주의 시 「1950년 6월 28일 아침 한강의 다이빙」, 「6·25 민족상잔의 때를 만나서」 등이다.

연구논문의 결론을 수록하면 다음과 같다.

　본 연구는 역사적 사건을 배경으로 한 여러 문학 작품의 연계 연구가 갖는 의미를 알아보기 위한 것으로 '한강 인도교 폭파 사건'을 배경으로 한 네 편의 문학 작품 조지훈의 시 「絶望의 日記」, 김원일의 소설 「난민」, 서정주의 시 「1950년 6월 28일 아침 한강의 다이빙」, 「6·25 민족상잔의 때를 만나서」를 살펴보았다. 그 결과 동일한 시공간을 배경으로 하고 있음에도 작품별로 차이가 존재함을 확인할 수 있었다. 대상이 된 작품들은 역사적 사건을 바라보는 시선, 태도, 방법 등에서 주된 차이를 보이고 있었는데 간단히 정리하면 다음과 같다.

　조지훈의 작품 「絶望의 日記」에서는 사건의 비극성은 물론 이를 바라보는 한 인간의 절망적인 심경이 드러나 있는데 이를 통해 작중 화자는 물론 동시대, 동일한 공간을 살아가는 사람들이 겪게 되는 시대적 비극과 상통함을 알 수 있었다.

　김원일의 「난민」에서는 사건 이후 잘 알려지지 않았던 일반인들의 억압받는 삶과 결국 피난을 떠날 수밖에 없게 된 상황 등이 잘 드러나 있다. 또한 사건이 발생한 주요공간의 이후 모습에 대해 상세히 기술되어 있었다.

　서정주의 「1950년 6월 28일 아침 한강의 다이빙」에서는 해학적인 표현들로 인해 시대의 비극성을 보다 역설적으로 확인할 수 있었으며, 「6·25 민족상잔의 때를 만나서」에서는 사건 이후 알 수 없었던 여러 정황들에 대해 기술되어 있음을 찾아볼 수 있었다.

　무엇보다 대상이 된 작품들에서 공통적으로 드러난 특징은 일반인들이 겪어야만 했던 시대의 비극과 정황 등을 보다 상세하게 알 수 있었다는 것이다. '한강 인도교 폭파 사건'의 경우 명확한 역사적 기록보다는 녹취, 정황, 회고 등을 통해 조합된 기록을 바탕으로 뒤늦게 사건의 본질에 대해 확인한 특수한 경우라고 할 수 있는데 이는 정치, 사회적 영향 때문이기도 하다. 때문에 사건을 직접 겪은 작가들이 남긴 문학적 기록 역시 사료로 활용할 여지가 충분함을 확인할 수 있었다.

본고는 특정 역사적 사건을 배경으로 한 문학 작품들을 연구의 대상으로 삼아 각 작품들의 연계 연구가 갖는 의미를 확인하고자 하였다. 그 결과, '한강 인도교 폭파 사건'을 대상으로 한 각각의 작품들은 사건이 일어나던 당시 일반인들이 겪어야만 했던 충격을 내밀한 기록으로 전했음은 물론 사건 이후 동시대를 살아가던 사람들이 겪어야만 했던 알려지지 않은 비극적 삶까지 확인할 수 있었다. 본 연구의 결과를 간단히 정리하면 다음과 같다.

첫째, 특정한 역사적 사건을 배경으로 한 여러 문학 작품을 연계해 살펴보는 것은 동시대를 살며 역사적 사건을 겪었던 일반인들의 삶을 반추하는 기록으로 활용될 수 있다. 사건과 희생자들에 가려져 일반인들의 일상적인 삶에 초래된 다양한 영향들에 대한 기록은 관련사건 연구에도 도움이 될 것으로 판단된다.

둘째, 선정된 문학 작품을 통해 역사적 공간인 '한강 인도교'라는 특수한 장소에 얽힌 사건 이후의 이야기들까지 확인할 수 있었다. 역사적 사건은 그 자체에 대한 조명에 그치는 경우가 많으나 문학 작품을 활용한다면 사건 이후에 발생한 공간의 쓰임과 또 다른 사건으로의 확대까지도 가능해진다.

셋째, 기존의 공간성 연구는 특정 문학 작품이나 사건을 대상으로 한 경우가 많았다. 하지만 역사적 사건, 작가 등에 대한 복합적 연계 연구는 각 분야의 연구 확장은 물론 의미 확장까지 가능케 한다는 사실을 확인할 수 있었다.

'한강 인도교 폭파 사건'은 전쟁 중 발생한 비극적 역사의 기록이기 이전에 평온한 일상을 잃어버린 동시대 사람들의 기록이기도 하다. 이는 문학 작품에 남겨진 인물들의 내면은 물론 생을 위해 목숨을 걸고 사투를 벌일 수밖에 없었던 일반인들의 삶을 확인할 수 있었기에 가능한 결론이다. 본고에 제시된 '한강 인도교' 뿐 아니라 또 다른 공간, 역사적 사건을 대상으로 한 연구의 확대는 역사와 문학의 융합이라는 영역 확장 및 이후 이어질 공간성 연구 발전에 기여할 수 있을 것이다.

  본 연구는 동일한 시공간에서 발생한 역사적 사건을 주요 배경으로 한 문학 작품을 연구한 것으로, 문학과 역사라는 두 분야의 융합을 통해 새로운 의미의 공간성 연구가 가능함을 확인하였다는데 그 의의가 있다. 역사적 사건을 통한 시대상 조명이 문학 작품을 통해 가능함은 물론 역사적 사건을 배경으로 한 문학 작품의 이해에도 도움이 되었다. 이처럼 두 영역이 융합하여 역사, 문학은 물론 공간성 연구에까지 확대된다면 각 영역에서 새로운 의미를 창출, 발전시킬 수 있음은 물론 각각 상호보완적인 측면으로 활용할 수 있을 것이라 판단된다.

  그 외에도 본 과제의 기저가 된 연구논문인 문학 3—「현대시에 나타난 한강의 장소성 연구」[27]를 연결하여 정리할 수 있다.

3) 학제 간 융합 연구

ㄱ. 역사—「한강의 歷史性과 서울의 空間性」(엄기표, 『서울과 역사』, 2016, 게재예정)

  역사는 한강과 서울의 공간성을 연결해 선사시대부터 조선시대까지의 폭넓은 지역성을 살펴보았다. 한강이 역사적으로 갖는 상징성 및 역사적 사건들을 토대로 한 시대적 정리는 나아가 서울이라는 공간이 갖는 지리적인 입지 조건과 중요성까지도 살펴보게 한다.

  연구논문의 결과를 수록하면 다음과 같다.

  우리 현대사에서 한강이 가지는 의미는 상당히 크고 높다. 우리나라가 경제적

---

27 임수경, 『우리문학회』, 2014.

으로 크게 발전한 것을 한강의 기적이라고 표현할 만큼 한강은 특정한 지역에 흐르는 강이 아니라 한국을 대표하고 상징하는 대명사와 같은 이름이 되었다. 그런데 우리 역사 속에서 한강은 그 중요성이 높을 때도 있었고, 낮았을 때도 있어 시대에 따라 약간의 부침이 있었지만 중요성은 지속되었음을 알 수 있다.

오늘날 서울을 중심한 한강 유역은 선사시대에는 단순한 삶의 공간으로 생활의 터전으로 일구어졌는데, 시간이 흘러 한반도에서 고대국가가 출현하면서 여러 개의 나라가 실력을 다투던 시기에는 한강 유역이 패권의 상징으로 인식되었다. 그래서 한강 유역을 차지하기 위하여 나라 간에 화해와 협력을 강화해 나가면서 전쟁도 서슴지 않았다. 처음에는 백제가, 그리고 고구려가, 결국은 신라가 차지하면서 통일의 기반을 한강을 통하여 닦아 신라는 삼국통일을 이룩하게 된다. 그런데 한강을 끼고 있는 오늘날 서울 지역이 통일신라시대에는 수도 경주로부터 상당히 먼 변방지역이었기 때문에 중요 지역으로 인식되지 못하였다. 그러나 큰 강을 끼고 있으며, 비옥한 영토를 가지고 있었기 때문에 발전은 멈추지 않고 지속되었다. 고려 초기에도 비슷한 양상이 계속되었다. 그런데 서서히 한강 유역의 중요성이 부각되고 집권층을 중심으로 오늘날 서울 지역에 대한 관심이 높아졌다. 그러면서 여러 사업들이 전개되어 이전에 비하여 더욱 발전하게 된다. 이러한 양상은 조선시대 들어와 한강 유역의 한양이 수도가 되면서 오늘날까지 서울 지역이 한반도의 중심지역으로 자리 잡게 되는 계기가 마련되게 되었다.

결국은 모든 것이 인간의 역사이듯 한강 유역과 서울 지역에는 수많은 사람들의 삶과 죽음이 연속되었으며, 그 곳에 수많은 사람들의 기쁨과 애환이 담겼다. 이러한 역사적 배경과 지역적 특징은 한강이, 서울이 선사시대부터 오늘날까지 정치 경제 사회 문화 예술이 모두 공존했던 역사성과 공간성을 함유하도록 만들어냈다. 지금도 한강은 한반도의 중심으로서, 서울은 한반도의 요지로서 그러한 역할이 지속되고 있다.

ㄴ. 디자인―「'한강' 브랜드화를 위한 공공디자인 정책과 사례 연구」(이창
욱 · 임수경, 『커뮤니케이션디자인학』, 2016)

디자인의 경우, 도시공간의 복합적인 이미지 구축의 필요성을 알아보
았다. 이를 통해 '한강' 브랜드화를 위해 서울시가 추진하고 있는 공공
디자인 정책과 사례에 한정하여 연구를 진행하였다. 여러 나라에서 진
행된 '강'을 중심으로 한 디자인 사례를 통해 우리의 '한강'은 어떻게
디자인되었고, 브랜드화되어야 하는지에 대한 집중적인 연구가 이루어
졌다.

연구논문의 결론을 수록하면 다음과 같다.

본 연구는 세계적인 '한강' 브랜드를 구축하기 위한 그 기저(基底)단계로
2007년부터 진행되기 시작한 〈한강 르네상스 프로젝트〉의 사업 중에서 〈공원
시설물 미관제고〉사업인 통합CI가 적용된 공공디자인 시설물의 성공사례(가로
등, 펜스, 위치 표시물, 벤치, 화장실, 쓰레기통 등)를 분석했다. 이를 위해 먼저
세계적인 '강' 브랜드화를 성공시킨 사례를 분석했고, 순차적으로 〈디자인 서울
프로젝트〉의 정책 방향과 목적을 통해 차기 〈한강 르네상스 프로젝트〉 사업의
공공디자인적 필요성을 확인하고 가치를 재고(再考)했다.

〈한강 르네상스 프로젝트〉는 없는 것을 새롭게 창출한다는 의미가 아닌, 재
생 및 복원의 의미로 한강이 가지고 있는 기존의 의미와 가치를 재편한다는 목
적이 강하다고 볼 수 있다. 즉, 세계 많은 도시가 그래왔듯, 그 공간이 갖고 있
는 독특한 공간자산을 활용한 정체성의 확립을 우선시한다는 것이다. 따라서
정체성을 복원하기 위해서는 한강이 가진 역사적, 문화적, 사회적 측면을 고루
활용해야 할 것이고, 동시에 경제적으로나 지리적으로 정체된 한강을 활성화시
키기 위한 전략으로 활용되어야 할 것이다. 그러기 위해서는 다음과 같은 디자

인적 전략을 제언하고자 한다.

　먼저, 한강은 세계적인 강이기 전에 서울 정중앙을 가로지르며 우리 도시민들이 일상 속에서 손쉽게 휴식과 여유를 즐기는 공간이다. 한강이 가지는 지리적 편의성에 역사적 가치를 접목시켜 현대적으로 재해석한 한강의 공공디자인을 정착시켰으면 한다.

　그리고 이번 〈공원시설물 미관제고〉 사업을 통해 디자인의 힘으로 미관과 실용성을 동시에 업그레이드를 시켰다는 평을 받고 있기는 하지만, 보다 세계적인 한강브랜드로 탄생시키기 위해서는 아직까지 부족하다고 평가되고 있는 국내 외국인과 관광객을 위한 영문 안내 표기나 보다 구체적인 안내글, 역사와 문화를 포함한 스토리텔링 등이 첨부된다면 더욱 발전을 기대할 수 있을 것이다.

　끝으로, 한 공간을 국가브랜드로 만든다는 외향적 목적만을 위한 노력과 함께 도시민을 위한 진정한 공간의 가치를 창출하는 궁극적인 목적을 함유한 한강의 공공디자인이 창출되기를 기대한다.

ㄷ. 교육―「인문콘텐츠를 활용한 스마트 학습 환경 개발」(전은화 · 정효정, 『청소년시설환경연구』, 2016)

　교육과 관련해서는 〈디지털인문학 한강〉 플랫폼을 기반으로 교육 모바일 플랫폼 제작에 관한 연구 「인문콘텐츠를 활용한 스마트 학습 환경 개발」이 진행되었다. 이 연구에서는 GBS이론을 기반으로 디지털 인문 콘텐츠 구축을 위한 스마트 학습 환경의 설계 원리를 도출하고, 이를 기반으로 프로토 타입을 제안하였다. 연구의 결과로는 구체적인 설계 원리를 정리했다.

　연구논문의 결론을 수록하면 다음과 같다.

디지털 기술의 발달은 문화를 향유하는 사람들에게 체험의 기회를 확대할 뿐 아니라 경험에 대한 만족도를 높여 줄 수 있다.[28] 더욱이 스마트기기를 포함한 디지털미디어의 발달은 콘텐츠 개발과 보급에 있어서 획기적인 가능성을 제공하고 있다.

본 연구에서는 GBS이론을 기반으로 디지털 인문콘텐츠 구축을 위한 스마트 학습 환경의 설계원리를 도출하고, 이를 기반으로 프로토타입을 제안하였다. 본 연구에서 도출한 구체적인 설계원리를 정리하면 다음과 같다.

첫째, 실제적이고 맥락화된 미션을 기반으로 학습자들이 능동적으로 학습 과정에 참여할 수 있도록 유도한다. 이를 위하여 멀티미디어를 활용한 스토리텔링 자료를 통해 미션을 제시함으로써 몰입감을 높여준다.

둘째, 다양한 맥락과 상황과 관련된 다양한 학습 자원을 제공함으로써 풍성한 경험을 지원한다.

셋째, 기존에 알고 있던 지식을 적용해 보고 기대 실패를 경험하게 하며, 기대 실패와 관련된 적절한 학습 자원 및 피드백을 적시에 제공함으로써 학습의 기회를 제공한다. 이는 능동적인 학습과 비판적 성찰 활동을 이끌어내는 역할을 한다.

넷째, 성찰 활동을 통해 반성적인 사고와 기존 지식을 재구성할 수 있는 기회를 제공한다. 미션을 수행하는 과정에서 얻게 된 경험과 지식을 반추하고, 커뮤니티, SNS 등의 도구를 기반으로 공유하도록 함으로써 개인적 성찰과 사회화된 성찰이 이루어지도록 유도한다.

마지막으로 스마트 학습 환경의 특징을 활용하여 일방향적으로 학습내용을 제공하는 것에 머무르지 않고, 학습자들이 자발적으로 정보를 수집하고 입력하고, 연결하고 소통할 수 있도록 돕는다.

이상의 설계 원리를 토대로 스마트 학습 환경에 대한 프로토타입을 개발하였

---

28 한동승 외, 「미디어와 문화기술」, 『인문콘텐츠』 27, 2012. 참고.

으며, 관련 전문가들을 대상으로 개발된 프로토타입의 사용성 평가를 실시하였다. 사용성 평가 결과 학습내용의 정확성, 적절성, 윤리성 등의 영역에서는 높은 점수를 얻었으나, 학습자들의 몰입을 유도하기 위한 전략을 고도화하고 심미성을 강화할 필요가 있는 것으로 나타났다. 또한 위치기반서비스와 AP 기술을 활용하는 등의 시도를 추가적으로 고려할 필요가 있음을 확인할 수 있었다. 본 연구 결과에 따라 그 한계 및 후속 연구를 제안하면 다음과 같다.

첫째, 개발된 프로토타입의 기능적, 내용적 개선을 진행하고 효과성을 검증하는 연구가 필요하다. 이를 통하여 실제 교육현장에서 효과를 나타내는지, 실효성과 유용성을 확인할 필요가 있으며, 이는 현장 연구를 통해 평가 및 검증해야 한다.

둘째, 제안된 스마트 학습 환경을 기반으로 실제 교육을 운영하기 위한 수업모형에 대한 연구가 필요하다. 수업모형은 교과교육 수업과의 연계를 시도하는 수업모형, 자유학기제 운영을 위한 자율적 수업모형, 다양한 교과교육을 융합한 STEAM형 수업모형 등을 생각해볼 수 있다. 이처럼 스마트 학습 환경에 기반을 둔 수업모형에 대한 연구를 진행함으로써 현장에서 활용할 수 있는 세부적인 제안이 이루어져야 한다.

셋째, 기술적 측면에서 새롭게 시도할 만한 새로운 방향성과 가능성 탐색이 필요하다. 본 연구에서는 GBS와 스마트 학습 환경에 대한 검토를 기반으로 스마트 학습 환경에 대한 설계원리를 도출하였다. 최근 발표된 호라이즌 리포트 (Horizon Report 2015)에 따르면 향후 10년 이내에 교육 현장에 영향을 미칠 미디어에는 BYOD(Bring Your Own Device), 가상현실과 증강현실, 3D 프린터와 메이커스페이스, 학습 분석, 로보틱스 등이 있다. 이러한 기술들은 서로 분리되어 있다기보다는 서로 융복합적으로 교육 현장에 영향을 미치게 될 것이며, 디지털 인문학의 관점에서도 중요하게 고려해야 할 측면이라고 볼 수 있다. 테크놀로지의 발달에 따라 향후 교육은 어떤 방향으로 나아가야 하며, 향후 스마트

미디어에 기반을 둔 교육의 발전 가능성을 모색해 보는 연구가 필요하다.

이처럼 학제 간 융합 연구는 문학, 역사, 지리, 디지털화까지 어떤 방식으로 접근해 방향을 제시하느냐에 따라 다양한 방향으로 이루어질 수 있다. 또한 각각의 학문과 공간을 기반으로 한 연구의 융합은 공간성 연구를 가능케 함과 동시에 나아가 해당 공간의 새로운 문화 조성과 발달에 기반이 될 수 있을 것으로 보인다.

4) 〈디지털인문학 한강〉 플랫폼을 통한 후진 양성 가능성에 관한 연구

후진 양성 및 플랫폼의 실제 활용 가능성을 확인하기 위해 연구 진행 과정에서 본 플랫폼 개발에 참여한 보조연구자들이 각각의 전공과 연관한 아이디어를 제시하는 내부 연구를 진행하였다. 그 과정에서 제시된 아이디어를 토대로 학술적인 연구 발전이 가능한지에 대한 짧은 에세이를 작성하였다. 에세이의 내용을 간단히 정리하면 다음과 같다.

공간을 중심으로 한 문학관의 필요성

엄준태(문학 전공)

최근의 인문학 열풍은 전통적 마을 공동체의 해체로 공동체의 기능을 필요로 하는 사람들이 집단적으로 하는 노력이다. 사람들은 인문학을 통해 사회적, 정서적 안정감을 회복하고 연대의 이유와 협력하기 위한 생각을 한다. 여러 인문학 중에서 문학은 공감을 기반으로 한다.

문학을 좀 더 잘 이해하기 위해 글쓰기나 독서 등 개인적인 체험 외에 문학을 확장해 이해와 공감을 돕는 방법으로는 문학관이 있는데 기존의 문학관은 작가의 유고나 작품 활동 여부, 작품의 규모에 따라 콘텐츠 제작 영역이 제한된다는 단점이 있다.

그러나 공간을 중심으로 한 문학관은 공간을 다뤄주는 작가들이 있는 한 콘텐츠 제작에는 무한대의 가능성을 가진다. 이 글에서는 한강 문학관을 제안하면서 그 필요성을 이야기 하고 있다.

한강이 서울을 관통하고 있지만 문화산업의 균등 발전 차원에서 문학관 건립을 추천하는 장소로 서울이 아닌 두물머리를 추천한다.

한강 개발의 그림자

나창주(역사 전공)

경제 발전의 시기 1960년대, 여의도 개발은 개발 사업의 시초라고 할 수 있다. 여의도 개발에 필요한 토사 조달을 위해 밤섬을 폭파시켰다. 밤섬의 거주민들은 서울시 당국과 협의를 거치지 못하고 적은 보상금을 받고 마포구 창전동으로 이주한다. 그들은 모두 체제 경쟁을 위한 급속한 경제 개발의 희생양이었다.

밤섬은 조선시대부터 수운교통의 요충지였지만, 여의도는 단순 농지였다. 여의도는 1916년에 비행장이 지어지기 전까지 역사에 등장하지 않았다. 서울시는 밤섬을 폭파하고 여의도에 100일 작전으로 급속하게 윤중제를 만들었다. 윤중제가 완공된 여의도엔 언론사와 금융에 관련된 기관, 기업이 들어와 대한민국의 중심이 되었다.

밤섬에서 이주한 주민들은 부군당 등의 굿을 지내며 밤섬 이주민의 정체성을 유지하고자 했으나 자본주의의 물결이 불면서 재개발이 이루어지고 빈부 격차가 나타났다. IMF까지 터지면서 밤섬 이주민의 공동체는 완전히 해체되었다.

정보 제공 어플리케이션 디자인을 위한 제안

한혜림(시각디자인 전공)

한강은 서울 내 가장 높은 접근성과 편의성을 가지고 있는 문화적 공간으로 재탄생되고 있다. 한강에 디자인이 체계적으로 접목된 것을 이야기할 때 빠질 수 없는 주제는 한강 르네상스 프로젝트이다. '한강 르네상스 프로젝트'는 디자인 서울 정책의 핵심 계획이다. 이에 따라 여러 시설물들이 개선되었고 관련 정보 제공 어플리케이션이 개발되었다.

이런 어플에는 한강공원, 한강 스탬프 투어, 퐁당 등이 있는데 이 글은 그중 한강공원에 대한 디자인 제안을 하고 있다. 첫째로 메인 화면과 일러스트레이션의 디자인 구분이 필요하다. 둘째로 메인 페이지와 서브 페이지의 UI디자인에 통일성을 주고 연관성을 찾아야 한다.

어플리케이션이나 모바일 디자인 트렌드와 빠른 발전 속도만큼 이용자의 수준도 높아졌다. 어플리케이션의 주 콘텐츠는 실시간으로 업데이트되는 전문적인 정보이다. 하지만 융합문화가 부각되는 시대에 한 가지의 기능만으로는 시장에서 성공하기 어렵다. 그렇기에 하나의 어플리케이션 내에서 다양한 경험을 할 수 있게 된다면 이용가치를 높일 수 있을 것이다. 스마트한 시대에 맞춰 어플리케이션을 어떤 정보를 어떻게 효과적으로 제공할지 콘셉에 맞는 디자인에 대한 고민이 필요하다.

문학 전공 학생의 경우, 「공간을 중심으로 한 문학관의 필요성」이라는 에세이를 통해 '한강'이라는 공간의 특수성을 인지하고 관련 문학 공간 조성이 필요함을 피력하고 있다. 특히 문학 작품이나 작가에 관련한 각종 문학관, 생가 등에 관한 콘텐츠의 제한적인 자료의 양을 개선 제한의 한계 원인으로 파악했다. 이를 타계하기 위한 방법으로 콘텐츠의 대상을 작가, 작품을 포함한 공간으로 확장 적용하고 있다. 그리고 그 예로 한강의 발원지인 두물머리에 한강문학관 설립을 제안했다.

역사 전공 학생의 경우, 「한강 개발의 그림자」를 통해 한강 개발이 일어나게 된 원인과 결과를 서술했다. 특히 개발 이후 역사에서는 자세히 조망되지 않은 이주민들의 비참한 삶 역시 역사적 기록으로 남겨야 한다고 이야기한다. 또한 이를 반면교사 삼아 무차별적인 개발을 경계해야 한다는 제안을 하고 있다. 역사가 기록해야 할 것들, 개발 여부와 관계없이 지켜야만 하는 또 다른 역사에 대한 관심 촉구가 인상적이다.

시각디자인 전공 학생의 경우, 한강을 문화공간으로 인식하고 그 과정에서 일어난 디자인적인 측면의 변화에 대해 이야기했다. 이어 한강에 관련된 다양한 모바일 플랫폼들의 장단점을 분석하고 이를 개선할 수 있는 디자인 측면에서의 방안을 제시하였다. 공원은 물론 이를 편리하게 이용하기 위해 제작된 모바일 플랫폼의 디자인 역시 사용자를 배려해 시의적절하게 배치되어야 한다는 사실을 강조했다.

이처럼 〈디지털인문학 한강〉 플랫폼은 나름의 방식으로 학문을 수학하고 있는 학생들에게도 각각의 전공과 관련한 여러 학술 연구와 개발에 대한 영감을 받게 함을 알 수 있었다. 나아가 이를 바탕으로 논문을 쓰거나 발전시켜 또 다른 학계와의 융합 연구도 가능할 수 있을 것이라는 결론이 가능하다. 요약된 에세이는 〈부록〉에서 전문을 확인할 수 있다.

제6장

결론 및 제언

본 연구는 지금까지 시도되지 않았던, 문학 작품에서 구현된 문학적 상상력을 바탕으로 같은 장소의 역사적 지식, 그리고 체험적 지리공간을 결합시킨 스토리텔링 지식플랫폼 〈디지털인문학 한강〉을 융합하는 방안을 제시하는 데 그 의의를 찾을 수 있다.

현대사회는 디지털시대를 맞아 어느 때보다 빠르게 원하는 지식을 검색하고, 공유할 수 있다. 하지만 지식을 수집하는 과정과 현황을 살펴본 결과 산발적으로 나열된 정보들과 각 사이트들의 자료 도출 방법에 있어 현격한 차이를 보이고 있음을 확인할 수 있었다. 빠르게 정보를 검색할 수는 있지만, 정작 원하는 정보를 한데 모아서 보는 일은 결코 쉽지 않다. 포털 사이트는 뉴스, 미디어, 사진 등 다양한 자료를 원하는 대로 검색해볼 수 있다는 것, 시공간의 제약 없이 접근할 수 있다는 편리성을 가지고 있었다. 그에 반해 정확하게 원하는 자료를 찾아볼 수 없었다는 단점을 수용해 보다 수월하게 지식과 정보를 습득할 수 있는 통합 종합 지식플랫폼 구축이 필요함을 확인할 수 있었다.

지식플랫폼 〈디지털인문학 한강〉은 한강이 가진 인문학적 상징성을 바탕으로 문학, 역사, 지리에 대한 지식을 총체적으로 망라한 연구이다. 각각의 지식을 보기 쉽게 체계적으로 정리하는 작업은 인문학적 사고력 개발과 문학적 상상력에 있어 긍정적인 효과를 거둘 수 있을 것으로 보인다. 또한 교구적, 학습 목적으로까지 발전을 꾀함은 물론 학제적 교육 방법론을 도출할 수 있을 것으로 기대한다. 문학, 지리, 역사의 통합 지식 허브는 관련 교육을 보다 체계화, 다양화할 수 있는 방편이 될 것이다. 여기에 체험 프로그램, 관광 코스 등을 접목시킨다면 교육의 방법은 보다 폭넓어질 것으로 판단된다.

끝으로 본 연구를 기반으로 한 다양한 분야의 후속 연구 가능성 제시하며 결론을 대신한다.

첫째, 본 연구는 문학 작품을 주축으로 한 인문학적 논의, 즉 역사, 사회, 문화 등을 함께 대상으로 하면서, 그를 포함한 인접학문까지 포괄할 수 있으며, 인문학적 논의에서 더 확장시킨다면 과학적 논의에까지 충분히 적용이 가능할 것으로 기대된다. 또한 문학지리학적 의미를 활용한 학제적 교육은 광범위하게 적용, 활용될 수 있기 때문에 다양한 전공 교수자들의 후속 연구 및 협력 연구를 기대할 수 있다. 즉, 본 연구를 통해 타 전공 분야와 지속적으로 학문적인 유대를 강화하고, 후속 연구자들을 양성하는 데 도움을 주어 보다 발전적이고 심화된 학제적 연구를 권장할 수 있는 이론적 근거와 제도적 발판을 마련할 수 있을 것으로 기대한다.

둘째, 연구 대상이 되는 한강은 수천 년 동안 우리 민족의 역사적 격변기를 함께 한 공간으로, 한국을 대표하는 브랜드 이미지로써 활용 가능성이 많다. 한국전쟁의 격전지였으며, 서울의 문화가 재탄생된 역사의 중심지이기도 하다. 이때 한강은 민족의 강한 의지와 잠재력을 지니고 끊임없이 서울을 가로지르는 모습을 통해 현재인 동시에 과거이고, 한국의 미래를 투영시킬 수 있는 상징성을 지니고 있다. 따라서 그곳을 중심으로 한국인 전체가 함께 공유하고 있는 공동체적 동질감을 축출한다면, 이것을 한국적 브랜드인 문화콘텐츠화로써 활용할 수 있을 것으로 기대한다.

　마지막으로 〈디지털인문학 한강〉을 기반으로 한 다양한 분야의 후속 연구 가능성 제시할 수 있다. 한강과 관련된 문학 작품들을 시대별로 구분하는 것은 물론, 역사적 사건들과 문학과의 연관성, 지리적 특성에 따른 문학 및 역사적 사건에 대한 접근 및 분석이 가능하다. 또한 교육, 관광 코스 등으로의 연계 발전은 다양한 문화산업으로의 확대 작업이라고 할 수 있다.
　그 예로 본 연구를 기초로 한 학계 간 다양한 연계 연구가 가능함을 확인할 수 있었으며, 더 나아가 보다 다양한 형식, 방법 등으로 발전할 수 있을 것이라는 결론까지 얻을 수 있었다.

　본 연구는 과거 선행된 연구들과는 다르게 스토리텔링 지식플랫폼 〈디지털인문학 한강〉의 개발 성과와 노하우를 토대로 우리나라의 6대 주요 강들을 대상으로 통합한 스토리텔링 지식플랫폼 구축으로 확장 가능성이 있다. 이때 완성된 스토리텔링 지식플랫폼은 전국의 유명 강들과 연계해 〈디지털인문학 한국의 강〉으로 통합해 완성된 형태의 거대 지식플랫폼을 완성할 수 있을 것이다. 물론 한국의 강 이외에도 종합 지식플랫폼의 활용은 각 도시, 특수 공간 등을 모두 적용할 수 있을 것으로 보인다. 때문에 강 이외에도 특수성, 공간성이 부각되는 공간들을 후속 연구 대상으로 설정할 것이다. 또한 도시 브랜드화, 콘텐츠 개발 역시 다양하게 이뤄질 계획이다. 〈디지털인문학 한강〉은 지리, 역사, 문학, 문화를 총괄할 통합 종합 지식플랫폼의 도입이자 후속 연구를 위한 기초 개발 단계가 될 것이다.

부록 1_〈디지털인문학 한강〉 플랫폼 수록 작가별 작품 목록

작가	작품	작가	작품
서정주	「1950년 6월 28일 아침 한강의 다이빙」	조지훈	「絶望(절망)의 日記(일기)」
하성란	「1968년의 만우절」	최하림	「누군가 나를……」
서정주	「6·25 남북전쟁 속의 한여름」	황지우	「제1한강교에 날아든 갈매기」
서정주	「6·25 민족상잔의 때를 만나서」	황지우	「'제1한강교에 날아든 갈매기'의 詩作 메모·1」
정호승	「가방」	황지우	「'제1한강교에 날아든 갈매기'의 詩作 메모·2」
윤후명	「가장 멀리 있는 나」	윤대녕	「제비를 기르다」
최서해	「갈등」	이신조	「조금밖에 남아 있지 않은」
송상진	「강변(江邊)의 공사장(工事場)」	강영숙	「죽음의 도로」
정호승	「강변역에서」	최승자	「즐거운 일기」
공지영	「고등어」	유진오	「창랑정기」
김기림	「구두」	고정희	「천둥벌거숭이 노래 7」
정호승	「국화빵을 굽는 사내」	김해화	「철근쟁이」
김원일	「굶주림의 행복」	천양희	「터미널 간다」
고정희	「그 여자네 집에 내린 초설」	정이현	「트렁크」
오규원	「그 회사, 그 책상, 그 의자」	김정환	「파경과 광경」
정호승	「그날 밤」	김소월	「푸른 밤 창살마다…」
심훈	「그날이 오면」	홍성란	「한강 부근 에피그램」
이문구	「금모랫빛」	이재무	「한강 블루스」
전영택	「금붕어」	김정환	「한강(둘)—슬픔에 대해서」
김애란	「기도」	조병화	「한강, 그 조국의 얼굴, 위대한 강이여」
신경숙	「기차는 7시에 떠나네」	박노해	「한강」
신경숙	「깊은 슬픔」	홍금자	「한강」
김교서	「꽃을 사세요」	주영중	「한강대교 북단에서 남단 방면 여섯 번째 교각에서」
박완서	「꿈꾸는 인큐베이터」	김혜순	「漢江물 얼고, 눈이 내린 날」
이현우	「끊어진 한강교에서」	김규화	「한강변」

김사인	「나가보라 한강으로」 - 황지우 님에게	김관식	「한강수 타령」
유진오	「나비」	조병화	「한강수」
김원일	「난민(亂民)」	한하운	「한강수」
이성부	「蘭芝島」	김진경	「한강에서」
정이현	「낭만적 사랑과 사회」	천상병	「한강에서」
이인화	「내가 누구인지 말할 수 있는 자는 누구인가」	한용운	「漢江에서」
김애란	「네모난 자리들」	오세영	「한강은 흐른다」
김혜순	「높과 깊」	김사인	「한강을 보며」
이재무	「다시 한강에서」	심훈	「한강의 달밤」
김사인	「다시 한강을 보며」	이재무	「한강철새」
장경린	「다음 정류장이 어디냐」	박종화	「漢江秋色」
정호승	「덕적도」	한용운	「한강漢江」
지하련	「도정」	고정희	「현대사 연구 · 14」
박상우	「독산동 천사의 詩」	윤대녕	「호랑이는 왜 바다로 갔나」
김소월	「돈타령」	김영하	「호출」
김용호	「뚝섬에서」	황순원	「황소들」
정호승	「마디」	한설야	「황혼」
이재무	「마포 산동네」	김상용	「黃昏의 漢江」
박선욱	「마포나루터」	정호승	「梟首」
염상섭	「만세전」	윤중호	「흑석동 김씨—이 땅에 살며 뿌리내리는 것만으로도 사랑이라 이름하는……」
최일남	「명필 한덕봉」	이광수	「흙」
이문구	「몽금포타령」	천상병	「희망의 한강」
이광수	「무정」	박완서	『그 남자네 집』
염상섭	「무화과」	남정욱	『나는 액션영화를 보면 눈물이 난다』
채만식	「민족의 죄인」	김용성	『도둑일기』
유하	「바람부는 날이면 압구정동에 가야 한다 · 6」	윤후명	『둔황의 사랑』
유하	「바람부는 날이면 압구정동에 가야 한다 · 1」	박태순	『밤길의 사람들』

유하	「바람부는 날이면 압구정동에 가야 한다 · 10」	김용운	『안개꽃』
유하	「바람부는 날이면 압구정동에 가야 한다 · 2」	윤대녕	『옛날 영화를 보러 갔다』
유하	「바람부는 날이면 압구정동에 가야 한다 · 3」	공지영	『우리들의 행복한 시간』
유하	「바람부는 날이면 압구정동에 가야 한다 · 4」	이광수	『재생』
유하	「바람부는 날이면 압구정동에 가야 한다 · 5」	공지영	『즐거운 나의 집』
유하	「바람부는 날이면 압구정동에 가야 한다 · 7」	김사과	『풀이 눕는다』
유하	「바람부는 날이면 압구정동에 가야 한다 · 8」	이문열	『황제를 위하여』
유하	「바람부는 날이면 압구정동에 가야 한다 · 9」	이문희	『흑맥』
김사인	「밤에 쓰는 편지 3」	김기림	「江」
정호승	「밤의 십자가」	최정례	「개미와 한강 다리」
이문구	「백결」	박목월	「거리에서」
공지영	「별들의 들판」	지요하	「검은 미로의 하얀 날개」
이문구	「부동행」	임승천	「겨울」
양귀자	「비 오는 날이면 가리봉동에 가야 한다」	김남조	「겨울 한강에서」
황지우	「비로소 바다로 간 거북이—김현 선생님 靈前에」	조은	「골목 안」
이성복	「비에 젖어, 슬픔에 젖어」	이장욱	「괴물과 함께 톨게이트」
권여선	「빈 찻잔 놓기」	김종해	「길 위에서 문상」
이광수	「사랑」	천양희	「나는 강변에 있다」
고정희	「사랑을 위한 향두가」	서수찬	「난지도」
조병화	「사월의 시—안개」	장경린	「달래야」
정호승	「사직서」	윤대녕	「달의 지평선」
서정주	「상리과원」	김남주	「두물머리」
김경미	「새벽 한강에서」	신경림	「두물머리—두물머리에서 만난 북한강과 남한강이 주고받는 노래」

이호철	「서빙고 역전풍경」	이영지	「두물머리 물의 물고기 전설」
김명수	「서빙고를 지나며」	문정희	「밤섬」
조병화	「서울」	윤중호	「본동일기 넷」
이호철	「서울은 만원이다」	김경미	「사람시늉」
정호승	「서울의 예수」	김진경	「섬」
백우암	「서울타령」	권혁웅	「소문들」
조병화	「성산대교의 진달래」	신달자	「아리수 사랑」
김진경	「성산동 詩」	이장욱	「아마도 악마가」
임화	「세월」	김해화	「아버지의 아리랑」
박태원	「소설가 구보씨의 일일」	엄원용	「양수리에서」
김연수	「스무살」	김진경	「얼음」
정호승	「시각장애인 안내견」	항동규	「열하일기(熱河日記) 9」
한용운	「신문폐간(新聞廢刊)」	김진경	「영등포」
임화	「실연(失戀) 2」	박철	「영등포 로터리」
선우휘	「십자가 없는 골고다」	윤후명	「이별의 노래」
이시은	「아름다운 한강」	심훈	「잘 있거라 나의 서울이여」
이영진	「안전한 출근길」	문효치	「조선의 무명 도공」
이순원	「압구정동엔 비상구가 없다」	정끝별	「투신천국」
김동인	「약한자의 슬픔」	고형렬	「프라자 호텔 뒤」
윤중호	「양화대교를 지나면서」	민경대	「한강」
강은교	「어머니의 말씀」	이재무	「한강」
박선욱	「엄지시장」	조성심	「한강」
조병화	「여의도 – 57.12.3. KNA」	조정래	『한강』
최승자	「여의도 광시곡」	허영자	「한강」
김훈	「영자」	문효치	「한강 단상1」
이시영	「옛 나루에서」	문효치	「한강 단상2」
양정자	「옛 한강 길」	문효치	「한강 단상3」
임화	「오늘밤 아버지는 퍼렁이불을 덮고」	문효치	「한강 단상4」
박몽구	「올림픽 공원에서」	홍경애	「한강 철교」
구인환	「용두골 신화」	이향아	「한강 큰 다리 아래서」
유치환	「運命보다 下層의 것」	홍금자	「한강 환상곡」
김정환	「원효대교 공사장에서」	김정환	「한강(넷)」

김진경	「유엔탑」	구상	「한강근경(漢江近景)」
이광수	「유정」	김광선	「한강둔치에서」
조병화	「유채꿀」	문효치	「한강에 와서」
정호승	「이별」	변학규	「한강에서」
조병화	「인간을 사랑하는 길을 찾아서」	윤중호	「한강에서」
김창완	「忍冬 일기 Ⅶ」	홍금자	「한강은」
이호철	「一期 卒業生(1기 졸업생) (3)」	김정환	「한강을 건너며」
김애란	「자오선을 지나갈 때」	김규화	「한강을 읽다」
김혜화	「잠실이야기」	이시영	「한강을 지나며」
최서해	「전아사」	최남선	「한강을 흘리저어」
권도중	「한강의 억새꽃」	권도중	「한강의 나비」

부록 2_〈디지털인문학 한강〉 플랫폼 수록 연도별 주요 키워드 목록

시대	공간	연도	사건
1900년대	용산구 이촌동	1900년	한강철교 A선 개통
	동작구 노량진동		
	광진구 구의동	1908년	뚝섬유원지 제1정수장 설치
1910년대	용산구 이촌동	1912년	한강철교B선 개통
	동작구 노량진동	1917년	한강대교 개통
	영등포구 여의도동	1916년	여의도 비행장 건설
1920년대	송파 및 기타지역	1925년	을축대홍수
	양천구	1928년	양천수리조합 배수펌프장 설치
1930년대	광진구 광장동	1936년	광진교 개통
	강동구 천호동		
	마포구 당인동	1934년	당인리 발전소 건설
1940년대	광진구 구의동	1941년	구의수원지 준공
	용산구 이촌동	1944년	한강철교 C선 개통
	동작구 노량진동		
	용산구 효창동	1946년	효창공원 삼의사 안장
1950년대	용산구 이촌동	1950년	한강인도교 폭파
	동작구 노량진동		
	광진구 구의동	1954년	뚝섬경마장 개장
	김포시	1954년	애기봉 전망대
	동작구 동작동	1955년	국립서울현충원
	영등포구 여의도동	1958년	여의도 비행장 폐쇄
1960년대	광진구 광장동	1963년	워커힐 호텔 준공 및 비리사건
	송파구 송파동	1963년	삼전도비 사적지정
	송파구 풍납동	1963년	풍납토성 사적지정
	고양시 덕양구 행주내동	1963년	행주산성 사적지정
	마포구 합정동	1965년	양화대교 개통
	영등포구 양평동		
	마포구 합정동	1966년	절두산 기념관 건설
	광진구 구의동	1968년	뚝섬골프장 개장

	영등포구 여의도동	1968년	밤섬 폭파
	영등포구 여의도동	1968년	윤중제 건설
	용산구 한남동	1969년	한남대교 개통
	강남구 신사동		
	성동구 옥수동	1969년	저자도 준설
	강남구 압구정동		
1970년대	마포구 창전동	1970년	와우아파트 붕괴사고
	동작구 노량진동	1971년	노량진 수산시장 개장
	광진구 자양동	1972년	잠실대교 개통
	송파구 신천동		
	광진구 자양동	1973년	영동대교 개통
	강남구 청담동		
	광진구 광장동	1973년	아차산성 사적지정
	광진구 구의동		
	하남시, 남양주시	1974년	팔당댐 준공
	용산구 서빙고동	1976년	잠수교 개통
	서초구 반포동		
	광진구 광장동	1976년	천호대교 개통
	강동구 천호동		
	마포구 상암동	1978년	난지도 쓰레기 매립장 조성
	강동구 암사동	1979년	암사동 유적지 사적지정
	성동구 성수동	1979년	성수대교 개통
	강남구 압구정동		
	하남시 미사리	1979년	하남 미사리 유적 사적지정
1980년대	마포구 망원동	1980년	성산대교 개통
	영등포구 양평동		
	영등포구 여의도동	1981년	원효대교 개통
	용산구 원효로4가		
	영등포구 여의도동	1981년	국풍81
	용산구 서빙고동	1982년	반포대교 개통
	서초구 반포동		
	송파구 오륜동	1982년	몽촌토성 사적지정

	영등포구 당산동	1983년	당산철교 개통
	마포구 합정동		
	마포구 망원동	1984년	망원동 홍수사고
	성동구 옥수동	1984년	동호대교 개통
	강남구 압구정동		
	용산구 서빙고동	1984년	동작대교 개통
	동작구 동작동		
	영등포구 여의도동	1985년	63빌딩 준공
	동작구 노량진동	1987년	노량대교 개통
	동작구 동작동		
	송파구 오륜동	1988년	88서울 올림픽 개최
	광진구 구의동	1989년	뚝섬경마장 폐장
1990년대	광진구 구의동	1990년	올림픽대교 개통
	송파구 풍납동		
	마포구 합정동	1990년	망원정지 기념물 지정
	강동구 강일동	1991년	강동대교 개통
	구리시 토평동		
	파주시 탄현면 성동리	1992년	오두산 통일전망대
	마포구 상암동	1994년	난지도 쓰레기 매립장 폐쇄
	마포구 아현동	1994년	마포 폭발사건
	성동구 성수동	1994년	성수대교 붕괴사고
	강남구 압구정동		
	용산구 이촌동	1994년	한강철교 D선 개통
	동작구 노량진동		
	영등포구 여의도동	1999년	서강대교 개통
	마포구 신정동		
2000년대	강서구 방화동	2000년	방화대교 개통
	고양시 강매동		
	용산구	2000년	미군기지 독극물 방류사고
	광진구 구의동	2005년	서울숲 개장
	강서구 마곡동	2009년	마곡철교 개통
	고양시 덕양구 현천동		

공간을 중심으로 한 문학관의 필요성

한강문학관 제안

엄준태(문학 전공, 석사과정)

1. 문학과 공감

전통적 마을공동체는 전통적 가치관을 대물림 하고 정서적, 사회적 안정감을 제공했었다. 그러나 산업화의 흐름 속에서 전통적 마을공동체는 해체되었다. 가정 형태는 핵가족화되었고, 개인주의가 중요한 가치로 떠올랐다.

근대의 정부는 산하의 기관들과 함께 마을공동체가 담당하던 기능을 부분적으로 이어받았다. 그러나 공동체에서 정부로 이루어진 기능 이전은 완벽하지 않았다. 개인의 사회적, 정서적 안정감을 구성하는 요소 중에서도 공감은 전통적 공동체의 순기능이었다. 마을에서 무슨 일이 있으면 서로 도왔다. 품앗이와 같은 전통이 그것이다. 공동체는 서로에게 공감하고 노동력을 연대하며 협력했으나 산업화를 맞아 점점 개인화되는 사회에서 전통적 순기능들은 사라져버렸다. 최근 나타난 인문학 열풍은 공동체를 통해 얻어왔던 사회적, 정서적 안정감 상실을 회복하고 연대의 이유를 찾으며, 공감하고, 서로 협력하기 위한 집단적 노력이다.

역사학, 지리학, 철학 등 여러 인문학 중에서 문학은 공감을 기반으로 한다. 독자는 등장인물과 사건의 흐름을 이해하고 인물의 심리에 공감하면서 재미를 느낀다. 문학은 책을 읽거나 낭송된 것을 듣는 등의 체득 과정에서 작품 속 장면이나 상황이 눈앞에서 바로 보이거나 들리지 않는다. 그러나 문학 작품의 독자는 언어의 공감각적 특성에 의해 장면을 떠올리고 소리도 들을 수 있다. 작품만 놓고 봤을 때, 문학은 다른 예술 장르와 체험의 방식이 다르다. 문학은 절대적으로 언어의 영향을 받는다. 언어능력이 없다면 문학은 이해자체가 불가능하고 이해하지 못하는 문학은 단순한 단어의 조합 또는 나열에 불과하기 때문이다.

문학을 이해하는 데는 언어의 능력만큼 공감하는 능력도 중요하다. 전쟁의 참상을 겪지 않았으나 느끼게 하는 일, 사랑을 하지 않았으나 사랑의 아름다움을 알게 하는 일은 문학의 힘일 것이다. 하지만 이 힘도 공감능력 없이는 그 힘을 얻을 수 없다. 타인(책)의 경험을 내 경험처럼 느끼지 못하면 문학 작품의 장면, 상황, 인물의 심리 등에 몰입하거나 애정을 가지기 어려운 것이다.

물론 언어적 능력이 뛰어나고 공감능력도 뛰어나다면 독자는 새로운 지적 영역에 도달하거나 감정적 환기를 얻는다. 다만 여기에도 문제가 있는데, 바로 공감과 이해력 문제다. 사람과 사람 사이에서는 같은 말이라도 각기 다르게 이해할 수 있다.

예를 들어 소나무라는 단어가 있다. 우리가 소나무라고 말할 때 말하는 사람의 머리에 떠오르는 나무의 이미지가 있을 것이다. 이때 화자가 말하는 소나무와 청자의 머릿속에 구현되는 소나무의 이미지는 다르다. 사람마다 삶의 과정이 모두 제각각이기 때문에 떠올리는 언어의 이미지가 다양할 수밖에 없다. 쉽게 말해, 듣는 사람에 따라 떠올리는 소나무의 이미지는 백송인지, 적송인지 세세히 묻기 전에는 알 수 없는 것이다. 문학이 주는 공감은 바로 이런 다름에서 발생한다.

문학의 디테일은 독자를 통해 정해진다. '그는 미술관과 동물원의 갈림길 앞에 서 있었다.'라는 문장이 있으면 독자는 상상력을 통해 배경 그림을 채운다. 사람이 하나 있고, 두 갈래 길이 있고, 근처엔 숲이 있거나 잔디밭이 있다던가 하는 식으로 자신도 모르게 상상해낸다. 그리고 그 상상력을 통해 문학은 남의 이야기를 나의 기억처럼 생생하게 떠올릴 수 있는 것이 되어 독자에게 즐거움과 공감을 선사하는 것이다.

2. 문학의 확장

심적으로 문학 작품에서 멀어지는 독자나 문학 작품을 이해하지 못하는 독자는 있을 수밖에 없다. 앞서 말했듯이 사람과 사람 사이에는 언어적 이미지 차이가 있기 때문이다. 이미지가 없는 단어라도 해석의 차이가 있다. 문학의 확장은 작품을 이해하고 공감하려고 이루어지는데, 독후감이나 수필, 에세이 종류의 글 역시 그렇다. 글쓰기나 독서 등의 개인 체험 외에도 문학을 확장해 이해와 공감을 할 수 있는 방법으로는 문학관을 들 수 있다.

문학관은 일반적으로 "작가가 태어났거나 오래도록 또는 일정기간 살았던 곳에, 그의 작품 활동 중의 유·무형 흔적들은 보존하고 전시하는 문화시설"[1]을 의미한다. 문학관은 건립 과정에서 작가의 생가나 작가가 오래 머문 장소, 작품의 특정 공간을 활용하는 경우가 많다.

가령 만해 한용운 같은 경우엔, 출가와 『님의 침묵』을 탈고했던 강원

---

1 경기문화재단, 『경기문학 활성화를 위한 지역문학관 정책연구』, 경기문화재단, 2006, 18쪽.

도 인제, 심우장이 있는 서울 성북구, 생가가 있는 홍성군에 만해와 관련된 문학관이 있고, 경기도 광주에는 심우장에서 남한산성으로 이전한 〈만해기념관〉이 있다는 점을 예로 들 수 있겠다.

문학관은 같은 작가를 대상으로 하더라도 이렇게 건립시 적용한 특징적 요소에 따라 그 성격을 달리한다. 또한 이를 활용하여 문학이 주는 추체험을 강화하거나, 추체험에 그치던 것을 직접체험으로 확장하는 것을 주요 콘텐츠로 한다. 그 예로 백일장이나 낭송대회 등 관람객을 참여시키는 행사를 들 수 있다.

문학관은 전시관, 박물관, 공연장과는 다른 전시 특징을 가진다. 다른 장소들은 전시 공간이나 무대 혹은 그 둘이 합쳐진 공간에 예술작품이 있다. 그 자리에서 보이고, 들린다. 이러한 방식을 문학관의 전시 방식에 도입하다면 문학 작품의 모든 페이지를 하나하나 나열해야 한다. 그러나 그것은 독서를 위한 행위지 전시를 위한 행위는 될 수 없다.

문학관의 전시는 이용자로 하여금 문학 작품에 대한 기존 개념을 확장시키거나 작품의 이해도를 높이는 데 그 목적이 있다. 그렇기에 문학 작품 전체를 전시하는 것이 아니라 작가의 친필 원고나 작품의 초판본 그리고 그에 따른 해설 등을 전시한다. 작품은 있지만 특정 페이지가 펼쳐진 채로 관람객은 그것을 넘길 수 없는 경우가 꽤 있다. 유품과 당시 시대상을 알 수 있는 자료들도 있지만, 이 자료들은 독서의 기능을 제공하고자 있는 것이 아니라 작가에 대한 이해, 작품에 대한 이해를 돕기 위한 것이다.

또한 원작품의 내용이 보다 잘 전달되도록 참여형 콘텐츠로 재창조되기도 한다. 예를 들면 황순원의 단편소설 「소나기」를 대상으로 형성된 양평의 〈소나기 마을〉에는 작품에 등장했던 움막과 징검다리가 형상화되어 있다. 지금은 움막이나 징검다리를 접하기 어렵다. 징검다리를 건너고 움막에서 비를 피하는 작품 속 등장인물들이 느낄 감정에 대해서 생각해 본다는 점에서 문학 작품의 확장이라 할 만하다.

영상물로 제작된 콘텐츠도 있다. 〈윤동주 문학관〉의 경우엔 15분 정도의 영상물로 윤동주의 삶과 어린 시절, 작품세계 등을 관람객을 대상으로 상영하고 있다. 문학관에서 상영을 목적으로 제작된 영상콘텐츠의 경우 대부분 작가에 대한 이해, 작품에 나타난 시대에 대한 이해를 돕기 위한 것이다. 전시의 목표는 독서의 확장이다. 그렇기에 대부분의 영상콘텐츠는 문학 작품의 보조적인 미디어로 자리한다. 전시물의 원기능과는 다른 기능을 가지는 경우가 발생하는 것이다. 관람자는 미디어나 체험형 시설을 통해 문학에 대한 새로운 접근을 하게 되거나 기존의 접근법에 대해 좀 더 심도 있는 이해를 할 수 있게 된다.

그러나 특정 작품이나 작가를 대상으로 하기 때문에 한계가 있을 수밖에 없다. 작가가 유고하거나, 영상콘텐츠를 제작한 후 일정 시간이 지나면 더 이상 새로운 콘텐츠를 제작하기 어려워진다. 이런 상태가 고착되면 기존에 생성된 콘텐츠만이 반복되는데, 이는 이용자를 지루하게 하고 재방문율을 떨어뜨리는 원인이 된다.

이외에도 교육 중심의 콘텐츠를 운영하는 문학관들 역시 정부가 규정하는 교육과정의 변화 속도가 빠르지 않다는 점, 교육은 지속적으로 이루어지는 것이라는 점을 고려했을 때 관람객의 재방문 의사는 그리 높지 않을 것이라 예상된다.

3. 공간 중심의 문학관

문학관의 다양한 콘텐츠가 반복되며 발생하는 익숙함을 보완할 수 있는 것이 바로 공간 중심으로 기획된 문학관이다. 특정 공간을 다루고 있는 작가와 작품을 재료로 콘텐츠를 만든다면, 세월이 지나 작품의 시대상이나 작품에 사용된 언어들을 이해하기 어려운 시대가 오더라도 학자들에 의해 그 시대의 언어로 재번역될 수 있을 것이다. 또한 공간의 역사를 재조명하는 시기에 사료로써의 가치를 지닐 수 있다.

기본적으로 문학관은 기존의 작품을 활용해서 콘텐츠를 제작한다. 작품을 중심으로 한 문학관의 경우 작품의 규모에 따라 제작되는 콘텐츠의 양도 영향을 받는다. 작가를 중심으로 한 문학관의 경우엔 작가가 유고하고 새로운 작품이 더 이상 나오지 않는다면 어느 시점부터는 탄생 몇 주기, 사망 몇 주기가 되는 것 외에는 한계가 오게 된다. 하지만 공간 중심의 문학관은 거기서 그치지 않고 문학관이 생긴 이후에 나온 작품이나, 작가의 생존 여부 및 작품 활동 여부에 구애받지 않고 새롭게 창작된 작품들을 대상으로 한 콘텐츠 제작이 가능할 것이다.

공간 중심의 문학관이 완전히 새로운 것은 아니다. 대전 출신의 문인들을 테마로 하는 〈대전문학관〉의 경우 "대전의 문학사를 정립하여 그 전통을 계승하며, 문인들의 작품과 문학 사료를 체계적으로 보존 · 관리"[2]하는데 그 목표를 두고 문학콘텐츠 개발에 힘쓰고 있다. 대전 출신 작가가 계속 배출된다면 〈대전문학관〉의 콘텐츠는 기존의 작가들의 작품을 이용한 콘텐츠에 새로운 작가의 작품을 더해 풍성해질 수 있을 것이다. 하지만 작가들이 대전을 다루지 않는 한 대전이라는 공간적인 특징을 새롭게 보여줄 수 없다는 한계가 있다.

또 다른 공간 중심의 문학관으로는 〈지리산 문학관〉이 있다. 〈지리산 문학관〉은 지리산과 그 인접 지역을 배경으로 한 문학 작품이나 지리산

---

[2] 〈대전 문학관〉(http://www.dlc.or.kr/move.do?usr_menu_cd=0101010100)

인근 출신의 작가들의 작품을 다루고 있다. 한 지역의 작품을 모아 다루고 있고 문학지도 같은 콘텐츠를 만들기도 하지만 이곳의 경우 규모가 작고 개인이 운영하고 있어 계획적인 운영을 위한 지원이 필요할 것이라는 생각이 들었다.

공간 중심으로 기획된 문학관은 그 공간이 어디냐에 따라 누군가의 생가를 찾아 깊은 산속으로 들어갈 필요도 없고, 운영만 잘 된다면 업데이트 할 내용이 없어 홈페이지나 문학관의 전시가 몇 년 내내 바뀌지 않을 가능성도 낮다. 그렇기에 한 가지 제안을 하고자 한다. 한강문학관을 건립하는 것이다. 〈디지털인문학 한강〉 프로젝트를 진행하다보니 한강을 다루는 작품의 수가 생각보다 많다는 사실을 알게 되었다. 한강을 다룬 작품은 많지만 한강의 역사성, 민족적 상징성, 수도 서울을 관통한다는 지리적 위치 등을 고려했을 때 한강을 배경이나 주된 소재로 다룬 작품들은 앞으로도 많이 나올 것이다. 이것은 콘텐츠 개발을 위한 원천소스를 확보하기에 용이하다는 뜻이기도 하다. 그래서 한강이 공간 중심의 문학관을 건립하기에 적합하다 생각했다. 문학 작품의 이해는 시대적 이해를 동반해야 하기에 한강을 다룬 문학 작품들을 중심으로 한 〈한강 문학관〉은 단순히 문학관을 넘어 사료적 박물관으로써도 기능할 가능성이 높다.

또한 관람객이 함께 즐길 수 있는 프로그램을 만든다면 한강이라는 공간을 중심으로 한 〈한강문학관〉은 지난 시대에 대한 이해와 현재의 나아갈 길을 짚어줄 수 있는 사료로써의 기능과 문화적 기능에도 충실한 융·복합적인 문화산업 공간이 될 수 있다고 본다.

다만 아쉬운 것은 한강이 문화가 집중되어 있는 서울에 있는 탓에 문학관을 건립할 장소로 서울을 지정해야 한다는 점이다. 많은 문학관들이 문화산업의 균형과 지자체 발전, 작가의 생애에 따라 해당 지역에 위치해 있다. 지자체가 지자체 발전을 위해서 문학관 건립을 추진하는 상황이다. 균형 있는 문화발전을 위하는 측면에서 굳이 서울이 아니더라도 한강문학관 건립 장소로 다른 적합한 공간은 없는지에 대한 고민이 필요하다. 상징적 측면이나 서울이 아니라는 측면에서 두물머리가 적당하지 않을까 싶다.

한강 개발의 그림자
여의도 개발과 밤섬 주민들의 삶을 중심으로

나창주(역사 전공, 석사과정)

1. 머리말

1960년대는 경제 발전의 시기였다. 서울 개발은 경제 발전 시기의 중요 요소 중 하나였다. 1963년에는 서울의 범위가 오늘날의 서울의 범위로 재편되었고, 서울시는 이 시기부터 편입된 지역에 대해 개발을 시작하였다. 그러한 개발의 시초는 여의도 개발이라 할 수 있다.

여의도 개발 당시 한강의 상황은 한강의 흐름이 직강화되지 않아 한강의 치수를 조절하기 힘든 상황이었다. 그래서 한강에서 수해가 일어나면 주민들이 피해를 입는 실정이었다. 이런 상황에서 서울시는 치수를 위한 방법을 강구하였다. 그 방법으로 한강의 유속을 제어하고 조절하기 위한 목적으로 제방을 쌓고자 했다. 그에 필요한 모래는 여의도 근처에 위치한 밤섬을 폭파시켜 활용하였다. 밤섬을 폭파시켜 마련한 모래를 쌓아 윤중제를 완성시켰다. 이후 여의도는 다양한 발전을 거듭하여 오늘날 대한민국의 경제적, 정치적 중심지가 되었다.

그러나 이 과정에서 밤섬 주민들은 정부와 서울시 당국과의 협의를 거치지 못하고 적은 보상금을 받고 마포구 창전동으로 이주하게 되었다. 이는 당시 대한민국의 상황이 개발독재로 상징되는 시기로서 개발의 방식이 민주적 협의보다는 국가의 일방적인 주도 하에 개발이 추진되는 시기였기 때문이다.

이렇게 국가 주도로 개발이 추진된 것은 대한민국과 북한의 체제 경쟁 때문이었다. 대한민국과 북한은 체제 경쟁을 하면서 경제 발전에 사활을 걸었다. 경제 발전 시기에 가장 요구되는 것은 급속한 성장이었다. 그런 시대의 흐름 아래 서울시 또한 개발 속도를 발맞추어야 했다. 이렇듯 여의도 개발은 한강 역사의 격전지로서의 역할을 하고 있다는 판단을 하게 되었다. 문제는 그 안에서 억압된 한강 근처의 시민들이었다. 시민들에게 한강은 삶 그 자체이자 그들의 터전이기 때문이다. 화려해 보이는 여의도와 한강 주변의 주민들의 이주과정을 살펴보면서 한강 개발의 어두운 이면으로 확장시켜 의미를 살펴보고자 한다.

2. 여의도 개발과 밤섬

밤섬은 조선시대부터 '서강방 율도리'라는 이름으로 기록에 등장하고 있다.[1] 여의도가 역사에 처음으로 등장하는 것은 1916년에 세워진 여의

---

1 "조선왕조 전기 연산군시대에 한성판윤, 공조판서 겸 대재학의 벼슬을 지낸 성현(成俔)이 쓴 『용재총화』라는 책은 당시 서울 사정을 상세히 기술하고 있다. 『용재총화』에서는 당시 서울 근교의 두 개의 잠실 즉 동잠실·서잠실에 대해 설명하면서 별도로 밤섬에 대해 "남강의 밤섬에는 뽕나무를 많이 심어서 해마다 잎을 따서 누에를 쳤다"라고 기술하고 있다. 조선 후기 편찬·발간된 『신증동국여지승람』에서는 밤섬을 소개하면서 "길이가 7리인데 도성의 서남쪽 10리, 마포의 남쪽에 있다. 뽕나무가 많이 있는데 공상이며 약초밭은 내의원에 속하였다. 모래섬 가운데 늙은 은행나무 두 그루가 있는데 세상 사람들이 전하기를 고려 때 김주가 심었다고 한다"라고 기록하고 있다." (孫禎睦, 「여의도 건설과 시가지가 형성되는 과정(상)」, 『국토』, 국토연구원, 1997, 118쪽.)

도 비행장이었다. 하지만 이 글에서 여의도 비행장이 아니라 밤섬에 초점을 맞춰 설명하는 이유는 필자가 보았을 때 이는 근대 이전까지 여의도보다 밤섬이 더 가치가 있었기 때문이라 생각한다. 이는 여의도가 중요하지 않았음을 의미하는데 밤섬은 영등포와 용산의 중간에 있어 수운 교통의 요충지인데 반해 여의도는 평범한 농지로서 근대 이전까지 활용되어 왔다.

여의도 개발이 처음 구상된 것은 1953년 한국전쟁 이후부터였으나 기술과 재정의 실패로 인하여 성공하지 못하였다. 필자가 볼 때 전쟁 직후에 이러한 인식을 했다는 것은 실용적 의미보다는 정치적 의미가 있다고 본다. 기술과 재정이 부족한 상황 속에서 여의도에 제방을 쌓으려고 했던 것은 당시 정부가 여의도 비행장을 원활하게 갈 수 있게 하는 지름길로 제방을 선택했기 때문이다.

이후 여의도 개발은 1968년까지 진행되지 못하였다. 이는 당시 서울시가 도로 개발과 재개발에 신경을 썼기 때문이다. 이 사업들이 단기적 성과를 보이기 위한 가장 중요한 사업이었기 때문이다. 이 시기에는 단기적으로 성장하는 것이 가장 중요한 상황이었다. 이를 위해서는 상급기관에 자신의 성과를 보일 필요성이 있었다. 성과를 보이기 위해서는 단기간에 개발을 추진해야 하는 실정이었다. 개발독재의 시기의 필연적 결과였던 것이다.

한강개발 3개년 계획이 수립된 이후 국방부와 건설부의 합의를 거쳐 1967년 12월 27일부터 서울시는 여의도에 쌓을 제방인 윤중제에 대한 기공식을 거행하였다. 이는 당시 정부가 독재를 행하고 있었기에 가능했던 일이었다.

밤섬을 허무는 것은 나름대로 그 이유가 있었다. 밤섬은 제방을 쌓는데 장애가 되었다. 밤섬이 여의도로 흐르는 한강의 흐름을 방해하였기 때문이다. 또한 제방을 쌓기 위해서는 많은 석재가 필요했다. 이러한 이유로 서울시는 밤섬을 폭파하기로 결정하고 1968년 2월 10일 밤섬을 폭파하였다.

서울시는 폭파 다음날인 11일부터 100일 작전으로 윤중제를 건설하는 계획을 선포하고, 3교대로 24시간 밤섬의 돌을 퍼서 윤중제를 쌓는 데 매진하였다. 이후 정확히 100일 만인 5월 20일 윤중제를 완공하였다. 이는 정부에게 서둘러 성과를 보고하기 위한 정치적 목적과 함께 윤중제를 통한 한강 조절을 할 수 있는 단초를 마련한 실용적 목적이 어우러진 결과라 할 수 있겠다.

당시 서울시는 윤중제를 만든 이후 여의도를 제2의 서울 같은 대도시 권역으로 만들 계획을 가지고 있었으나 이 계획은 실행되지 못하였다. 계획을 추진하기 위해서는 재정이 필요했는데 당시 서울시는 한강을 비롯하여 재개발과 도로 개발에 재정이 투입되어 더 이상의 개발을 벌일 수 없는 상황이었기 때문이다. 필자가 보았을 때 재정 부족 상황은 경제 발전의 흐름 속에서 빠른 개발 속도를 맞추기 위해 나온 필연적인 결과라 생각한다. 개발의 흐름을 맞추기 위해서는 단기간에 성과를 내서 개발이 되었다는 증거를 보일 필요가 있었다. 결과적으로 놓고 본다면 단기간의 성과를 위해서는 개발에 대한 심각한 고민 이후에 개발 여부를 결정했어야 했다. 여의도 개발로 인해 서울시 재정의 부족을 가져오는 결과가 초래되었기 때문이다.

윤중제가 완공된 이후 여의도는 여러 건물들이 들어오고 아파트 단지가 건설되었다. 국회의사당을 비롯한 정치적 건물과 KBS, MBC 같은 여러 언론사들, 한국금융거래소 같은 경제적 건물들이 여의도로 옮겨오면서 여의도는 대한민국의 중심이 되었다. 윤중제 준공은 근대 이후 여의도가 성장하는 원동력이 되었던 것이다.

3. 개발 이후의 그림자

1968년 2월 10일 밤섬이 폭파된 이후 밤섬에 살고 있던 주민들은 토지, 건물보상비를 받고 밤섬에서 마포구 창전동으로 이주하였다. 창전동으로 이주한 것은 창전동과 밤섬이 가까운 곳에 있었기 때문이다. 필자는 밤섬 주민들이 창전동에서 밤섬을 보면서 갈 수 없는 고향에 대한 그리움을 잊지 않기 위해서 노력했을 것이라 추정한다.

창전동으로 이전하면서 밤섬 주민들은 밤섬에서 떠나 좀 더 좋은 곳으로 갈 수 있을 거라는 기대감과 함께 미래에 대한 불안감을 느꼈을 것이다. 이는 전통적인 터전을 버리고 새로운 터전을 가는 사람들에게 있어서는 당연한 것이었다.

서울시는 개발 이후 기존 주민들의 이주에 대한 계획과 대책을 생각하지 않았기에 밤섬의 주민들에게 주어진 삶은 낯설고 척박하였다. 개발의 흐름 속에 개발 이후의 대책은 당시 서울시 입장에서는 중요하지 않았기 때문이다. 개발이 우선인 시대의 한계라 할 수 있는데 경제 발전 시기 전시행정의 부정적인 면이 잘 드러나는 부분이라 할 수 있다.

마포구 창전동으로 이주한 이후 주민들은 살 터전을 확보해 나가는 과정에서 지정된 토지 밖의 주민들과 갈등을 겪게 되었다. 갈등이 일어나는 것은 당연한 일이었다. 원래 창전동에 살고 있던 주민들은 갑자기 자신들의 동의 없이 이주한 이주민에 대해 우호적이지 않았을 가능성이 있기 때문이다. 또한 창전동에서 본래의 기득권을 누리고 있던 본래 주민들과 기득권을 가지지 못한 이주민들 사이에 갈등이 일어나는 것은 당연한 일이었을 것이다.

밤섬 이주민들은 서울시로부터도 피해를 받았다. 이들의 원래 고향이었던 밤섬이 1982년 철새 도래지로 지정된 이후에 통행이 제한되었다.

밤섬 주민에게 고향은 돌아갈 수 없는 안타까운 공간이 되었다. 이는 밤섬 주민들에게 있어서 정체성에 대해 혼란을 느끼게 하는 요인이라 할 수 있다. 개발 앞에서 자신들의 터전을 잃고 지켜 봐야 하는 이주민들의 슬픔이 느껴지는 대목이라 할 수 있다.

밤섬에 살던 시기 이들은 비교적 평등한 질서를 구축하였다. 단지 차이가 있었다면 각 가구당 사유지 면적의 차이뿐이었다. 그들은 밤섬 폭파 이후에도 이주한 곳에서 서울시로부터 받은 보상금을 그들 스스로의 기금으로 이용하여 평등사회를 유지하고자 하였다. 이는 밤섬 주민들의 공동체를 유지하기 위한 노력이었다.

밤섬 주민들이 낯선 땅인 마포구 창전동에서 저임금 노동으로 생활하는 상황에서 이들을 정신적으로 지탱하고 평등사회를 유지할 수 있게 한 것은 '부군당'이라는 굿이었다. 이들은 이 굿을 통해서 이주 과정에서의 슬픔을 서로 공유하였고 밤섬 주민이라는 공동체 의식을 형성해 나갔다. 이를 통해 밤섬 주민이라는 정체성을 지닌 채로 함께 살아갈 수 있었다.

1990년대로 접어들면서 이러한 노력에도 불구하고도 계속되는 도시 개발의 흐름 속에서 공동체가 붕괴되고 분열되는 현상이 나타나기 시작하였다. 마포 지역의 대학교 하숙 문제였다. 창전동 일부 지역에서 하숙을 통해 경제적 이득을 보게 되면서 부유층이 형성되었고 창전동 지역의 빈부 격차가 증가하였다. 자본주의의 성격상 빈부의 격차가 나는 것은 당연한 현상이다. 고향이었던 밤섬을 잃고 창전동에서 나름대로 정체성을 유지하려 노력하던 공동체에게도 자본주의가 본격적으로 들어서면서 이러한 현상이 나타나는 것은 당연한 일이었을 것이다.

1990년대 후반 IMF 금융 위기 이후 가난한 사람들은 직업조차 상실하게 되었다. 그뿐만 아니라 1997년 자신들이 거주하던 창전동 일대에 재개발이 진행되면서 세워진 아파트로 인해 이를 대비하고 준비했던 부유한 사람들을 제외한 나머지는 터전을 상실하고 뿔뿔이 흩어졌다. '부군당'이라는 굿을 했던 장소 또한 아파트를 지으면서 소멸될 위기에 처하였는데 이에 대해 주민들은 매우 큰 정신적 상실감을 받았다. 부군당의 존재는 분열되는 공동체 속에서도 정신적 유대를 담당하는 장소로서의 상징이 매우 강했기 때문이다. 밤섬에서 이주한 주민들은 국가에 의해 강제로 이주되어 제대로 된 보상을 받지 못하고 어렵게 살아갔다.

분열되어가던 밤섬 주민들의 공동체는 1997년 IMF 금융위기 이후 소멸로 끝을 맺었다. 즉 밤섬의 주민들은 자본주의 사회에서 완전히 소외되어 버린 것이다.

여의도 개발의 그림자는 원주민과 이주민 간의 갈등과 자본주의 물결 속에 커져 가는 빈부의 격차였다. 이 둘의 흐름 속에서 주민들은 '부군당'으로 노력하여 공동체를 유지하려 노력하였으나 '부군당'만으로는 이 흐름을 막기에 역부족이었고, 결국 그림자는 밤섬 이주민들의 공동체까지 사라지게 만들었던 것이다.

4. 결론

지금까지 필자는 여의도의 개발 과정과 그로 인해 나타난 부정적인 측면을 분석해 보았다. 여의도 개발은 국가 주도로서 매우 신속하게 진행되었다는 것과 여의도를 개발하기 위해 밤섬을 파괴할 때 밤섬 주민들과의 충분한 협의 없이 진행되었다는 것을 알 수 있었다. 그로 인하여 여의도는 대한민국의 정치적, 경제적인 중심지가 되었다. 밤섬 폭파 이후 이주민들은 어려운 생활을 겪고 이를 극복하기 위해 '부군당'이라는 굿으로서 공동체 내부의 질서를 유지하기 위해 노력하였으나 경제 발전의 흐름 속에 이들의 공동체는 서서히 분열하다 결국 소멸하게 되었다.

한강의 발전은 여의도 개발부터 시작되었고 여의도는 한강 개발의 시초이자 중심지로서 자리를 잡았다. 그러나 그 흐름의 이면에는 밤섬의 이주민의 슬픔도 존재하고 있었다. 이러한 슬픔은 밤섬뿐 아니라 그 이후 한강 주변의 여러 지역에서 반복되어 나타났다. 이러한 슬픔은 분노로 승화되어 1971년 광주대단지사건으로 표출되기도 하였다. 이 같은 개발과 개발 지역의 주민들과의 갈등은 오늘날까지 지속되고 있다. 여의도 개발은 이주민 갈등의 시작을 알리는 도화선이었던 것이다.

정보 제공 어플리케이션 디자인을 위한 제안

'한강'을 중심으로

한혜림(디자인 전공, 학사과정)

1. 들어가며—'한강 르네상스 프로젝트'와 안내사인물

한강은 서울에 거주하고 있는 시민들에게 다양한 의미를 지녔다. 서울의 중심을 가로지르며 흐르는 한강은 교통과 경제의 요충지로서의 역할에서 문화로서의 의미로 확장되면서 발전해 왔다.

한강은 서울 내 가장 높은 접근성과 편의성을 가지고 있는 공간으로 문화적 장소로 재탄생되어 서울 시민들의 고통을 해소할 수 있게 발전해 왔다. 그 발전과 더불어 한강에 명소들이 생겨났고 그곳을 돋보이게 만들기 위해 서울시는 디자인 산업을 추진해 왔다. 한강의 디자인은 시민들의 삶을 중심으로 그들의 시대적 상황과 문화에 맞춰 건축디자인, 시각디자인, 서비스 디자인 등으로 세분화되어 형성되었다.

예를 들어 2009년 만들어진 자벌레 형상의 뚝섬 전망문화복합시설, 친환경 안내사인, 세빛섬, 달빛무지개분수, 관련 어플리케이션 등 많은 디자인 결과물들이 생기며 멋스러운 공간을 형성하고 있다. 한강에 디자인이 체계적으로 접목된 것을 이야기할 때 빠질 수 없는 주제는 '한강 르네상스 프로젝트'이다.

 '한강 르네상스 프로젝트'는 2006년 당시 서울특별시장이 주운 및 수변 문화 공간 조성과 자연성 회복, 접근성 향상, 문화 기반 조성, 경관 개선, 수상 이용 활성화를 목표로 추진하는 디자인 서울 정책의 핵심 계획이다. 이 프로젝트는 생태공원 조성, 한강공원 특화사업, 반포대교 무지개 분수 설치와 세빛섬 조성 등을 대표 사업으로 추진하였다. 이는 도시재생과 지역 균형 발전, 한강 생태계 복원 등의 추진 목표를 내세웠으나 계획의 차질로 인해 예산 낭비였다는 평가를 받았다. 이어 차기 시장으로 넘어가면서 '자연성'과 '주변 지역과의 조화'를 핵심 목표로 재설정하여 사업을 진행하고 있다. 기존 정책과의 차별성과 구체적 기준이 모호하다는 점이 문제로 제기되기도 했다. 현재는 한강공원 근처의 시설물들이 재정비되면서 이전보다 깨끗해지고 볼거리, 즐길거리, 먹을거리에 대한 공급이 늘어나면서 시민들의 긍정적 반응을 이끌어내고 있다.

 한강의 대표적인 디자인으로는 안내사인물을 들 수 있다. 정보 제공에 관한 디자인인 안내사인물은 '한강 르네상스 프로젝트' 중 경관 개선 부문에서 한강공원 내의 공공시설물 총 19종 2,777개를 대상으로 리디자인을 실시하여 2009년 완공된 사례가 있다. 이전의 안내사인물은 정보 제공 중심의 공공시설물로 사용했다. 하지만 '한강 르네상스 프로젝트' 이후에는 정보 제공뿐만 아니라 조형성과 세련된 디자인 미를 갖춘 시설물로 새롭게 정비되었다. 이 프로젝트는 통합명칭 '한강공원 통합 디자인 기본 계획'으로 개발되었다. 상징 마크 디자인 및 시설물 디자인 등은 서울을 대표하는 한강의 일관된 정체성을 만들었다. 변화된 안내사인물은 '자연 속의 자연물'이라는 콘셉트로 한강의 자연 경관을 방해하지 않으면서도 조화를 이루도록 디자인되었다.

개선 이후 한강공원 안내사인물(형태의 단순화)

이 프로젝트의 장점은 안내사인물이 간결한 기둥의 형태로 제작되어 자연경관을 방해하지 않고 조화를 이루고 있다는 점이다. 또한 기둥을 사각형 모양으로 제작해 이용자의 동선에 맞게 각 면에 정보체계를 재조정함으로써 원하는 정보를 좀 더 쉽게 얻을 수 있도록 제작되었다. 영문 표기도 포함되어 있어 외국인도 편리하게 정보를 습득할 수도 있다.

안내사인물에 사용된 재료 또한 내구성, 가공성 및 미생물에 대한 저항성이 우수한 WPC(Wood Plastic Composites, 합성목재)로 제작하여 관리의 편의성을 도모하였다. 디자인적인 측면에서도 WPC의 사용은 기존 철재 시설물이 가진 차갑고 딱딱한 느낌을 주었던 반면 목재의 부드러운 느낌으로 변화를 시도하여 긍정적인 효과를 이끌어냈다.

이 프로젝트는 진행 당시 세계 3대 디자인 어워드 중 하나인 〈IF 디자인 어워드〉에서 2010년 공공디자인부문으로 수상하였는데 이는 국내 공공디자인 프로젝트가 국제적으로 인정을 받은 최초의 실적이라는 점에서 의미가 크다.

하지만 안내사인물도 현 위치를 기반으로 한 제한된 정보만 제공한다는 한계가 있었다. 이 점을 극복하기 위해 제시된 방안은 모바일 어플리케이션과의 연계이다. 현재 한강의 공공 시설물들은 어플리케이션을 통해 체계적으로 정보를 제공하고 있다. 정보 안내가 어플리케이션이 제작된 주요 목적이라는 점은 같지만 각각의 특징을 가지고 있기에 대표적인 몇 가지를 소개하고자 한다.

2. 한강 디자인 – 어플리케이션

1) 어플리케이션 1 – 〈한강공원〉

안내사인물이 정적인 정보를 제공한다면 서울특별시에서 제작한 〈한강공원〉 어플리케이션은 동적인 정보를 제공한다. 한강은 서울시 총면적(605㎢)의 약 6.6%를 차지하는 대규모 수변공간으로, 동서 41.5㎞에 걸쳐 12개 한강공원이 조성되어 있어 서울 전역 곳곳에서 한강으로 접근이 가능하다. 하지만 최소한의 시설물과 생태 중심 공간으로 조성되어 길찾기 등의 정보를 얻기가 어려웠다.

이를 개선하고자 2012년에 개발된 〈한강공원〉 어플리케이션은 시민들의 접근성, 편의성, 각종시설안내, 행사안내 등 편안한 여가활동을 즐길 수 있도록 도와준다. 어플리케이션을 구동하면 '이용시설 찾기', '행사 안내', '주차 위치', '낚시지역', '한강이야기', '친구 찾기', '불편신고'로 이루어진 7가지의 주요 메뉴들이 메인 화면에 나타난다. 그중 가장 기본적인 정보 제공이 필요한 '이용시설 찾기' 메뉴를 터치하면 현 위치 정보를 기반으로 지도가 나타나며 목록별로 한강공원 내에 있는 시설물을 확인할 수 있다.

대표적인 특징은 최근 많이 사용되고 있는 IT분야인 증강현실 (Augmented Reality)서비스가 제공되고 한강공원 내에 부착된 QR코드를 이용하면 시설물에 관련된 내용을 확인할 수 있다는 것이다.

〈한강공원〉 메인화면

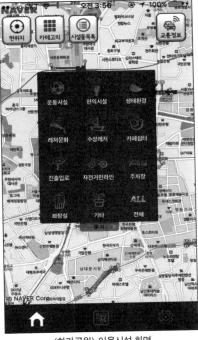
〈한강공원〉 이용시설 화면

시민들의 편의를 위해 제작된 〈한강공원〉 어플리케이션에도 단점은 있다.

첫 번째로 한강공원 내에 시행되고 있는 많은 프로그램 및 행사에 대한 정보 제공이 느리다. 2012년 출시된 이후 11번의 업데이트가 있었으며 2016년 7월 기준으로 어플리케이션을 이용했을 때 2016년 6월까지의 행사정보는 업로드되어 있지만 7월 현재의 정보는 제공되지 않고 있다. 스마트폰 사용량의 증가와 스피디한 현대문화의 특징에 비추어 봤을 때 늦은 정보 제공은 어플리케이션 관리에 있어 활용의 특징을 살리지 못한 가장 큰 단점으로 꼽을 수 있다.

두 번째 단점은 통일성의 부재이다. '한강공원' 어플리케이션은 지도를 중심으로 위치정보를 제공한다. 그런데 어플리케이션 메인 화면에 있는 '한강이야기'라는 메뉴를 터치해 들어갔을 때 '공원 즐기기', '공원 안내' 등 또 다른 목록의 메뉴화면이 나타난다. 이 화면은 최초 접속 시 보이는 UI디자인과는 전혀 다른 형태의 아이콘과 폰트로 제공된다. 이를 하나의 디자인으로 통합한다면 통일성이 높아지는 결과를 얻을 수 있을 것이다. 나아가 사용자의 이질감이 줄어들어 더 활발한 사용을 유도할 수 있을 것이라 기대할 수 있다.

2) 어플리케이션 2 - 〈한강 스탬프 투어〉

다음으로 소개할 어플리케이션은 〈한강 스탬프 투어〉이다. 이 어플리케이션은 단순히 위치 기반의 정보를 제공하는데 그치지 않고 생태 체험 등의 사용자 참여를 유도한다. 〈한강 스탬프 투어〉는 한강 유역환경청에서 선정한 한강수계 생태명소들에 대한 사진, 위치, 해설 등의 생태 체험, 관광 정보를 담고 있다. 생태 명소들의 정보를 확인하고 위치를 직접 찾아가서 모바일 스탬프를 수집한다. 그리고 최종적으로 노력에 대한 보상을 받을 수 있는 기회를 제공한다. 사용자가 한강의 소중함을 직접 경험할 수 있게 한다는 것에 의의가 있다.

〈한강 스탬프 투어〉메인화면

이 어플리케이션에는 한강, 남한강, 북한강으로 이루어진 3개의 주요 메뉴가 있으며 한강수계에 대한 콘텐츠는 9개가 제공된다. 각 콘텐츠 페이지에는 주소, 전화번호, 홈페이지, 명소에 대한 정보가 있다.

〈한강 스탬프 투어〉의 장점은 제공하고자 하는 정보의 화면범위를 중심으로 잡아 목적을 확실히 나타낸 것이다. 각 메뉴를 터치하면 원형의 레이아웃 내에서 메뉴 변경이 이루어지며 한강 주변의 주요 관광지를 아이콘화하여 사용자의 흥미를 이끌었다. 또한 사용법이 단순하고 직관적이기 때문에 높아진 편의성 역시 장점이라고 할 수 있다. 하지만 장점과 동시에 단점도 드러난다. 생태환경에 대한 흥미 유발의 목적으로 제작되었지만 스탬프 5개를 모아 기념품 신청을 한다는 단순한 흐름이 사용자에게는 일회성 이벤트로 그칠 수 있다. 인터넷 상에서 찾아볼 수 있는 체험 후기에 관한 게시물 또한 어플리케이션이 발매된 2015년 이후로 급격하게 사용량이 줄어들었다는 것을 근거로 들 수 있다.

이러한 점을 보완하기 위해 새로운 이벤트, 콘텐츠 개발, 기능 추가에 대해 생각해 보았다. 예를 들어 탐사키트 이외에도 생태에 관련된 체험관 관람권 제공이나 어플리케이션에서 찾을 수 있는 정보에 관련된 퀴

즈 또는 미니게임을 제공하는 방법을 들 수 있다. 특히 게임 관련 콘텐츠는 사용자의 흥미를 유발하고 지속적인 사용을 이끌어낼 수 있는 좋은 방법이 될 수 있을 것이다.

디자인적으로 추가되어야 할 점을 고안해 보자면 어플리케이션을 대표할 만한 캐릭터 디자인을 활용하는 것이다. 최근 트렌드를 이끄는 메신저 어플리케이션을 예로 들었을 때 캐릭터 디자인은 해당 어플리케이션의 정체성을 확고하게 하며 사용자에게 친근함을 높일 수 있어 인기이다. 이처럼 스탬프 투어에도 지정 명소에서 단순히 스탬프를 수집하는 것보다 한강을 상징하는 캐릭터를 제작하고 활용하여 다양한 디자인 기능을 추가한다면 그에 따른 긍정적인 반응을 기대해볼 수 있다.

예를 들어 스탬프 지정 장소마다 캐릭터를 이용하여 단순한 이야기를 만든다. 그리고 수집한 순서에 따라 완성되는 이야기에 제공되는 사은품을 다르게 하여 이용자의 참여도를 높이는 방법이 있을 수 있다. 또는 단순히 동작이 있는 캐릭터가 GPS를 따라 움직이면서 화면상 같이 나타나 목적 달성에 대한 의욕을 북돋는다거나, 스탬프 수집 장소마다 숨어 있는 새로운 캐릭터를 찾는 것도 좋은 방안이 될 수 있다고 생각한다.

3) 어플리케이션 3 – 〈퐁당〉

이처럼 정보 제공에 있어 순기능을 이끌어낸 어플리케이션이 있는 반면 개발자의 의도와는 다르게 역기능을 보이는 어플리케이션도 있다.

그 예로 〈퐁당〉이라는 어플리케이션을 소개하고자 한다. 〈퐁당〉의 목적은 한강에서 낚시, 요트, 철인 3종 경기 등 스포츠를 즐기는 사람들에게 한강 물 온도를 알려주는 것이다. 출시했을 때 큰 관심을 얻지 못했지만 대학수학능력시험을 전후로 다운로드 수가 급증함에 따라 일부에서 부정적인 의견이 오갔다. 이는 개발자가 2014년 대학수학능력시험 7일 전 SNS에 한강 수온을 공유하고 메시지 보내기 기능을 누르면 '친구야 한강가자! 오늘의 한강 수온은 11.1도야! 함께 가자'라는 문구가 자동으로 나오는 기능을 추가하면서 시작되었다. 한강의 물 온도를 알려주어 자살을 장려하려는 어플리케이션이냐는 누리꾼들의 질타를 받기도 했다. 레저 활동을 즐기는 이들에게는 유용한 어플리케이션이겠지만 청소년의 시험 점수 비관 자살률을 조장한다는 오해로 인해 어플리케이션은 제 목적을 달성하지 못하고 이용자가 급격히 줄어드는 씁쓸한 결과를 맞았다.

이 어플리케이션이 본래의 의도를 전달하지 못한 이유는 단순한 화면 디자인에 있다. 전체 화면에서 시각적으로 보이는 디자인은 물방울 모양 아이콘과 한강의 수온뿐이다. 타깃이 레저 활동을 즐기는 사람들이었다면 감성적인 배경 이미지보다 활기찬 배경 이미지의 사용이 더 적절했을 것이다.

〈퐁당〉의 문제 해결방안으로는 어플리케이션 심벌의 콘셉트에 맞춰 한강에서 진행되는 레저 활동을 픽토그램으로 표현하여 보여주는 방법이 있다. 픽토그램은 상징화된 그림문자이다. 이것을 배경이미지로 활용하여 수온이 나타나는 화면에서 함께 제공된다면 이용자들은 빠르고 쉽게 무엇을 위한 정보인지에 대해 파악할 수 있을 것이다.

3. 나오며—결론 및 제언

총 세 가지 한강에 관한 어플리케이션인 〈한강공원〉, 〈한강 스탬프투어〉, 〈퐁당〉까지 살펴보았다. 이용해 본 결과 정보 제공 위주의 어플리케이션에서 중요한 점은 이용자가 원하는 정보에 대한 우선 순위를 파악하여 만들어져야 한다는 것이다. 그러기 위해선 이용자들의 니즈를 파악하고 많은 정보를 합리적으로 다뤄야 하며 경로를 최소화하여 편리함을 제공해야 한다.

위에 소개한 어플리케이션 중 가장 많은 정보를 담고 있으며 한강에 관한 어플리케이션 중 가장 대표적인 〈한강공원〉에 대한 디자인을 제안하고자 한다. 한강을 대표하지만 어플리케이션에 적용된 디자인은 조금 아쉽다. 다음과 같은 내용을 수정한다면 보다 발전된 형태의 어플리케이션이 될 수 있을 것이다.

첫 번째로 메인 페이지의 이미지이다. 어플리케이션 로딩 화면에 보이는 일러스트레이션이 메인 화면에도 적용이 되어 있다. 하지만 일러스트레이션이 메뉴 버튼의 크기와 비슷해 효과적이지 못하다. 메뉴 버튼은 정보 제공에 있어 강조되는 부분이기 때문에 배경으로 들어가는 이미지의 변화가 필요하다. 예를 들어 메뉴 버튼에 가려져도 괜찮은 정도의 단순한 패턴이나 단순한 이미지의 사용이 적합할 것 같다. 배경 또한 메뉴버튼들이 화면 아래에 위치해 있다는 점을 상기하여 디자인되어야 할 것이다.

두 번째로는 UI디자인이다. 메인 페이지의 UI디자인과 서브 페이지의 UI디자인은 전혀 관련이 없다. 메인 페이지의 이미지는 손으로 그린 일러스트레이션이지만 서브 페이지에서는 아이콘화된 UI디자인을 볼 수 있다. 만약 메인 페이지와 서브 페이지의 차별성이 목적이라면 성공적이지만 동일한 어플리케이션이라는 느낌은 찾기 어렵다. 이러한 점들을 개선하기 위해서 메뉴 버튼 디자인의 통일성을 주고 색상의 연관성을 찾아야 한다. 그리고 화면상에서 플랫디자인이 많이 적용되기 때문에 UI디자인에 애니메이션 효과를 넣는다면 이용자의 눈길을 끌 수 있을 것이다.

　어플리케이션이나 모바일 디자인의 트렌드의 빠른 발전 속도만큼 이용자의 수준도 높아졌다. 이에 정보 제공을 목적으로 만들어진 어플리케이션의 개발자와 디자이너는 이용자가 원하는 정보와 트렌드에 대해 민감하게 반응하고 파악하여 시장에서 도태되지 않아야 한다. 현재 출시된 정보 제공 어플리케이션들은 정확한 정보 제공에 초점을 맞춰 개발되고 있다. 하지만 융합문화가 부각되는 시대에 한 가지의 기능만으로는 시장에서 성공하기에 어렵다고 본다. 그렇기 때문에 하나의 어플리케이션 내에서 다양한 경험을 할 수 있게 된다면 이용가치를 높일 수 있을 것이다.

　이에 한강이라는 구체적인 장소를 기준으로 문화나 시설 이용에 관한 다양한 정보를 제공하는 어플리케이션에 대해 제안하고자 한다. 위에서 소개했듯이 한강에 관한 어플리케이션은 다양하지만 외국인 관광객이 이용할 수 있는 어플리케이션은 한국 투어 가이드에 관련된 것만 출시된 상황이다.

　어플리케이션의 주 콘텐츠는 실시간으로 업데이트되는 전문적인 정보이다. 예를 들어 한강에서 진행되고 있는 이벤트나 축제에 관한 정보와 참여 방법, 장소 제공 등을 실시간으로 주고받거나 리뷰를 남길 수 있는 콘텐츠가 있을 수 있다. 실제로도 진행되고 있는 '한강 몽땅 여름 축제'에서는 외국인 자원봉사자를 통해 외국인 관광객의 참여를 높이고 있다. 이러한 정보들에 대해 실시간으로 공유가 가능한 콘텐츠가 만들어진다면 어플리케이션의 이용뿐만 아니라 축제의 활성화에도 큰 역할을 할 것이다.

　또한 외국인이 한강에서 매력적으로 느낀다는 배달음식에 관한 정보와 한국어가 서툰 외국인을 위해 모바일 결제 시스템이 연결된 콘텐츠가 추가되는 방향도 제안해 본다.

전체적인 디자인 콘셉트는 한강을 대표하는 은백색을 바탕으로 콘텐츠에 맞게 색상을 이용하고 부연 설명 없이 파악할 수 있는 픽토그램이나 아이콘을 이용하여 디자인한다. 실시간으로 업데이트되는 콘텐츠의 UI디자인은 단순한 애니메이션 효과를 사용하여 흥미를 유발하도록 한다.

스마트한 시대에 맞춰 어플리케이션은 세련된 디자인과 트렌드에 맞는 효과적인 서비스가 제공되고 있다. 해당 어플리케이션이 어떤 정보를 제공하는지, 어떻게 하면 정보를 효과적으로 보이게 할 수 있는지, 정해진 콘셉트에 맞춰 디자인하려는 노력이 필요하다.

참고문헌

1. 관련 사이트

구글 www.google.co.kr

국가기록원 www.archives.go.kr

국가문화유산 www.heritage.go.kr

국사편찬위원회 www.history.go.kr

국어국문학자료사전 http://terms.naver.com

국토공간영상정보서비스 www.air.ngii.go.kr

국토지리정보원 www.ngii.go.kr

그림자계곡 프로젝트 http://valley.lib.virginia.edu

나는문학이다 http://terms.naver.com

내손안에서울 http://mediahub.seoul.go.kr

네이버 www.naver.com

다음 www.daum.net

대한민국역사박물관 www.much.go.kr

대한지리학회 www.kgeography.or.kr

문화콘텐츠닷컴 www.culturecontent.com

미디어한국학 www.mkstudy.com

비교역사문화연구소 www.rich.ac

서울사진아카이브 http://photoarchives.seoul.go.kr

서울역사박물관 www.museum.seoul.kr

서울특별시한강사업본부 http://hangang.seoul.go.kr

역사교육학회 www.hisedu.co.kr

오마이뉴스 www.ohmynews.com

위키백과 http://ko.wikipedia.org

유교넷 www.ugyo.net

인문역사문화연구소 www.cafe.naver.com/li4shi3

인천투모로우시티 www.tomorrowciry.or.kr

조선시대 전자문화지도 http://atlaskorea.krg

한강사업본부 http://hangang.seoul.go.kr

한국공간정보시스템학회 www.ksiss.or.kr

한국도시지리학회 www.urbangeo.org

한국문화역사지리학회 www.hisculgeo.or.kr

한국민족문화대백과사전 www.encykorea.aks.ac.kr

한국사LOD http://lod.koreanhistory.or.kr

한국사역사콘텐츠박물관 www.sample.samsungbnc.com

한국사콘텐츠 http://contents.koreanhistory.or.kr

한국역사교육학회 www.historyedu.or.kr

한국역사연구회 www.koreanhistory.org

한국역사정보통합시스템 www.koreanhistory.or.kr

한국역사정보통합시스템 www.koreanhistory.or.kr

한국지리정보학회 www.kagis.or.kr

한국지리환경교육학회 www.geoedu.or.kr

한국지명학회 www.placename.or.kr

한국지역지리학회 www.society.kisti.re.kr

한국지역학회 www.krsa83.or.kr

한국학중앙연구원 www.aks.ac.kr

한국학학술정보관 http://korean.visitkorea.or.kr

한국현대문학대사전 http://terms.naver.com

e영상역사관 www.ehistory.go.kr

Historyonthenet www.historyonthenet.com

KRpia www.krpia.co.kr

TimeMapTM www.timemap.net

2. 단행본

감태준 편,『문학지리 한국인의 심상 공간(상·중·하)』, 논형, 2005.

강명희 외,『미래를 생각하는 e-러닝 콘텐츠 설계』, 서현사, 2007.

고　은,『남과북』, 창작과비평사, 2000.

구인환,『고교생을 위한 문학 용어사전』, 신원문화사, 2006.

박현채,『한국사회의 재인식』, 한울, 1986.

국가기록원,『서울특별시 문화유적 지표조사 종합보고서』제Ⅰ권, 서울역사박물
　　　　관, 2005.

국토해양부,『'한강 8경' 생태·문화·역사 명소로 만든다』, 한국개발연구원,
　　　　2010.

권영민,『한국현대문학대사전』, 서울대학교출판부, 2004.

김　인,『현대인문지리학』, 법문사, 2001.

김수복 편,『한국문학공간과 문화콘텐츠』, 청동거울, 2005.

김준오,『시론』, 삼지원, 2006.

노주석,『서울 택리지』, 소담출판사, 2014.

도면회 외,『역사학의 세기』, 휴머니스트, 2009.

동국대학교 문화학술원,『근대 한국의 문학지리학』, 동국대학교출판부, 2011.

　　　　　　　　　　,『문화지리와 도시공간의 표상』, 동국대학교출판부, 2011.

류제헌,『한국문화지리』, 살림, 2006.

민족문학사연구소,『1960년대 문학연구』, 깊은샘, 1998.

민충환,『박완서 소설어사전』, 백산출판사, 2003.

박삼옥,『지식정보사회의 지리학 탐색』, 한울, 2002.

박승규,『일상의 지리학』, 책세상, 2009.

박찬휘 외,「2015 국내 LBS 산업 실태 조사 결과보고서」, 한국인터넷진흥원,
　　　　2016.

백운복,『현대시의 논리와 변명』, 국학자료원, 2001.

서대석,『한국의 고전을 읽는다』, 휴머니스트, 2006.

서울대학교박물관,『岩寺洞』, 서울대학교 고고인류학 총간 제11책, 1985.

손종흠,『한강에 배띄워라, 굽이굽이 사연일세』, 인이레, 2011.

숙명여자대학교 한국어문화연구, 『한국여성문인사전』, 태학사, 2006.

신흥경 외, 『story of DESIGN CITY』, 광문각, 2008.

역사지리 연구모임 안팎너머, 『역사지리학 강의』, 사회평론, 2011.

역사지리학회, 『우리 국토에 새겨진 문화와 역사 한국문화』, 논형, 2003.

오홍석, 『문학지리』, 부연사, 2008.

유종호, 『문학이란 무엇인가』, 민음사, 1991.

윤해동, 『근대역사학의 황혼』, 책과함께, 2010.

이 전, 『촌락지리학』, 푸른길, 2011.

이기봉, 『고대도시 경주의 탄생』, 푸른 역사, 2007.

_____, 『지리학교실』, 논형, 2007.

이숭원, 『초록의 시학을 위하여』, 청동거울, 2000

이승훈, 『문화상징사전』, 푸른사상사, 2009.

이응백 외, 『국어국문학자료사전』, 한국사전연구사, 1998.

이인화 외, 『디지털스토리텔링』, 황금가지, 2003.

이정록 외, 『섬진강권 역사문화지도』, 푸른길, 2013.

이현군 외, 『서울 스토리』, 청어람미디어, 2013.

이혜은, 『인문지리학의 탐색 변화하는 세계와 지역성』, 동국대학교출판부, 2005.

임덕순, 『문화지리학』, 법문사, 1990.

장석주, 『나는 문학이다』, 나무이야기, 2009.

_____, 『장소의 탄생』, 작가정신, 2006.

전종한 외, 『인문지리학의 시선』, 사회평론, 2012.

정광재, 『모바일 인터넷 이용자 및 이용패턴 특성과 인터넷 중립성』, 정보통신정
        책연구원, 2014.

정기문 외, 『역사학의 성과와 역사교육의 방향』, 책과함께, 2013.

조동일, 『지방문학사』, 서울대학교출판부, 2003.

조지욱, 『문학 속의 지리 이야기』, 사계절, 2014.

최명표, 『전북지역 시문학 연구』, 청동거울, 2007.

최병두, 『현대사회지리학』, 한울, 2002.

최병두·한국지역지리학회, 『인문 지리학 개론』, 한울, 2009.

최종현 · 김창희, 『오래된 서울』, 동하, 2013.

한국문화역사지리학회, 『한국역사지리』, 푸른길, 2011.

한국역사연구회, 『20세기 역사학 21세기 역사학』, 역사비평사, 2000.

한영우, 『역사학의 역사』, 지식산업사, 2002.

허우긍 외, 『네트워크의 지리학』, 푸른길, 2015.

Carl Gustav Jung, 설영환 역, 『C.G 융 심리학 해설』, 선영사, 2007

David Atkinson 외, 이영민 공역, 『현대 문화지리학』, 논형, 2011.

De Blij, Harm J, 유나영 역, 『왜 지금 지리학인가』, 사회평론, 2015.

Edward Relpf , 김덕현 공역, 『장소와 장소상실』, 논형, 2005.

Geoffrey Barraclough, 이연규 역, 『현대역사학의 추세와 방법론』, 풀빛, 1983.

James M. Rubenstein, 정수열 공역, 『현대인문지리학』, 시그마프레스, 2012.

P.Vidal De Al Blache, 최운식 역, 『인문지리학의 원리』, 교학연구사, 2002.

Paul Knox · Steven Pinch, 박경환 공역, 『도시사회지리학의 이해』, 시그마프레스, 2012.

Richard Hartshorne, 한국지리연구회 역, 『지리학의 본질1,2』, 민음사, 1998.

Richard Phillips · Jennifer Johns, 박경환 공역, 『지리 답사란 무엇인가』, 푸른길, 2015.

Rodney E. Tyson, 홍은택 공역, 『영어로 읽는 한국의 좋은 시』, 문학사상사, 2003.

3. 논문

권경록, 「조선후기 한강 유역의 문학지리 연구」, 동국대 박사학위논문, 2009.

김진희, 「한국 근대 기행시 연구」, 숙명여대 박사학위논문, 2008.

김현주, 「도시재생 맥락에서의 유휴 산업시설 재활용 계획 방법 연구」, 서울대 박사학위논문, 2013.

성봉식, 「Goal-Based Scenarios에 기초한 절차적 학습과제 교수설계모형 개발 연구」, 서울대 석사학위논문, 2005.

유경주, 「지역교과서에 나타난 한강의 장소이미지 분석」, 서울대 석사학위논문, 2008.

최승권, 「지역 문학의 교육 방법 연구」, 전남대 박사학위논문, 2005.

4. 정기간행물

강명혜, 「문화적 프리즘을 통해서 살핀 한강의 정체성 연구」, 『온지논총』 No.40, 온지학회, 2014.

강영기, 「현대시에 나타난 제주도의 양상과 의미」, 『영주어문』 19집, 영주어문학회, 2010.

강정구·김종회, 「문학지리학으로 읽어본 1980년대 신경림 시의 장소」, 『어문학』 Vol.177, 한국어문학회, 2012.

권영민, 「디지털 시대 인문학의 방향」, 『국어국문학』 129호, 2001.

권혁희, 「식민지 시기 한강 밤섬마을과 조선업」, 『지방사와지방문화』 Vol.16, 역사문화학회, 2013.

김동우, 「문자로서의 도시, 도시시학의 가능성」, 『한국근대문학연구』 24호, 한국근대문학회, 2011.

김미나, 「이문구 작품 속 한강의 공간성 연구」, 『한국문화기술』 20호, 한국문화기술연구소, 2016.

김민형·김현주, 「사물인터넷과 초연결사회」, 『영상문화』 27집, 2015.

김선화 외, 「압구정의 역사경관의 문화콘텐츠적 가치」, 『한국콘텐츠학회논문지』 Vol.14, 한국콘텐츠학회, 2014.

김선화 외, 「한강의 역사문화경관 연구」, 『한국전통조경학회지』 Vol.32, 한국전통조경학회, 2014.

김수복, 「윤석중 문학의 문화콘텐츠 활용 방안 연구」, 『한국문예창작』 22호, 한국문예창작학회, 2011.

김승구, 「구상 시에 나타난 영원성의 시학 고찰」, 『국제어문』 39집, 국제어문학회, 2007.

김종혁, 「전근대 수로의 경제적 기능과 문화적 의미」, 『역사비평』 74호, 역사비평사, 2006.

김 현, 「디지털 인문학-인문학과 문화콘텐츠의 상생 구도에 관한 구상」, 『인문콘텐츠』 29집, 2013.

남진숙, 「한국 현대시에 나타난 섬의 공간 및 그 의미」, 『도서문화』 42집, 도서문화연구소, 2013.

류인영 외, 「가상현실 기술을 활용한 역사학습 콘텐츠의 구현」, 『한국콘텐츠학회논문지』 9(8)호, 2009.

목정훈, 「수변공간의 정비방향」, 『도시문제』 Vol.42, 대한지방행정공제회, 2007.

박경 외, 「한강하류에 대한 지형학적 지도학적 고찰」, 『국토지리학회지』 Vol.39, 국토지리학회, 2005.

박기수, 「OSMU활성화를 위한 문화콘텐츠 스토리텔링 전환 연구」, 『한국언어문화』 44집, 2011.

박기수 외, 「문화콘텐츠 스토리텔링의 현황과 전망」, 『인문콘텐츠』 27호, 2012.

박영우, 「현대시의 문화콘텐츠 활용 방안」, 『한국문예창작』 27호, 한국문예창작학회, 2013.

박용철 외, 「도시수변공간의 지속가능한 생태복원기반 개발에 관한 연구」, 『공공디자인학연구』 3권3호, 2008.

박태일, 「김영수 시와 문학지리학」, 『한국문학논총』 Vol.15, 한국문학회, 1994.

박현숙, 「5~6세기 삼국의 접경에 대한 역사지리적 접근」, 『한국고대사연구』 Vol.58, 한국고대사학회, 2010.

박현찬, 「한강지천의 르네상스」, 『정책리포트』 Vol.50, 서울연구원, 2009.

서민정·전유라, 「공공시설 사인디자인의 색채활용에 관한 연구」, 『커뮤니케이션디자인학연구』 No.24, 커뮤니케이션디자인협회, 2007.

신정일, 「한강하구의 역사 문화 기행」, 『하천과문화』 Vol.5, 한국하천협회, 2009.

심승희, 「문학교육의 학제적 접근」, 『문학교육학』 37호, 한국문학교육학회, 2012.

심연숙, 「LBS를 이용한 모바일 관광정보 어플리케이션에 관한 연구」, 『커뮤니케이션디자인학연구』 No.41, 커뮤니케이션디자인협회, 2012.

심재휘, 「황동규 초기 시에 나타난 공간과 장소」, 『우리어문연구』 39집, 우리어문학회, 2011.

엄기표, 「서울 지역 佛敎文化의 展開過程과 特徵」, 『鄕土서울』 77호, 서울특별시사편찬위원회, 2011.

오상택, 「6·25전쟁 작전시기별 민군작전 사례 연구」, 『군사연구』 134집, 육군군

사연구소, 2012.

오세나·이지연, 「스마트폰 이용자들의 포털 서비스 이용 현황에 관한 연구」, 『한국정보관리학회』 18집, 한국정보관리학회, 2011.

오순제, 「한강하구의 역사와 문화유적」, 『한국수자원학회논문집』 Vol.43, 한국수자원학회, 2010.

오양호, 「문학 속의 인천 심상, 그 문학지리학적 접근(2)」, 『인천학연구』 19집, 2013.

우경섭, 「한강 정구의 학문연원과 도통적 위상」, 『역사문화논총』 Vol.5, 신구문화사, 2008.

유성식, 「한국 현대문학에 나타난 '서울' 형상 연구」, 『서울학연구』 23호, 서울학연구소, 2004.

윤명철, 「한민족 역사공간의 이해와 강해도시론 모델」, 『동아시아고대학』 Vol.23, 동아시아고대학회, 2010.

윤석희, 「한강의 경관 및 기능변화」, 『녹우회보』 No.28, 이화여자대학교, 1987.

이민호, 「한국 리얼리즘시에 나타난 강의 역사성과 시적 주체의 민중성 연구」, 『국제어문』 Vol.35, 2005.

이숭원, 「구상 시의 '강' 이미지」, 『인문논총』 25호, 서울여자대학교 인문과학연구소, 2012.

이은숙, 「문학 공간의 인식 체계와 특성」, 『현대문학이론연구』 36집, 현대문학이론학회, 2009.

_____, 「문학지리학 서설」, 『문화역사지리』 4호, 한국문화역사지리학회, 1992.

이평전, 「이문구 소설에 나타난 기억 공간과 주체 재현 양상 연구」, 『배달말』 51호, 배달말학회, 2012.

이혜원, 「한국 현대시에 나타난 '서울'의 문학지리학적 연구」, 『어문연구』 59집, 어문연구학회, 2009.

이호영, 「高句麗 新羅의 漢江流域 進出 問題」, 『史學志』 18집, 단국대학교사학회, 1984.

임기환, 「고구려 신라의 한강 유역 경영과 서울」, 『서울학연구』 18집, 서울학연구소, 2002.

임범식, 「5~6세기 한강 유역사 재고」, 『한성사학』 Vol.15, 한성대학교 한성사학회, 2002.

임병노 외, 「스마트교육 콘텐츠 및 프로그램 품질인증 기준 개발 연구」. 『교육정보미디어연구』 20권3호, 한국교육정보미디어학회, 2014.

임수경, 「다매체의 문학교육적 수용과 활용방안 연구」, 『한국문화기술』 7집, 한국문화기술연구소, 2009.

_____, 「현대시에 나타난 한강의 장소성 연구」. 『우리문학연구』 43호, 우리문학회, 2014.

임은영·남경숙, 「도시디자인 향상을 위한 한강전망쉼터 디자인평가에 관한 연구」, 『브랜드디자인학연구』 27호. 2013.

임지연, 「1950년대 시의 코스모폴리탄적 감각과 세계사적 개인주체」, 『한국시학연구』 34집, 한국시학회, 2012.

장일구, 「도시의 서사적 공간 형성」, 『현대소설연구』 No.35, 한국현대소설학회, 2007.

장창은, 「한강 유역 영역변천사 연구동향」, 『역사와교육』 Vol.20, 역사와교육학회, 2015.

정인숙, 「19~20세기초 시가를 통해 본 서울의 인식과 근대도시의 의미지향」, 『문학치료연구』 20집, 한국문학치료학회, 2011

조동일, 「문학지리학을 위한 출발선상의 토론」, 『한국문학연구』 27집, 한국문학연구소, 2004.

조일현 외, 「GBS+설계모델을 적용한 e-learning코스웨어 개발 연구」, 『기업교육연구』 4(2)집, 2002.

조일현, 「Goal-based Scenarios(GBS) 이론의 재검토」. 『산업교육연구』 9집, 2003.

최귀영·여운장, 「디지털미디어시대의 디자인연구」, 『한국디자인포럼』 Vol.5, 2000

최무장, 「한강 유역의 선사문화연구」, 『향토서울』 59집, 서울시사편찬위원회, 1999.

최정 외, 「역사 체험 프로그램에서 위치기반기술 및 게임화 적용 사례 연구」, 『한국컴퓨터게임학회논문지』 28(2)집, 2015.

최희수, 「디지털 인문학의 현황과 과제」, 『소통과 인문학』 13집, 2011.

한강희, 「시적 기제로서 강의 이미지와 상상력」, 『한국언어문학』 55집, 한국언어
문학회, 2005.

한동숭 외, 「2012미디어와 문화기술 그리고 인문콘텐츠」, 『인문콘텐츠』 27집,
2012.

한영옥, 「한국문학과 로컬리즘」, 『한국문예비평연구』 38호, 한국문예비평학회,
2012.

홍성식, 「현대시에 나타난 '서울' 연구」, 『새국어교육』 71호, 한국국어교육학회,
2005.

홍성익, 「한강 발원지의 역사적 인식에 대한 재검토」, 『문화역사지리』 22권, 한국
문화역사지리학회, 2010.

Ashton, K, That 'internet of things' thing, 『RFID Journal』 22(7), 2009.

Johnson, L., Adams Becker, S., Estrada, V., & Freeman, A., The NMC Horizon
Report: 2015 Museum Edition, 『New Media Consortium』,6101 West
Courtyard Drive Building One Suite 100, Austin, TX 78730, 2015.

Roussou, M., Learning by doing and learning through play: an exploration of
interactivity in virtual environments for children. 『Computers in
Entertainment』 (CIE)2(1), 2004.

Shortridge, James R., The Concept of the Place-Defining Novel in American
Popular, 『Professional Geographer』Vol. 43, No.3, 1991.

5. 기타

「인문사회분야 학술지원사업 디지털인문학사업 신청요강」, 2015.

『마드리드 OECD 콘퍼런스 발표문』, 2007.

『서울연구원 연구보고서』, 서울연구원, 2007.

『한강 르네상스』, 서울특별시한강사업본부, 2008.

『한강사』, 서울특별시편집부, 1985.

『한강의 어제와 오늘』, 서울특별시사편찬위원회, 2001.

서울경제, 「6 · 25 한강인도교 폭파 위법 아니다」, 2013.5.14.

조선일보, 「6 · 25 한강다리 폭파의 희생자들」, 2010.6.29.

SP투데이, 「(사인 시스템 엿보기)한강 안내사인의 변신은 '무죄'」, 2009.01.12.

연합뉴스, 「한강 밤섬 50년 만에 6배 넓어져…27만9천여 m^2」, 2014.1.20.

웰빙뉴스, 「한강에서 만나는 디자인의 즐거움」, 2011.9.28.

오마이뉴스, 「57년간 한강 떠돈 원혼들을 위로하다」, 2007.6.28.

한국일보, 「한강 인도교 폭파」, 2016.6.28.

하이서울, 「한강공원 사인, 디자인 옷을 입다」, 2008.6.1.

한국경제, 「'IT랜드' 에버랜드」, 한국경제, 2016.5.28.

한겨레, 「세월호의 악마들, 대한민국의 악마들…」, 2014.5.25.

제2부 디지털인문학과 인문콘텐츠 연구

현대시에 나타난 한강의 장소성 연구

임수경

1. 서론

본 연구는 현대시에 나타난 한강의 장소성(placeness)의 양상과 그 의미에 대해 에드워드 렐프(Edward Relph)의 장소성(장소의 정체성) 이론을 차용[1]하여 접근하고자 한다. 본고에서 시의 장소성에 초점을 두는 이유는, 기존에 집중되어 있던 시문학 공간이 가진 추상성에서 벗어나 일차적으로 작품 내 묘사되어 있는 구체적인 지리적 감성을 해석하고, 이차적으로는 문학장소를 복합적 접근(자연적, 문화적 요소 등)으로 확장시켜 고찰함으로써, 특정 장소의 정체성을 보다 다각적인 의미로 제시하는 데 그 목적이 있다고 하겠다.

우선 여기서 집중하는 문학장소는 기존의 연구에서 집중했던 문학공간과 구분된다. 공간(space)과 장소(place)에 대해서는 여러 분야에서 혼

---

* 본 논문은 2014년 단국대학교 대학연구비 지원에 의해 연구되었음.
[1] 본문에서 표기한 (ER:페이지)는 에드워드 렐프의 『장소와 장소상실』(김덕현 외 역, 논형, 2005)를 참고하거나 발췌한 부분이다.

동·혼용을 하면서 의미의 경계가 모호해지다 보니, 많은 연구자들이 명확한 구분·정의화에 관심을 가져왔다. 렐프는 '공간의 특정 의미를 특정 장소에서 획득'(ER:39)한다고 했다. 이것을 심재휘는 문학적 측면에서 추상적인 심상지리(Imagined Geographies)의 배경이 되는 것이 공간이고, 구체적인 경험지리(Experience Geographies)의 바탕이 되는 것을 장소[2]라고 하면서, 기존의 문학공간 연구에서 보이는 광범위한 용어 범위를 문학장소 연구와 구별하고 있다. 지리학적 측면도 이와 비슷한데, 박승규는 "공간이란 각 개인에게 의미있는 요소가 아닌 모든 사람에게 제공되는 평균적인 의미"를 뜻하고, "장소란 구체적인 위치를 기반으로 하면서 인간의 삶과 유관된 특수한 의미"를 지닌다[3]고 하면서 장소와 삶의 유기성을 확인했다. 즉, 장소는 '그 안에서 삶을 영위하고 있는 사람이나 그들이 얽혀 이루어내는 사건보다 더 근원적인 요인'[4]이라는 점에서, 삶의 실존적인 근거가 될 수 있다. 이 근거는 경험에 대한 기억이며, 특정 지역만의 독자성과도 연결될 수 있다. 역사에 대한 개인(집단)경험의 추상성은 시적 표현을 통해 구체화가 이루어지고, 이는 특정 지역의 독자적 장소성으로 정의화된다. 문학적 측면과 지리학적 측면의 개념을 비교해 볼 때 그 각각이 크게 다를 바가 없다는 판단 하에, 본고에서 현대시에 나타나는 추상적인 사상의 배경을 공간으로, 구체적인 경험의 배경을 장소로 정의한다.

관련 선행 연구로는 조동일의 논문 「문학지리학을 위한 출발선상의 토론」[5]이 본격적인 지리학을 통한 문학 연구라 볼 수 있다. 이 논문은 그

---

2 심재휘, 「황동규 초기 시에 나타난 공간과 장소」, 『우리어문연구』 39집, 우리어문학회, 2011. 참고.
3 박승규, 「개념에 담겨 있는 지리학의 사고방식」, 전종환 외, 『인문지리학의 시선』, 논형, 2005, 37~50쪽. 참고.
4 박태일, 「장소시의 발견과 창작」, 『한국문학공간과 문화콘텐츠』, 청동거울, 2005, 170쪽. 참고.
5 조동일, 「문학지리학을 위한 출발선상의 토론」, 『한국문학연구』 제27집, 한국문학연구소, 2004.

의 저서『지방문학사—연구의 방향과 과제』(서울대학교출판부, 2003)와 연장 선상에서 지방문학과 문학지리학을 연결시켜 장소의 정체성을 확립하는 구체적인 방법론을 언급하고 있다. 이후 김태준이 편저한『문학지리·한국인의 심상공간(상·중·하)』이 학계에 소개되면서 보다 구체적이고 종합적인 장소성 연구가 진행되었다. 현대시를 장소성으로 접근한 선행 연구들은 크게 두 가지의 구조로 나눌 수 있다. 장소를 중심으로 시작품을 분석한 연구 결과물[6]과 시인을 중심으로 문학장소를 분석한 연구 결과물[7]이 그것이다. 그 중 '강'을 소재로 한 현대시를 다룬 기존 연구는 시적 오브제로서 강의 이미지와 상상력을 강의 위치에 따른 지역성에 초점을 맞춘 연구로 정리할 수 있다. 한강희[8]는 '영산강'을 소재로 한 세 명의 시인(나해철, 최규창, 이수행)의 시작품을 통해 강의 심상 이미지와 상상력으로 형상화하는 과정과 의미를 추적했고, 이민호[9]는 역사적 사건을 중심으로 신동엽의 「금강」, 신경림의 「남한강」, 김용택의 「섬진강」 작품을 시적 주체의 민중성과 함께 분석했다. 이들의 연구 결과물들은 지리학적 측면을 앞세워 그들만의 독특한 주변부의 지역성(로컬리

---

6 강영기, 「현대시에 나타난 제주도의 양상과 의미」, 『영주어문』 19집, 영주어문학회, 2010. : 김수복, 「현대시와 지형학적 상상력」, 『한국문학공간과 문화콘텐츠』, 청동거울, 2005. : 남진숙, 「한국 현대시에 나타난 섬의 공간 및 그 의미」, 『도서문화』 42집, 도서문화연구소, 2013. : 유성식, 「한국 현대문학에 나타난 '서울' 형상 연구」, 『서울학연구』 23호, 서울학연구소, 2004. : 이혜원, 「한국 현대시에 나타난 '서울'의 문학지리학적 연구」, 『어문연구』 59집, 어문연구학회, 2009. : 최명표, 『전북지역 시문학 연구』, 청동거울, 2007. : 홍성식, 「현대시에 나타난 '서울' 연구」, 『새국어교육』 71호, 한국국어교육학회, 2005. 외

7 강정구·김종회, 「문학지리학으로 읽어본 1980년대 신경림 시의 장소」, 『어문학』 Vol.177, 한국어문학회, 2012. : 김진희, 「한국 근대 기행시 연구」, 숙명여대 박사학위논문, 2008 : 박태일, 「김영수 시와 문학지리학」, 『한국문학논총』 Vol.15, 한국문학회, 1994. : 임지연, 「1950년대 시의 코스모폴리탄적 감각과 세계사적 개인주체」, 『한국시학연구』 34집, 한국시학회, 2012.: 한영옥, 「한국문학과 로컬리즘—이성교 시의 장소성 구현과 특성」, 『한국문예비평연구』 38호, 한국문예비평학회, 2012. 외.

8 한강희, 「시적 기제로서 강의 이미지와 상상력」, 『한국언어문학』 55집, 한국언어문학회, 2005.

9 이민호, 「한국 리얼리즘시에 나타난 강(江)의 역사성과 시적 주체의 민중성 연구」, 『국제어문』 Vol.35, 2005.

티)이 형성한 시적 상상력을 접근·분석했다면, 본 연구는 중앙이 가진 정서적 공통성과 원형성에 접근하여 수도문화의 원형에 대한 시발점을 찾는 데 초점을 맞추고자 한다. 이러한 문학지리에 대한 연구 외에도 최근에는 문학지리학적 문학 연구를 교육에 접목시킨 연구물[10]이나 학제적 접근을 위한 방법론을 제시[11]하는 등 여러 방면으로 연구가 활발히 진행 중에 있다.

이처럼 현대시에 나타난 장소성에 대한 연구가 활발히 진행되는 와중에서 한국문학의 근원지라 할 수 있는 한강문학(한강을 문학장소로 둔 문학작품)에 대한 장소성 연구[12]가 시도되지 않았다는 점은 상당히 고무적인 일이 아닐 수 없다. 그 원인을 주관적으로 접근해 본다면, 첫째로, 지방자치제 이후 로컬리티를 아이덴티티로 내세운 지방장소문학(금강, 섬진강, 낙동강 등)의 특성화 전략에, 오히려 수도문화로서 포괄적인 한국 정서를 담은 한강의 시적 장소성에 대해서는 소홀했다는 점을 들 수 있다. 또한, 한강이 여느 작가들에게도 일반적이고 익숙하다 보니 한강의 장소성에 대해 어떤 정의를 규정짓기가 난해한 작업이 될 수도 있었다는 점이다. 일반적이고 익숙한 장소성이라는 것으로 여타의 장소들과는 다르게 독특한 지방색을 찾기도 어렵고, 셋째로, 더군다나 산문문학이 아닌 추상적인 시문학에서 구체적인 장소성을 분석해내기란 더욱 어려운 일이기 때문에 현대시에 나타난 한강의 장소성 연구는 연구자들에게 논외가 되지 않았나 싶다. 그리고 마지막으로, 한강은 총길이 497.5km로, 남한

---

10 최승권, 「지역 문학의 교육 방법 연구:광주·전남 현대시를 중심으로」, 전남대 박사학위논문, 2005. 외.

11 심승희, 「문학교육의 학제적 접근:지리학과 지리교육이 문학에 접근하는 방법」, 『문학교육학』 37호, 한국문학교육학회, 2012.

12 한강시를 대상으로 한 선행연구로는 이승원의 「시적 상상력과 한강의 변용 양상」(『초록의 시학을 위하여』, 청동거울, 2000)을 들 수 있지만, 글의 논지가 한강에 대한 1차적인 시적 상상력에 초점을 두고 전개되었기 때문에, 문학지리학적으로 한강을 접근하는 것은 본고가 처음 시도되었다고 말할 수 있다.

강 · 북한강 · 임진강 등이 본류로 합쳐져 흐르다가 서울을 관통할 때의 이름이 한강[京江]이라 지칭하는 것처럼, 큰 지류만 세 강이 합쳐지는 한국 제2의 강이다. 절대길이 자체도 방대할 뿐만 아니라, 한강의 장소성이라는 명명 하에 강원도 · 충청도 · 경기도를 한 번에 아우르기란 결코 만만한 작업이라 볼 수 없다는 점이다. 이러한 이유들 때문에, 아직까지 한강의 장소성에 대한 연구 결과물이 미비하지 않나 싶다.

이처럼 본 연구는 현대시와 한강의 장소성과 연계성에 주목하지 않았던 기존 연구 성과물에 대한 반성적 성찰에서 출발한다. 한강은 수도문화의 모태이면서 경제 성장의 격변지인 동시에, 현재까지도 한국문화와 역사의 중심지라는 점에서 한강의 장소성에 대한 연구 가치는 충분하다고 볼 수 있다. 본 연구는 문학적 관점에서 지리학을 연동시켜 현대시에 나타난 한강의 정체성 양상과 의미를 분석하고, 이를 전제로 한강만의 문학적 장소성을 도출하여 정의하고자 한다. 이 같은 문학장소성 연구는 장소가 부각되어 있는 산문 작품을 대상으로 하는 데 더 효과적일 수도 있겠으나, 시의 상징 요소를 도출하여 분류화시키는 작업은 장소의 시적 상징성이라는 측면에서 의의를 찾을 수 있을 것이다.

랠프가 분류한 장소성을 기저로 하여, 본 연구에서도 현대시에서 나타난 한강의 장소성을 사회(공적 정체성 public identity) · 집단(대중적 정체성 mass identity) · 개인(개인적 정체성 private identity)으로 유형화한다. 먼저 한강을 지류에 따라 크게 남한강 유역, 북한강 유역, 임진강 유역, 그리고 서울시를 관통하는 부분인 한강(본류) 등 네 구역으로 나누었다. 본 연구에서는 '한강'으로 연구 대상을 한정하고, 타 지역의 로컬리티와는 변별성 있는 한강만의 장소 정체성을 축출해내고 정의화하는 과정을 통해, 특정 역사와 사회를 함께 공유한 공동체의 정서적 장소 공통성을 확인하여 이를 문학적 장소성으로 정의한다.

2장에서는 한강의 위치적 특성을 고려하여 '역사의 중심지를 형성하는 경강'으로, 현대시에 나타난 사회적 역사적 요소를 축출하여 한강의 장소성을 확인한다. 3장에서는 강이 가진 신화·원형적 상징성을 기반으로 한 '수도문화의 항구성을 유지하는 모체'로, 한강의 장소성 유형을 분류·정리하고자 한다. 4장에서는 한강이 수도 서울에 거주하는 개인 생활과 밀접한 관계를 유지하고 있다는 점에 주목하여 '개별적 심상의 수원지이자 도시생활의 반려지'로 문학작품의 발현 형태를 찾고자 한다. 이런 연구 과정을 통해 궁극적으로는, '문학과 장소 인식의 패러다임'을 구축하여, 학문적 통섭의 과정에서 문학적 총체성을 활용한 종합적 사고를 형성하는 데 일조하고자 한다.

2. 역사의 중심지를 형성하는 경강(京江)

문학장소는 실제 공간이 어떤 식으로든 의미를 내포하고 발현되어, 시인들에 의해 재해석되고 재정의된 산물이다. 이때 재해석과 재정의의 과정은 시인이 창출해내는 개인 상징에 한정되는 것이 아닌, 실제 장소가 가진 집단무의식에 대한 개인화된 정의로도 이해할 수 있다. 집단무의식은 '특정 사회의 다양한 지식 공동체들에 의해 규정되어지는 대중적 합의된 집단이미지'(ER:131-4)라는 역사·사회적 요소로 표출된다. 이때 역사·사회적 요소는 동일 역사와 특정 사회의 다양한 지식 공동체들이 공유하는 것으로, 공공장소에 대해 구성원들의 합의를 통해 장소성을 형성하게 된다. 이러한 합의를 통해 형성된 장소의 공적 정체성(public identity)은 개인의 자유로운 의사, 경험에서부터 출발하여 '장소에 대한 사실을 제공하는 기술적 지역지리가 합의된 정체성의 토대 부분을 형성'(ER:133)하게 된다. 이러한 랠프의 개념으로 본다면, 한강은 수도 서울의 역사를 함께 한 공적 장소로, 시인들이 작품을 통해 한강으로 접근하고자 할 때, 역사와 사회를 경험하고 감정을 표출하는 데 당시 지배적인 사회적 상황에서 충분히 자유로울 수가 없다는 것이다.

인류의 문명이 강을 중심으로 출발했듯, 주요 도시 역시 강을 중심으로 발달되었다고 해도 과언이 아니다. 한강 일대로 구석기 유물과 신석기 유적이 발견되고 있고, 고구려의 주몽에게서 분리해 대동강과 임진강을 건너 남하(南下)한 백제의 시조 비류(沸流)와 온조(溫祚)가 개국(開國)하고자 했던 곳이 지금의 서울시 송파구 일대인 한강 유역이었다는 사실만 보아도, 한강은 기본적인 취락 형성과 생산 경제의 바탕이 되었다는 것을 알 수 있다. 때문에 삼국시대부터 한강 유역을 점령하기 위해 고구려, 백제, 신라 등이 서로 세력을 다투며 지배하였고, 이 싸움에서 진 세력은 국운이 쇠락할 만큼 한강 유역의 점령권은 중대한 사항이었다. 이 때문에 한강은 시대를 불문하고 불안한 격전지로서 평화와 안정을 꿈꾸는 장소가 되기도 한다. 또한 고려의 공민왕과 공양왕이 풍수지리설을 등에 업고 한강 유역으로 천도를 모색했다가 실패했지만, 조선 개국 이후 태조 이성계에 의해 완성된 한양 천도의 도시 계획에서도 나라의 중심지로서의 한강은 필수요소였다.

　강물이 풀리다니

　강물은 무엇하러 또 풀리는가

　우리들의 무슨 서름 무슨 기쁨때문에

　강물은 또 풀리는가

　기러기같이

서리 묻은 섣달의 기러기같이
하늘의 어름장 가슴으로 깨치며
내 한평생을 울고 가려했더니

무어라 강물은 다시 풀리어
이 햇빛 이 물결을 내게 주는가

저 민들레나 쑥잎풀 같은 것들
또 한번 고개숙여 보라함인가

황토 언덕
꽃상여
떼과부의 무리들
여기 서서 또 한번 더 바라보라 함인가

강물이 풀리다니
강물은 무엇하러 또 풀리는가
우리들의 무슨 설음 무슨 기쁨 때문에
강물은 또 풀리는가

—서정주, 「풀리는 한강가에서」[13] 전문

한강은 불행했던 '과거의 역사'이다. 그리고 숨가쁘게 '진행되는 현재'이기도 하면서, 결국 다가올 '내일의 미래'이기도 하다. 아픔을 묻어

---

13 서정주, 『국화옆에서』, 삼중당, 1975, 24~25쪽.

버리면 외면할 순 있겠지만, 지워지지는 않는다. 대신 실체를 인식하게 되면 재해석을 할 수 있고, 되돌아보면서 극복할 수 있는 대상이 될 수도 있다. 1950년 한국전쟁 당시 진격과 퇴각이 거듭되었고 피난과 귀환이 반복되면서 그 교두보의 역할을 담당한 곳이 바로 한강이었다. 특히 1950년 6월 28일 한강 인도교 폭파시 50여 대의 차량이 수장되었고, 500여 명이 그 다리 위에서 폭사된 이후 9월 19일 인천의 대규모 상륙작전이 성공하면서 한강 도하를 시작으로 본격적인 서울 수복이 성공하기까지, 한강을 경계로 시민들의 마음은 '서리 묻은 섣달의 기러기같이 서름과 기쁨'이 중첩되었다. 이때 한강은 한국군과 유엔군, 북한군이 격전을 벌였던 한국전쟁의 중심 전장(戰場)이었으므로, '꽃상여와 떼과부의 무리들'로 기호화된 역사의 암울한 현장이 되고, 강물이 풀리어 끊임없이 흘러가는 "여기" 한강은 '또 한번 (기대하고) 바라봐'야 할 내일에 대한 숙명을 넌지시 던져주고 있다. 역사란, 마주하는 대상만 바뀔 뿐이지 결코 정체될 수 없는 삶과 애환, 저항과 투쟁, 좌절과 희망이 끊임없이 공존하게 된다. 때문에 한강이 가진 역사적 장소성은 당대에 되풀이 강조되면서, 동시에 극복하기 위한 객관적 실체로 존재된다.

또한 여기서 주목할 부분은 '풀리는 한강물'이다. 한강은 세계 유수의 도시 하천들인 도쿄의 스미다가와, 파리의 세느강, 런던의 템즈강 등에 비해 강 너비가 넓고 수량이 풍부한 것이 특징이다. 흐르는 물은 얼지 않는다는 일반적인 상식과는 달리 1980년대 중반까지도 한강이 얼어 걸어서 강을 건넜다는 기사도 간간이 전해질 정도로 주기적으로 얼고 풀림을 반복했다. 이것은 냉장고가 없던 시절 얼음을 캐어다가 저장했던 빙고(氷庫)동이 한강변에 생겨났을 때부터[14] 익숙한 풍경이었다. 물론

---

14 오홍석, 『문학지리』, 부연사, 2008, 204쪽.

한강의 심층 부분까지 결빙되지는 않았겠지만, '강물이 얼었다가 다시
녹는' 변형 과정은 '생명'이었다가 '죽음'으로, 다시 '재생'이 되는 순환
적 상징으로 이어지고 있다. 이것은 한국 역사뿐만 아니라 문명의 진화
와 발전 속에서 "생명 – 죽음 – 재생"의 과정은 필수적이라 할 수 있다.
특히 한국전쟁 체험을 투영시킨 '한강의 결빙과 해동' 이미지는 시련을
겪고 다시 되살아나는 한국의 모습으로 합의된 정체성을 형성하여, 많
은 현대시에서도 손쉽게 찾을 수 있다.

> 한강이 가슴을 연다
> 여윈 어미의 가슴처럼
> 주름진 강심이 소리없이 열려 흐른다
> (중략)
> 거칠게 한강은 흐르고
> 살얼음을 뒤척이며
> 어두운 겨울 속으로
>
> 봄을 부르며
> 봄을 부르며
> 소리없이 열려 흐르는
> 눈물이여 강물이여
>
> —박노해, 「한강」[15] 일부

> 겨울 내내

---

15 박노해, 『노동의 새벽』, 풀빛, 1995, 34~35쪽.

꽁꽁 얼어붙었던
몇억 년 한강

고대하던 춘삼월
드디어 끝내
오고야 말았다

—천상병, 「희망의 한강」[16] 일부

    1950년대 전후를 배경으로 한 서정주 시와는 시대적으로 다르지만, 위의 시들 역시 한강의 결빙(結氷)과 해동(解凍)에 초점을 두고 있다는 점에서 공통점을 찾을 수 있다. 1980년대 대표적인 노동자 시인 박노해는 당시 사회상에 대한 비판적 시각을 수도 서울의 중심에 위치하고 있는 한강의 항시성(恒時性)에 기대어, 개별적 체험과 공통적 염원을 장소성으로 정립시키고 있다. 이는 탈중심에 있는 여타의 강과는 다른, 계절의 오고감과 동일하게 영원히 흐를 수밖에 없는 항시적 역사성을 부각시키고 있다. 또한 일명 동백림사건(동백림을 거점으로 한 북괴대남공작단 사건, 1967)에 무고하게 연루가 되었던 천상병에게 한강의 해동(解凍)은 겨울이 가고 춘삼월이 오듯 자연의 영원한 순환과 함께 생명의 탄생과 존재적 의미화로 희망적 장소성을 제시하고 있다.

    합의된 정체성은 특정인(매체)을 통해 동시다발적으로 공급되어지는 장소성이기 때문에, 문학장소 한강의 장소성이 '(여론을) 주도하는 사람에 의해 조작되고 생산되는 진부한'(ER:134) 정체성으로 규정될 한계는 가질 수 있다고 하겠지만, 현대시가 발표된 시대를 막론하고 '강한 노동

---

16 천상병, 『천상병은 천상 시인이다』, 오상출판사, 1999, 54쪽.

자 시인'에게도, '순수와 무욕의 시인'에게도 한강의 순환과 무한성은 '역사와 사회의 중심지로서 변화와 희망을 기대하는 경강'으로서 장소성을 획득하고 있다.

3. 수도문화의 항구성을 유지하는 모체(母體)

역사·사회적 요소를 배재한 집단무의식의 또 다른 표출 방법으로 신화·원형적 요소를 들 수 있다. 이 요소들은 개인이 가진 실질적이고 일상적인 경험으로, '집단의 일원이 되어 개인적 안정감을 얻기 위해서, 집단의 지배적 이미지에 포섭'(ER:101-4)하는 대중적 정체성화(mass identity) 과정을 아우른다. 개인성과 집단무의식에 관해서 융은, "개인의 무의식 밑에는 모든 인간 종족의 정신 유산으로 분배 받은 원시적 집단 무의식이 깔려 있다"[17]고 한 것처럼, 개인상징들은 공통적으로 집단무의식을 통해 투사되는 원형이라는 공통 요소를 나포하고 있다. 이를 렐프는 '개인은 공통된 언어·상징·경험을 사용하면서 그들의 이미지들을 계속 사회화시켰기 때문에, 그 이미지들이 독립적이지 않다'라고 했다. 즉 개인은 사회 혹은 타자와 소통하기 위해서는 '우리'를 토대로 만들어진 기호와 상징을 매개로 사용해야 하고, 보다 강력한 통합을 위해서는 깊은 상호 주관적 연계를 통한 이미지가 완벽하게 결합되어야 하므로 집단·원형적 정체성은 당연히 존재할 수밖에 없다.

하지만 강은 아랑곳없이

---

17 C.G 융, 설영환 역, 『C.G 융 심리학 해설』, 선영사, 2007, 221쪽.

그 깊고 넓은 침묵을 안고

태고의 모습으로 흐른다

과거와 현재와 미래가

한데 이어져서 흐른다

—구상, 「한강근경」[18] 일부

구상에게 있어 '강'은, 연작시 「그리스도 폴의 강」에서도 볼 수 있듯, 신성을 발견하는 삶의 자리이다. 그는 대학에서 종교학을 전공한 만큼 문학세계도 감성에 호소하는 시적 언어보다는 심층의 정신세계를 논하는 형이상학적 고찰이 돋보인다. 그에게 한강은 "과거와 현재, 미래가 동시적으로 얽히는 복합적 시간성의 공간이자 현실과 역사, 구원이 상호 긴장관계"[19]를 형성하고 있다. 특히 종교적인 영향으로 인해 시작품 전반을 지배하는 종교적인 심상은 강의 원형성과 맞물리는 집단무의식의 기저와 상통하는 면을 찾을 수 있다. 이러한 강력한 통합은 '실존적 내부성이나 성소에서의 신성한 경험과 같은 정체성을 장소에 부여하는 영적 교감(communion)과 같은 사회관계'(ER:131)로 이어지게 된다.

현재 여의도는 '한국의 정치와 경제, 언론의 중심지이다. 그러나 이러한 사회적 상징이 형성된 것은 불과 40여 년밖에 되지 않았다. 1968년 여의도와 함께 있던 밤섬을 폭파하여 나온 골재로 여의도의 윤중제(輪中

---

18 현재 구상의 시비(詩碑)는 한강 여의나루에 세워져 있어 이것이 바로 렐프가 말한 '장소성에 대한 강력한 통합'(ER:131)의 실체라 할 수 있다. 이 시비 앞면에는 시 「강가에서」가, 뒷면에는 시 「강」이 새겨져 있다. 시작품의 일부를 정리하면 다음과 같다. "생명의 영원한 동산 속의/불변하는 한 모습이 되어/내가 이 강에다/종이배처럼 띄워 보내는/이 그리움과 염원은/그 어디서고 만날 것이다/그 어느 때고 이루어질 것이다(「강가에서」 일부)", "내 앞을 유연히 흐르는/강물을 바라보며/증화를 거듭한 윤회의 강이/인업의 허물을 벗은 나와/현존으로 이곳에 다시 만날/그날을 생각한다네(「강」 일부)"

19 김승구, 「구상 시에 나타난 영원성의 시학 고찰」, 『국제어문』 39집, 국제어문학회, 2007, 103쪽.

堤)를 쌓'[20]으면서 현재의 모습이 된 것이다. 한강도로 개통에 이어 1967년부터 1970년까지 '한강개발 3개년 계획'의 일환으로 진행되었던 밤섬 폭파는, 여의도 개발을 위한 공사용 자재로 밤섬을 사용하기 위해 폭파한 역사를 말한다. 이때 밤섬의 130여 세대 주민은 밤섬이 보이는 근처 와우산으로 이주되었다. 그러나 이런 인공적인 변화에도 불구하고 밤섬 폭파가 된 50년 만에 자연은 스스로가 다시 밤섬을 처음의 모습보다 6배나 더 크게 재구축했다[21]고 하니, 실로 구상의 시에 나타난 것처럼 '강은 아랑곳없이 과거와 현재와 미래'를 흐르고 있었다. 즉, 한강나루 여의도에서 바라본, 끊임없는 재구축을 이루어내는 한강의 모습은 수도 서울의 급진적인 변화에도 불구하고 공존을 가능하게 만드는 장소성을 내포하고 있다.

> 어느 날 우리 이 강기슭에 아름다운 목숨 받아
>
> 수난과 시련의 짙푸른 미루나무 또는
>
> 백양으로 자란 서러운 내력을
>
> 이제는 자랑스레 말해도 될까
>
> 여한없이 후세에 전해도 될까
>
> 흐르는 물은 썩지 않는다 흐르는 한강은 죽지 않는다
>
> 외쳐도 될까 우리 믿음을
>
> —홍윤숙, 「한강 3」[22] 일부

우리 진실의 흰 뼈 흩어 물살에 섞고

---

20 손종흠, 『한강에 배띄워라, 굽이굽이 사연일세』, 인이레, 2011, 170~171쪽. 참고.

21 연합뉴스, 「한강 밤섬 50년 만에 6배 넓어져… 27만9천여㎡」, http://www.yonhapnewstv.co.kr(2014.1.20.)

22 홍윤숙, 『태양의 건너마을』, 문학사상사, 1987, 40쪽.

사랑의 살 모두 헐어내어

종적없는 바람에 띄우면

강은 저렇게 풀어져서 순연한 사랑을

사랑인 채로 흐르게 하는 것을

마음 무거운 봄날 아침

한줄기 바람 아래 강이 풀린다

―김은자, 「한강을 건너며」²³ 일부

해방 이후 문단에 등단하여 현재까지도 꾸준히 한국현대여류문인의 정도를 걸어온 홍윤숙에게나, 재외동포문학상 등을 수상한 현 미주문인인 김은자에게도 한강은 삶과 죽음의 경계이자, 문명과 탄생의 시발점이고, 윤회의 장소성으로 고스란히 지배되고 있음을 확인할 수 있다. '흐르는 물은 썩지 않는다'는 것은 일제강점기와 한국전쟁 이후 급변하는 수도 서울의 요대에 위치하고 있으면서도 한결같은 한강의 강인한 생명력을 상징한다. 이때 '우리의 믿음을 외치고, 진실의 흰 뼈를 흩어 물살에 섞'으며 흩어지면서도, 동시에 자연의 흐름 속에서 '한줄기 바람 아래 강이 풀리'듯, 영원한 삶도, 영원한 죽음도 없는 자연의 영원성을 획득하고 있는 셈이다. 이러한 한강의 장소성은 '개인적이기도 하면서 공유적'이기도 하다. 렐프가 '개인의 열망과 행동의 본질적인 부분은 우리로 통합되는 사회적 공동체'(ER;132)로 접근했듯, 그 기저에는 함께 특정 장소를 공유한 집단무의식이 작용하기 때문이다. 고은의 시 「한강」에서도 이러한 경강(京江)의 원형적인 장소성을 확인할 수 있다.

---

23 라드니 타이슨, 홍은택 공역, 『영어로 읽는 한국의 좋은 시』, 문학사상사, 2003, 98~101쪽.

한반도에 한강이 있어

아사녀

네가 있다

오늘 뒤에 어제가 있었고

오늘 앞에 내일이 있다

천갈래 만갈래 물이

이렇게 활짝 열린 물이 되어

이미 바다의 새벽 깨우나니

한반도에 한강이 있어

아사녀

너에게 내가 있다

—고은, 「한강」[24] 일부

특정 장소에 대한 정체성은 그것을 경험하고 규정짓는 개개인에 의해 성립되어지지만, 이런 개별성은 다양한 스펙트럼을 거쳐 공통점을 축출되면서 장소의 고유 아이덴티티로 정착하게 된다. 이를 "문학지리학에서는 '장소신화(place myth)'라 명명하면서, 한 공간에 퇴적되어온 다양한 계급들의 삶의 역사가 융합, 정제, 재형성되면서 사실과 환상이 적절히 결합된 사회적 구성의 산물"[25]로 정의하고 있다. '한강'은 장소신화로서 역사상에서 경강인 동시에 원형적 장소성을 동시에 함유하고 있다. 이

---

24 고은, 『남과북』, 창작과비평사, 2000, 90~91쪽

25 오양호, 「문학 속의 인천 심상, 그 문학지리학적 접근(2)」, 『인천학연구』 19, 2013, 160~161쪽. 참고.

러한 복합적 정체성을 기저로 한강은 고은이 말하는 '아사녀'로 대표되는 인류의 존속 및 유지의 기본인 탄생의 모티프를 획득하게 된다. '어제에서 오늘로, 그리고 내일로' 이어지는 역사의 항구성은 '천갈래 만갈래 물이 바다의 새벽을 깨우며 하나의 활짝 열린 물'이 되어 지속적으로 흐르면서, '수도문화의 항구성을 유지하는 모체'로 장소성을 획득하고 있다.

4. 개별적 심상의 수원지이자 도시생활의 반려지

장석주는 "산다는 것은 지리 공간, 즉 장소와 관계를 맺는 것"[26]이라 하면서, 보다 적극적으로 개인적인 의미화와 정의화 상태에서 장소를 규정지었다. 이런 맥락으로 문학장소는 작가의 '직접적인 경험을 통해 가치가 부여되며 실재하는 공간이므로, 그곳과 관련된 작가의 경험과 기억, 상상을 재구성한 전체적인 통찰'[27]이 함유되어 있는 개인성에 주목하고 있다고 볼 수 있다. 렐프에게 장소는 '의도적으로 정의된 사물 또는 사물이나 사건들의 집합에 대한 맥락이나 배경이었다. 그는 장소 그 자체로도 개인적 의도의 대상이 될 수 있음을 상기시키면서 장소가 가지는 의도된 구조의 통합성'(ER:103-4)에서 개인적 장소성(private identity)이 기인한다고 했다. 게다가 장소의 정체성은 '다른 장소와의 차별성을 제공하며 독립된 하나의 실체로 인식하게 하는 토대 역할을 하므로'(ER:109), '개인의 경험·감성·기억·상상·현재 상황·의도 등이 다양하게 혼재된 개인적 의도(intentionality)'(ER:103,131)에서 출발한 '한강'의

---

26 장석주, 『장소의 탄생』, 작가정신, 2006, 27쪽.
27 이혜원, 앞의 글, 353~354쪽. 참고.

장소성은 그들의 내적 질서와 세계가 함유하는 외적 질서가 융합되어 다양하게 변주·창출되고 있다.

㉠

잠을 자도 꿈이 없어서
집에 가도 집이 없어서
먹다 남긴 빵과 우유와 소주와
신문지와 담배꽁초와 종이박스를
꾸역꾸역 다 먹고
하늘 높이 치솟았다가 한강에 떨어져
청둥오리와 나란히 물 위를 떠다닌다

—정호승, 「겨울 한강」[28] 일부

㉡

한강을 지나며 어둠을 껴안고 있는 인육(人肉)의 아픈 불빛들을 본다 풀려온 사람들은 자기의 살이 스민 불빛에 기대어 이 밤의 푸른 정기(精氣)를 빨고 빨다가 제 이름이 보일까봐 이내 백지장이 되어 깜깜한 포도 위를 긴다

—이시영, 「한강을 지나며」[29] 전문

㉢

등이 굽은 물고기들
한강에 산다.
등이 굽은 새끼를 낳고

---

28 정호승, 『이 짧은 시간 동안』, 창작과비평사, 2004, 60~61쪽.
29 이시영, 『만월』, 창작과비평사, 1980, 94쪽.

숨막혀 헐떡이며 그래도
서울의 시궁창 떠나지 못한다.
바다로 가지 않는다.
떠나갈 수 없는 것
그리고 이젠 돌아갈 수 없는 곳
고향은 그런 곳인가

—김광규, 「고향」[30] 전문

　시 ㉠에서 한강은 도시인들에게서 나타나는 전형적인 소통 부재인과
소외 군상들이 의지하는 유일한 반려(伴侶) 장소가 된다. '빵과 우유와 소
주'는 그들의 도시 라이프스타일을 대변해 주고 있고, '잠을 자도 꿈이
없고, 집에 가도 집이 없'는 상황은 1997년 IMF경제위기 이후 대다수가
느꼈던 암담한 현실이었다. 경남 하동 출신인 정호승 시인이 「겨울 한
강」이라 장소를 밝힌 이유는 중앙지인 조선일보 신춘문예를 통한 등단
과 서울 경희대 국문학도라는 점과도 무관하지 않을 것이다. 시 ㉡에서
한강은 시적 화자와 동떨어진 대타적 존재가 아니라 이미 몸의 일부가
되어 어둠조차도, 불빛까지도 아프게 느끼는 대상체이다. 농촌 혹은 고
향과는 대조되는 심상으로 도시의 삶이란 지극히 개인적인 시간이다.
'어둠을 껴안고 있는 인육의 아픈 불빛'은 '제 이름'을 내보이지 않은
채로 '깜깜한 포도'를 기어서 간다. 함께 공존하며 흡수될 수 없기에 수
도 서울의 개개인은 직장과 집을 연결해주는 한강 다리를 지나면서 몸
을 움츠린 채 빛도, 온도도 없는 포장도로를 홀로 걷는 모습은 지극히
한강의 정서와 닮아 있다. 시 ㉢에서 한강은 한국전쟁 이후 수도 서울을

---

30 김광규, 『희미한 옛사랑의 그림자』, 민음사, 1995, 27쪽.

중심으로 한 급속한 산업화 도시화 과정에서 가장 큰 변화를 함께 겪은 동반자이다. 1960년대부터 급속으로 변화·발전해버린 수도 서울에서 적응을 못하고 '숨막혀 헐떡이'는 건 비단 '등이 굽은 물고기'만은 아닐 것이다. 몸이 기형이 되면서까지 '서울의 시궁창' 한강을 떠나지 못하고 고향으로 돌아갈 수 없는 건 꿈을 가지고 상경(上京)한 농촌인들이 도시의 주변으로 내몰리면서, 떠날 수도 머무를 수도 없이 경계인이 되고 그 경계에서 한강이 흐른다.

이처럼 현대시에서 개인과 한강을 동일시하는 이유는, 산업화 과정에서 급성장한 대기업들이 수도 서울에 집중되면서, 한국의 정치·경제·산업·문화를 독점한 수도 서울의 한강은 서울 내외 모든 개인들에게 꿈을 실현시킬 수 있는 유토피아이자 절망과 좌절을 경험하는 디스토피아로서의 상징 장소가 되었기 때문이다. 특히 1963년의 시역 확장으로 그때부터 강남과 강북을 적극적으로 연결해주는 역할을 담당하면서 상경의 꿈을 가지고 입성한 청년들에게는 정착과 회귀(회향)의 긍부정적 경계가 되기도 했기 때문이다. 장소는 "그 자체로 존재한다기보다 반드시 사람이라는 매개변수를 필요로 하며, 사람은 허공 속에 존재하는 것이 아니라 반드시 특정한 장소 속에 있을 수밖에 없다."[31] 이러한 전제를 고려한다면, 한강의 장소성으로 접근하기 위해서는 특정 장소는 개인이 세계와 관계를 맺고 있는 하나의 매개체로 이해되어야 한다는 점이다. 사실 '모든 개인은 특정 장소에 대해 다소간 독특한 이미지를 갖'(ER:130)기 때문에 이것이 어떻게 조화를 이루는지 모르지만, 하나의 사회적 합의를 통해 특정 장소의 정체성을 형성하는 일종의 준거로 이용될 수 있겠다.

---

31 최종현·김창희, 『오래된 서울』, 동하, 2013, 350쪽.

현대시에서 한강의 장소성은 전체를 아우르는 공동체적 동질감을 형성하는 동시에 한 개인의 개별적인 기억으로 위치한다. 이것은 결국 '나'와 '우리'는 같은 '시간'을 지나오면서 결국 하나의 '강'으로 만나 흐르게 되는 공동체적 운명을 지니면서도 개별성을 무시할 수 없는 이유가 되기도 한다. 개인의 삶에서 한강을 단순히 경강으로서의 문화 중심지에서 벗어나 '한국인들의 기억 속에 곡절 많은 삶의 원초적 심상지로 각인'[32]되는 개인과 세상간의 '개별적 심상의 수원지이자 도시생활의 반려지'로서 장소성을 확인할 수 있다.

5. 결론

본 연구는 일차적으로 작품 내 묘사된 장소의 감성을 해석하고, 이차적으로 복합적 접근을 통해 그 장소의 정체성을 확장시켜 고찰함으로써, 특정 장소의 정체성을 다각적인 의미로 정의화 시킨 '장소성'을 도출해내는 과정을 거쳤다. 문학작품은 인간의 조건을 대변하며 삶에 있어서의 보편성을 추구하고 인간의 정신적 작용에 대한 통찰력을 제공하는 것이므로, 장소를 포함한 총체적인 문학적 통찰력의 정의는 여러 분야에서 응용·적용이 가능하다고 볼 수 있다. 여기서 현대시에 나타나는 한강의 장소성은 수도 서울의 경제 성장에 따른 끊임없는 개개인의 자기확인을 통해 재생산하고, 이를 공통역사와 특정사회를 함께 공유하는 현장성과 동질감으로 발현되거나, 기저에 습득해 있는 문화적 원형성이 함께 융화되어 독특한 핵심적 정체성 요소(장소성)를 획득하게 되었다.

---

32 홍신선, 「한 민족의 젖줄, 문화의 풍요로운 현장-한강」, 『문학지리·한국인의 심상공간』, 논형, 2005, 189쪽. 참고.

한강문학으로 확장·가공된 장소성은 여타의 로컬리티로 형성된 다른 장소성과는 독립성을 가진다고 볼 수 있다.

이런 전제로, 본 연구에서는 랠프가 수평적 구조로 재분류한 장소성을 기저로 하여, 현대시를 통해 한강의 장소성을 사회(공적 정체성 public identity)·집단(대중적 정체성 mass identity)·개인(개인적 정체성 private identity)으로 축출한 뒤, 유형별로 접근하여 그 의미를 정리했다.

첫째, 한강이 가진 역사적 배경과 집단적 경험을 공유하면서 공적 정체성을 획득할 수 있었다. 특히 한강은 한국 역사에서 가장 치열한 격전지였으며, 자립적 상황에서 속박과 해금의 동질체라는 점이 '역사의 중심지를 형성하는 경강'이라는 역사·사회적 장소성의 의미로 정립할 수 있었다.

둘째, 한강은 시간의 흐름이라는 영원성과 정화와 속죄라는 신성성을 원형적으로 함유하면서 대중적 정체성을 내재하고 있었다. 문학작품 창작이라는 상징화 과정에서 '수도문화의 항구성을 유지하는 모체'라는 공통적 정체성을 투사시킨 집단·원형적 장소성의 의미를 확인할 수 있었다.

셋째, 한강은 당대의 시적 오브제로서 각자의 경험을 통해 자기 확인을 반복하면서, 개인과 세상 간의 소통과 융합을 유도하는 '개별적 심상의 수원지이자 도시생활의 반려지'가 되어 끊임없이 공감·공유되는 개인적 정체성을 획득할 수 있었다

본 연구에 앞서 진행한 임진강 유역을 중심으로 한 기 연구 결과물과 함께, 후속 연구로 진행할 북한강 유역과 남한강 유역 연구를 합쳐, 한강의 장소성에 관련하여 총체적인 결과물을 정리할 계획이다. 이는 〈문학지리학을 활용한 학제적 교육방법론 구축〉과 〈한국형 브랜드 이미지 구축 방안〉 등 후속 연구로 이어지면서, 기초 자료로 사용될 계획이다. 이

런 연구 과정을 통해 궁극적으로는, '문학과 장소 인식의 패러다임'을 구축하여, 학문적 통섭의 과정에서 문학적 총체성을 활용한 종합적 사고 중심의 세계관을 형성하는 데 일조하고자 한다.

참고문헌

1. 기초자료

고　은,『남과북』, 창작과비평사, 2000.

김광규,『희미한 옛사랑의 그림자』, 민음사, 1995.

박노해,『노동의 새벽』, 풀빛, 1995.

서정주,『국화옆에서』, 삼중당, 1975.

이시영,『만월』, 창작과비평사, 1980.

정호승,『이 짧은 시간 동안』, 창작과비평사, 2004.

천상병,『천상병은 천상 시인이다』, 오상출판사, 1999.

홍윤숙,『태양의 건너마을』, 문학사상사, 1987.

라드니 타이슨, 홍은택 공역,『영어로 읽는 한국의 좋은 시』, 문학사상사, 2003.

에드워드 렐프, 김덕현 외 역,『장소와 장소상실』, 논형, 2005.

2. 단행본

김수복 편,『한국문학공간과 문화콘텐츠』, 청동거울, 2005.

감태준 편,『문학지리 · 한국인의 심상공간』, 논형, 2005.

손종흠,『한강에 배띄워라, 굽이굽이 사연일세』, 인이레, 2011.

오홍석,『문학지리』, 부연사, 2008.

이숭원,『초록의 시학을 위하여』, 청동거울, 2000.

장석주,『장소의 탄생』, 작가정신, 2006.

전종환 외,『인문지리학의 시선』, 논형, 2005.

최명표,『전북지역 시문학 연구』, 청동거울, 2007.

최종현 · 김창희,『오래된 서울』, 동하, 2013.

C.G 융, 설영환 역,『C.G 융 심리학 해설』, 선영사, 2007.

3. 논문

강영기,「현대시에 나타난 제주도의 양상과 의미」,『영주어문』19집, 영주어문학
　　　　회, 2010.

강정구·김종회, 「문학지리학으로 읽어본 1980년대 신경림 시의 장소」, 『어문학』 Vol.177, 한국어문학회, 2012.

김승구, 「구상 시에 나타난 영원성의 시학 고찰」, 『국제어문』 39집, 국제어문학회, 2007.

김진희, 「한국 근대 기행시 연구」, 숙명여대 박사학위논문, 2008.

남진숙, 「한국 현대시에 나타난 섬의 공간 및 그 의미」, 『도서문화』 42집, 도서문화연구소, 2013.

박태일, 「김영수 시와 문학지리학」, 『한국문학논총』 Vol.15, 한국문학회, 1994.

심승희, 「문학교육의 학제적 접근:지리학과 지리교육이 문학에 접근하는 방법」, 『문학교육학』 37호, 한국문학교육학회, 2012.

심재휘, 「황동규 초기 시에 나타난 공간과 장소」, 『우리어문연구』 39집, 우리어문학회, 2011.

오양호, 「문학 속의 인천 심상, 그 문학지리학적 접근(2)」, 『인천학연구』 19, 2013.

유성식, 「한국 현대문학에 나타난 '서울' 형상 연구」, 『서울학연구』 23호, 서울학연구소, 2004.

이민호, 「한국 리얼리즘시에 나타난 강(江)의 역사성과 시적 주체의 민중성 연구」, 『국제어문』 Vol.35, 2005.

이은숙, 「문학지리학 서설—지리학과 문학의 만남」, 『문화역사지리』 제4호, 한국문화역사지리학회, 1992.

이혜원, 「한국 현대시에 나타난 '서울'의 문학지리학적 연구」, 『어문연구』 59집, 어문연구학회, 2009.

임지연, 「1950년대 시의 코스모폴리탄적 감각과 세계사적 개인주체」, 『한국시학연구』 34집, 한국시학회, 2012.

정인숙, 「19~20세기 초 시가를 통해 본 서울의 인식과 근대도시의 의미지향」, 『문학치료연구』 20집, 한국문학치료학회, 2011.

조동일, 「문학지리학을 위한 출발선상의 토론」, 『한국문학연구』 제27집, 한국문학연구소, 2004.

최승권, 「지역 문학의 교육 방법 연구:광주·전남 현대시를 중심으로」, 전남대 박사학위논문, 2005.

한강희, 「시적 기제로서 강의 이미지와 상상력」, 『한국언어문학』 55집, 한국언어
문학회, 2005.

한영옥, 「한국문학과 로컬리즘─이성교 시의 장소성 구현과 특성」, 『한국문예비
평연구』 38호, 한국문예비평학회, 2012.

홍성식, 「현대시에 나타난 '서울' 연구」, 『새국어교육』 71호, 한국국어교육학회,
2005.

4. 기타

구상시비, 한강 여의나루 위치.

연합뉴스, 「'한강 밤섬 50년 만에 6배 넓어져… 27만9천여 ㎡」, http://www.
yonhapnewstv.co.kr(2014.1.20.)

현대소설에 나타난 한강의 공간성 연구

1960년대 배경 작품을 중심으로

김미나

1. 서론

1960년대는 한국전쟁 이후 망가진 삶의 터전을 복원하고자 하는 정치적·경제적 의지가 강력하게 발현되던 시기였다. 때문에 이에 발맞추어 사람들은 자의지가 아니더라도 다양한 방식으로 변모할 수밖에 없었다. 산업화는 도시를 중심으로 이루어졌으며, 자본주의는 사람들의 의식 자체를 변화하게 만들었다. 돈을 목적으로 한 도시로의 이주는 이 시기부터 줄기차게 이어졌으며 새로운 형태의 도시 난민들이 목격된 것 역시 1960년대부터였다.

전쟁 이후 우리나라 경제의 비약적인 발전은 '한강의 기적'이라고 불린다. 이는 한강이 서울을 관통하는 강이라는 지리적 의미를 넘어 다양한 상징성을 내포하고 있음을 의미한다. 한강은 강의 기본적인 상징인

* 이 논문은 2015년 대한민국 교육부와 한국연구재단의 디지털인문학사업의 지원을 받아 수행된 연구임 (NRF-2015S1A6A8050947)

시간의 흐름은 물론 서울 나아가 우리나라 전체를 상징하기에 이른다. 하지만 개발 전 한강의 모습은 현재와는 전혀 상반된 모습이었다.

실제 개발이 본격적으로 시작되었던 1960년대 한강 인근은 홍수 등으로 인해 강물이 범람하기 십상이라는 이유 등으로 인한 미개발지였다. 때문에 이를 중심으로 여러 실향민들이 자리를 잡는 터전이 되었다. 또한 다리, 댐 등 여러 공사 현장을 찾아 노동자들이 집결했던 공간이기도 했다. 이 같은 특성으로 인해 1960년대 한강은 산업화로 인한 도시의 인구밀집이 이루어진 특징적인 공간으로 그 성격이 변모하였다.

고향을 떠나 새로운 곳에 정착한다는 것은 공동체 또는 집단에서 벗어나 개인으로 온전하게 분리됨을 의미한다. 때문에 1960년대 문학은 '개인에 대한 인식', '자기 세계의 구축'으로 규정된다.[1] 고향이라는 집단에서의 이탈은 인간을 개인으로써 인식하게 되는 계기가 되었고, 이는 나아가 새로운 삶, 정착을 위한 고민 등이 발전되어 자기 세계에 대한 구축의 과정에 이르게 됨을 의미한다. 이 특징은 모더니즘과 리얼리즘 사조의 각각의 특성이지만 거시적으로 보았을 때 1960년대 문학에서 주로 나타나는 두 가지 특성이자 시대적 변화가 문학에도 반영되고 있음을 의미한다.

고향을 떠난 사람들이 제각기 삶을 살아가는 방식을 찾아 나서면서 겪게 되는 여러 상황들은 그 시대의 실향민, 노동자들의 비극적 현실을 의미한다. 이에 문학은 "산업화로 야기된 농촌공동체의 붕괴, 이농으로 인한 도시 빈민의 증가, 열악한 노동조건에 매인 노동자들의 삶, 냉전 이데올로기의 횡포 등 새롭게 형성된 현실을 포착"[2]하는 데 집중했다.

---

1 정희모, 「1960년대 소설의 서사적 새로움과 두 경향」, 『1960년대 문학연구』, 깊은샘, 1998, 53쪽.
2 고인환, 『이문구 소설에 나타난 근대성과 탈식민성 연구』, 청동거울, 2003, 64쪽.

이 시기 현실을 문학작품에 반영한 많은 작가들 중에서도 이문구는 실제 한강 인근 공사현장에서 노동자로 일했던 경험을 작품에 담아냈다. 때문에 그가 담아낸 한강의 모습은 실향민, 노동자의 시각에 보다 가깝고 세밀함을 확인할 수 있다.[3] 이 같은 특징을 통해 이문구가 작품에서 그려낸 한강이라는 공간이 실향민, 노동자들에게 어떤 의미였는지를 확인하는 데 도움이 될 것으로 판단하였다.

이 같은 사실을 바탕으로 본 연구는 동일한 시공간을 배경으로 한 이문구의 초기작 「부동행」, 「몽금포타령」, 「금모랫빛」[4]을 통해 1960년대 한강을 중심으로 한 공간 인식을 확인하고자 한다. 또한 작품 속 주요 등장인물인 실향민과 노동자의 시각과 현실을 토대로 한 시대상을 규명하는데 목적이 있다. 나아가 동일한 시공간을 배경으로 한 작품들의 연계 연구가 갖는 의미를 확인할 것이다.

2. 실향민들의 척박한 삶의 공간

1960년대의 한강은 이제 막 개발을 시작한 공간이다. 현재처럼 높은 층수의 아파트가 즐비하지도, 한강 주변이 정돈되어 여가를 위한 공간으로 활용되기 이전의 미개척지이자 개발 예정지에 불과하였다. 본격적

---

3 "문학에서의 공간은 언제나 구체적이고 가시적인 물질성을 지니는 장소이지만, 동시에 추상적이고 보편적 공간이 개별적이고 구체적인 장소들의 배후에서 장소의 의미를 한정하고 규정한다." 이문구의 작품 배경이 된 공간들 역시 나름의 의미가 부여되어 있다. (김정아, 「이문구 소설의 토포필리아」, 『한국문학이론과 비평』 20호, 한국문학이론과비평학회, 2003, 71쪽)
4 이문구, 「부동행(不動行)」(1967), 『이 풍진 세상을』, 책세상, 2007./이문구, 「몽금포타령」(1969), 『이문구 전집2 : 암소』, 랜덤하우스중앙, 2004./이문구, 「금모랫빛」(1972), 『이문구 전집6: 다가오는 소리』, 랜덤하우스중앙, 2004. (이후 본문 인용시 자세한 출처는 생략하며 편의상 페이지만 기입하도록 한다.)

으로 시작된 산업화와 도시 개발은 고향을 잃고 방황하는 이들을 서울 이라는 특정 공간으로 집결시켰다. 실제 한 조사에 따르면 1960년부터 1975년까지 도시의 인구 증가는 급격하게 이루어졌으며 그 중에서도 도시주변계급은 711,000명에서 1,451,000명으로 2배 가량 증가[5]하였음을 확인할 수 있었다.

전쟁의 여파로 인해 고향을 잃고 떠돌던 실향민들은 물론 제각각 다양한 사연으로 고향을 떠날 수밖에 없던 이들 역시 삶을 위해 서울로 모여들었다. 당장 먹고 사는 문제를 해결하는 것이 급선무인 시대였다. 실향민들은 상대적으로 개발되지 않은 한강 인근으로 모여들었으며 한곳에 정착하기 위해 노력했다. 그러나 현실은 녹록치 않았으며 그들은 도시주변계급이자 하층민으로의 삶을 살아가게 된다.

이문구는 작품을 통해 실향민의 어렵고 힘든 삶을 고스란히 담아냈다. 그가 바라본 실향민들의 현실은 각박하기만 하며, 주변으로부터 소외받는 이방인으로 그려지기도 한다.

> 작년 봄. 공장 수위 자리를 잃은 뒤 의지할 곳이 없게 되자 넌 천막을 한 채 훔쳐다가 이 모래톱에 움을 묻고 있었다. 그런대로 이슬은 피하겠더군. 낮에는 넝마를 줍고, 밤엔 고달픈 다리를 뻗고 누워 없는 별을 찾거나 못된 노래를 불러 시름을 달래려고 했다.
>
> —「부동행(不動行)」, 60쪽

---

5 해당 조사는 1960~1975년까지 전체 노동력에서 각 계급범주가 차지하는 비율의 변화를 확인한 것으로, 도시주변계급은 행상, 노점상을 비롯한 개인 서비스 종사자를 포함한다. 수많은 이 농민들이 산업부문보다 이 범주에 흡수되었음을 의미하기도 한다. (구해근, 「현대한국 계급구조에 관한 시론」, 『한국사회의 재인식』, 한울, 1986, 299쪽)

고향을 떠나 빈손으로 한강 인근에 정착하게 되는 실향민들에게는 머물 수 있는 공간 역시 한강뿐이다. 이는 살 수 있는 터전을 마련하기 이전 형태의 삶이자 변변한 일자리 없이 떠도는 이들이 선택할 수 있는 마지막 삶의 방식이기도 하다.

「부동행」 속 화자인 '너'는 직장을 잃은 뒤 갈 곳 없이 떠돌다가 한강의 모래톱에 천막을 치고 살아간다. 현재의 한강 인근은 깔끔하게 정돈된 공원 형태이나, 1960년대 한강 인근은 모래톱이 넓게 펼쳐진 장소들이 곳곳에 있었다. 모래톱은 제대로 된 집을 짓기 힘든 곳이자 특정 누군가의 사유지가 아닌 개방된 형태이기 때문에 갈 곳 없는 이들이 찾아드는 공간이 되었다.

「부동행」 속 그는 낮에 넝마를 줍는 것으로 겨우 살아가고 있으며 당장의 끼니를 걱정하는 것조차 벅차기에 미래를 계획하거나 발전을 도모하지 못하는 답보 상태에 빠져 있다. 때문에 그의 삶은 점점 비인간적이고 비도덕적으로 치닫게 된다.

(…) 가마니때기 한 장밖에 깔린 게 없는 천막 속에 누워 있는 게 정상적이 아니라는 결론을 맺고 밖으로 기어 나왔었지. 넌 배가 몹시 고팠고 피곤했었다. 강가엔 너와 종류가 다른 여러 사람들이 골고루 전시되어 있었다. 그 중에서 네 시선이 홀린 건 여기저기 흩어져 있는 젊은 아베크족들이었다. 그네들은 각기 제 나름의 어떤 소망으로 커진 듯한 눈망울을 굴려 강물을 내려다보고 있었다.

—「부동행(不動行)」, 61쪽

한강 모래톱은 고향을 떠나 몸을 뉘일 공간조차 없이 떠도는 그에게 삶을 버텨내기 위한 종착지이다. 하지만 같은 공간을 누리는 다른 이들에게 한강은 한가하게 산책을 하거나 놀이를 즐기는 공간으로 활용되기도 한다. 강가에 보이는 다양한 사람들은 비참한 삶을 살아가고 있는 '너'와 비견되어 그의 현실을 부각시키는 역할을 한다.

그 중에서도 아베크족은 작중 '너'와 비슷한 또래의 연인들을 의미한다. 아베크족들에게 한강은 오로지 산책과 데이트를 위한 공간이 된다. 걱정거리 없어 보이는 그들의 삶과 '너'의 삶의 격차는 한강을 인식하는 태도만큼이나 상반되게 드러난다.

하지만 아베크족을 바라보는 '너'는 아베크족과 비견되는 자신의 신세를 한탄하고 있을 수조차 없을 정도로 굶주린 상태이다. 그의 굶주림을 작품에서는 다음과 같이 그려냈다.

> 배가 몹시 고프고 지칠 대로 지쳐 있던 너는 무엇을 할 수 있었을까. 역시 최선을 다했었다. 성욕을 눌렀고 대신 기아를 해결하기 위해 기나긴 모래톱을 수없이 왕복하고 있었다.
>
> 그 젊은것들이 먹다 흘린 과자와 빵 조각을 찾기에 혈안이 되어 있었다. 마시고 버린 빈 음료수의 병이나 꽁초를 줍기 위해 돌멩이를 보고도 확인하러 쫓아가곤 했었다. 하지만 애석하게도 네가 주운 거라곤 실망뿐이었다. 아무것도 입에 대어볼 수가 없었지, 과일 껍데기 한 조각조차도 말이다. 언제까지나 굶어야 한다는 사실만이 모래톱 위에 널리 깔려 있었다.
>
> —「부동행(不動行)」, 62쪽

비슷한 또래의 이들이 희희낙락하며 한강을 즐기는 사이, '너'는 굶주린 배를 채우기 위해 음식 쓰레기나마 줍기 위해 애썼다. 그에게 당장 시급한 것은 살기 위해 굶주림을 해결하는 것이었다. 때문에 남들의 시선을 신경 쓸 여유도 없을뿐더러 그것이 비록 쓰레기일지라도 개의치 않을 정도로 급박한 상황에 처해 있는 것을 확인할 수 있다.

한강 모래톱은 그에게 벗어날 수 없는 하층민의 삶이자 주변계급의 처절한 현실 그 자체이다. 또한 생을 유지하기 위한 마지막 방편으로 기능한다. 낡은 천막일 뿐이지만 비를 피할 수 있고 몸을 누일 수 있는 공간이 있다는 것, 음식물 쓰레기라도 찾아볼 수 있는 공간이 있다는 것은 그가 삶을 살아가는 최소한의 것들을 누리고 있음을 의미한다. 비록 더 나은 미래를 꿈꿀 여력도 희망도 없지만 한강은 그에게 살아있음을, 어떻게든 살아야 함을 확인케 하는 공간이 된다.

「부동행」이 미처 도시에 정착하지 못한 채 타락해 가는 인물을 중점적으로 담아내고 있는데 반해 「금모랫빛」은 실향민의 삶 자체를 보다 관조적으로 담아낸다.

실향민으로 처져버린 이래 어느 경우에서건 사람 대우를 받아본 적이 없는, 이 사회에서 타고난 가치를 눈금으로 밝혀볼 수 없는 미미한 존재였으며, 어디서나 방향을 겨냥하지 못한 어두운 세월의 미아였던 것이다. 의식주의 제몫을 떳떳하게 요구하지 못해 노상 비열한 구걸과 목숨이 축나는 무거운 노동을 제공해 근근이 빌어먹어온, 뿐더러 그를 에워싼 모든 것…… 그가 오관으로 부딪쳐 내부에서 굳어진 사물이며 의식의 부피는 한결같은 아픔이었던 것이다. 언제나 정착할 곳이 없어 떠돈 행려환자임을 그는 진작부터 제 분수로 알고 있었다.

―「금모랫빛」, 154~155쪽

「금모랫빛」은 실향민을 '처져버린 존재'이자 '미미한 존재'로 규정한다. 또한 실향민이기 때문에 사람 대우조차 받을 수 없었음을 화자의 심경을 통해 자조적으로 담아내고 있다. 「부동행」의 '너'와 마찬가지로 「금모랫빛」의 화자 역시 배를 곯지 않기 위해 구걸도 불사해야 했음을 확인할 수 있기도 하다. 이문구가 그려낸 실향민들의 삶은 가난하고 갈 곳 잃은 하층민들의 삶을 의미한다. 또한 사회적 위치는 물론 그들을 바라보는 차가운 시선까지도 확인할 수 있다.

더불어 이 작품에서는 실향민으로서의 삶을 통해 받았던 아픔까지도 상세하게 표현해냈다. 화자가 갈 곳 없고 보살펴줄 사람 하나 없는 행려환자와 실향민의 삶을 동일한 것으로 인식함으로써 그들의 '아픔'이 어떠한 것인지까지 그려볼 수 있게 되는 것이다.

이밖에도 「몽금포타령」에서는 실향민의 정착과 성공을 "강변을 일구어 땅마지기나 내 것 만들고 식구마다 들며나며 묻혀들여 소문 안 난 든 부자"(30쪽)로 표현하고 있기도 하다. 즉 「부동행」, 「몽금포타령」, 「금모래빛」을 통해 실향민이 도시에서 자리를 잡고 산다는 것이 어떠한 것인지 그 방법과 형태의 층위를 구분해 두었음을 확인할 수 있다.

「금모래빛」은 이밖에도 한강에서 터를 잡고 살아가는 이들의 현실이 어떠한지를 확인할 수 있는 사료로 기능하기도 한다.

> (…) 홍은 손바닥만 한 거룻배 한 척으로 굶네먹네 하며 살아가는 여러 식구의 가장이라면서도 십여 년 가까이나 한강만 저어온 덕택에 완강한 체력을 갖고 있었다. 봄부터 가을까지는 보광동이나 한남동 일대의 마부와 달구지꾼을 상대로, 강 건너 잠실, 반포, 말죽거리에 건너가 여물거리 꼴을 베어 싣고 와 팔아먹고 사는 자였다.
>
> —「금모래빛」, 166쪽

1960년대 한강은 현재처럼 많은 다리가 건설되기 이전이기 때문에 강 자체를 교통수단으로 이용하고 있었다. 이에 대해 작품에서는 지역의 범위까지 특정되어 있기 때문에 보다 쉽게 확인할 수 있다. 또한 이때까지도 말과 소를 이용해 짐을 옮기는 등 교통은 물론 운송 수단까지도 추측해볼 수 있다.

「금모랫빛」에는 거룻배로 벌이를 하는 이가 등장함으로써 뱃사공 또는 배를 이용한 상인이 특정 직업군으로 활동했음을 알 수 있기도 하다. 이밖에도 「부동행」에는 한강에 배를 띄워 "유람선을 타고 물놀이"(67쪽)를 할 수 있었음을, 「몽금포타령」에서는 "놀잇배"(46쪽)들이 한강 위를 돌아다녔음을 확인할 수 있기도 하다. 실제 한강과 뚝섬에서 1962년 5월부터 보트놀이가 시작되었다.

1960년대 실향민들은 삶을 위해 도시⁶를 선택할 수밖에 없었다. 그 중에서도 한강은 서울을 가로지른다는 위치적 특성은 물론 사유지로 기능할 수 없다는 공간의 성격에 의해 실향민들이 터를 잡고 새로운 삶을 시작하려는 주요 공간⁷으로 활용된다. 한강이라는 공간은 실향민을 전적으로 받아들일 수밖에 없는 환경적 특성을 갖추고 있었을 뿐만 아니라 그곳을 터전삼아 살아가는 집단을 만들어낸 의미 있는 공간이 된다.

3. 노동자들의 삶을 대변하는 현실적 공간

1960년대 한강 인근은 떠돌이 노동자들로 북적였다. 공사현장에서 받

---

6 이때 도시는 고향이라는 "장소상실의 상대적 표지로서 의미를 띠는 구성체"로 작용한다. 본 논문의 대상이 된 작품들에서는 고향이라는 특수한 공간이 한강이라는 상대적이고 특수한 공간으로 대체되어 나타난다. (장일구, 「도시의 서사적 공간 형성 : 한국 현대소설에 투영된 몇 가지 국면」, 『현대소설연구』, 한국현대소설학회, 2007, 4쪽).

7 "공간에 의해 구성된 주체는 다시 공간을 조직하고 재조직된 공간에 의해 인간 주체로 재구성"하기 마련이다. 때문에 한강에 자리 잡게 된 주체, 즉 인물들에 의해 한강이라는 공간에 새로운 의미가 부여되고 이 같은 상황이 중첩되면서 특수성을 내포하게 된 것이다. (이평전, 「이문구 소설에 나타난 기억 공간과 주체 재현 양상 연구」, 『배달말』 51호, 배달말학회, 2012.12, 284쪽).

은 하루 품삯으로 살아가는 이들이기에 그들은 공사장을 중심으로 이동하며 살아간다. 한강은 이 시기 근대화와 산업화의 직접적인 영향을 받았던 곳이다. 교통의 편리함을 위해 한강을 가로지르는 다리 공사가 시작된 것도, 홍수를 막기 위한 댐건설이 이루어진 것도 1960년대부터 본격적으로 이루어졌다. 1965년 제2한강교가 준공되었고, 1968년에는 여의도 개발공사가, 1969년에는 한강철교 복구와 개통이 이루어졌으며, 1970년에는 서울대교(현 마포대교) 준공이, 1971년부터는 잠실지구 개발이 시작되었다.[8]

다양한 공사들이 시행되면서 노동자들 역시 일거리를 찾아 한강 인근으로 몰려들었다. 노동자들은 임시숙소, 현장 식당 등을 전전하며 공사의 진행에 맞춰 삶의 패턴에 변화를 줄 수밖에 없었다. 공사가 중단되면 시작되기를 막연히 기다리고 있을 수밖에 없었으며, 공사가 끝나면 미련 없이 다른 공사현장을 찾아 떠나는 나날이 반복될 수밖에 없는 것이다. 한강에 모여드는 노동자들은 집도 절도 없이 떠도는 하층민들의 삶을 대변한다.

「금모랫빛」에서는 노동자들이 묵는 합숙소 모습을 상세히 그려내고 있는데 이를 통해 그들이 얼마나 척박한 환경에서 생활했는지를 확인할 수 있다.

수원지 취수탑 보설 공사장 인부 합숙소는, 보광동과 한남동이 접경한 강둑 한 기슭 우거진 풀숲 덤불 틈에 옴패어 자리하고 있었다. 물건너 잠실뜸에서 보면 일쑤 초가 추녀 깃에 어리 친 제비 둥지와 흡사할 터였다. 지붕은 이슬만 짙어도 천장이 울던 낡은 천막이었고, 바람벽도 몇 장의 블로크가 귀틀만 시늉냈

---

8 서울특별시사편찬위원회, 『한강의 어제와 오늘』, 서울특별시사편찬위원회, 2001. 참조.

을 뿐 온통 널빤지와 거적때기로 눈가림만 돼, 바이없이 허접스럽고 지질한 옴 팡간이었다. 그래도 합숙소란 허울 구실을 한답시고, 짐승 우리 같은 칸살이나 마 방은 여남은 칸이나 들여져 있었다. 헌 베니어 조각과 죽데기 따위로 된 방 칸막이엔 해만 설핏해도 빈대가 장을 섰고, 쌀가마니를 타 깐 벙어리 구들 바닥 은 사철 불 구경을 못해, 장마가 들기 전부터도 곰팡내가 가실 날 없는 터였다.

―「금모랫빛」, 151쪽

합숙소는 많은 인원이 들어가서 쉴 수 있는 여러 방으로 이루어진 낡 고 허름한 초가집이었다. 매일 정해진 요금을 내면서 생활해야 하는 공 간이지만 그저 비와 바람을 막을 수 있다는 것뿐 제대로 휴식을 취할 수 있는 공간이랄 수 없다.

이는 비단 「금모랫빛」에 등장하는 합숙소뿐 아니라 대부분의 노동현 장과 합숙소의 현실적인 모습이 어떠했는지를 대변한다. 공사현장은 완 공이라는 정해진 기간이 지나면 사라질 수밖에 없는 임시적 공간이다. 때문에 노동자들이 묵는 곳 역시 한시적인 공간일 수밖에 없다. 합숙소 역시 공사현장에서 가까우면서도 쉴 수 있는 곳 이상의 의미를 갖지 못 한다.

(…) 세 끼니 대주고 재우며 하루 백이십 원씩인데, 노임을 일당 이백 원씩 받더라도 그냥 있을 의향이면 시민증 먼저 맡겨야 되며, 그것은 떼먹고 날 도둑 놈이 더러 있어서란 안주인의 싫은 소리가 들리자, 모두들 한마디씩 두런대었 다. 일손이 늘수록 공사 기간은 줄어 다시 떠나야 할 날이 훨씬 당겨지는 탓에 서 그러는 거였다.

―「몽금포타령」, 32쪽

「몽금포타령」에서는 노동자들의 하루 임금과 처우가 어떠했는지를 보다 상세하게 확인할 수 있다. 노동자들은 신용거래가 이루어지지 않았기에 시민증을 맡겨야만 머물 수 있게 해주는 처우는 노동자들이 어떤 대접을 받으면서 공사현장을 전전하고 있는지를 확인할 수 있게 해준다. 또한 하루 임금인 이백 원 중에 식비와 숙박비를 제한 나머지 팔십 원만이 모을 수 있는 최대한의 금액임을 알 수 있다.

노동자들의 하루벌이는 공사현장의 영향을 받을 뿐 아니라 날씨에 의해 좌우되기도 한다. 「금모랫빛」의 공사현장은 줄기차게 이어지는 장맛비 때문에 공사가 진행되지 않자 소지품을 팔아가면서도 끼니 걱정을 해야만 하는 상황을 담아냈다.

사정은 날이 갈수록 악화일로였다. 공사장이 물에 잠겨 있는 한 부흥건업측으로선 합숙소 인부들이 아무짝에 쓸모가 없었고, 따라서 형편이 말못할 지경인 줄 모르지 않으면서도 동전 한푼 지출해줄 아무런 근거가 없었으며, 인부들측 역시 노임 선대先貸를 요구할 만한 조그마한 명분도 갖고 있지 못했다. (⋯) 만성이만 해도 장차 어찌될는지 내일을 모를 목숨인 터였다. 창길이나 필주, 명걸이 신세 역시 한 두름이었다. 하루 벌면 다섯 끼는 먹던 때라 장마 전으로 다만 몇 푼씩이나마 쓸 데 안 써 남겼기 망정이지, 그만한 여축마저 없었더라면 시방쯤 무슨 일을 당했을지 모르게 된 판인 거였다. 그들이 여축해뒀던 돈 헐어 라면이나 호떡으로 연명할 수 있은 건 대체로 여니레 정도에 불과했다. 돈이 떨어진 뒤론 오죽잖은 몸붙이들을 팔아 몇 끼니건 에워대어야 했다. 만성은 고향에서 멀어진 다음부터 싸들고 다니며 덮어온 담요를 넝마장수에게 이백 원에 팔아먹었고, 아껴 몇 번 안 신은 군화도 칠십 원에 팔아먹은 뒤, 마지막으로 생명처럼 알고 간수해온 연장들을 고물전으로 들고 나가 장물처럼 헐값에 내버려야 했다.

—「금모랫빛」, 156~157쪽

노동자들이 도시 공사현장을 몰려드는 이유는 돈 때문이다. 때문에 그들이 현장에 나가 일을 하지 못한다는 것은 곧 배를 곯을 수밖에 없음을 의미한다. 「금모랫빛」에서는 노동자 자신을 "한강에 빠져두 주머니밖에 뜰 게 없는 인생"(152쪽)이라고 정의하기도 한다. 그들은 하루벌이로 생을 연명할 수밖에 없는 하층민들의 삶을 대변한다.

아끼던 소지품들까지 팔았음에도 그들은 한치 앞을 예상할 수 없다. 단지 비가 그치기만을 기다릴 수밖에 없는 처지인 것이다. 날씨의 영향으로 인해 끝을 알 수 없는 실업 상태에 놓이게 된 노동자들의 삶은 앞서 언급했던 한곳에 정착하지 못한 채 노숙하며 살아가는 실향민들의 삶과 유사하다. 그들은 동일한 형태의 애환과 아픔을 품은 채 살아가야만 하는 것이다.

근대화와 산업화는 도시 하층민들에게 벌이를 제공하기도 하고 그들을 위험에 처하도록 궁지에 몰아넣기도 하였다. 이는 산업화의 부정적인 면모이자 무자비하게 시행된 개발사의 단면이기도 하다. 자본주의는 세상을 돈을 중심으로 움직이게 만들었으며, 가진 게 없는 노동자들은 홀대 받기 일쑤였다.

「금모랫빛」의 합숙소 여주인은 숙박비를 낼 여력이 없는 노동자들에게 "한강을 코밑에 두고도 못 뛰어드는 주제에 굶어야 싸지 뭔 군소리여."(174쪽)라거나, "사흘 굶고 남의 담 안 뛰어넘는 놈 없더란 옛말두 있잖어……"(166쪽)라는 말을 일삼기도 한다. 이는 합숙소 여주인에게 노동자들은 숙박비를 낼 때만 의미 있는 존재일 뿐 인정을 베풀 대상이 아님을 의미하는 것이다. 비단 합숙소 여주인뿐 아니라 노동자 또는 하층민을 대하는 태도는 다른 사람들도 크게 다르지 않았을 것이다. 때문에 그들이 가졌을 아픔과 애환이 부각될 수 있기도 하다. 이는 크게 보았을 때 "성장과 수출이 인간적 가치를, 중앙이 지방을, 공권력이 국민을 압도한 채 그야말로 '성찰적 근대화'의 시각이 완전히 결여되어온 것"[9]으로 확대해 이해할 수 있는 기점이 되기도 한다.

이문구는 작품에 등장하는 노동자들의 삶을 "공사판을 전전하며 겪은 밑바닥 인생의 원한과 울분"[10]을 중심으로 그려냈다. 생을 보장할 수 없는 삶이기에 쥐약을 품고 다니기도 하며(「몽금포타령」), 언제 범람할지 모르는 한강을 애써 피해 떠나려고 하지도 않는다(「금모랫빛」). 그들에게는 하루벌이와 끼니 해결이 곧 삶과 죽음 자체를 의미하기 때문이다.

노동자들이 모여든 한강은 일을 할 수 있는 공간, 잠시나마 머물며 생을 이어갈 수 있는 공간이 된다. "이들이 맨몸으로 살아내는 소위 '노가다 판'이라는 공간적 표지는 그들이 도시 사회로의 진입에 곤란을 겪고 있다는, 혹은 그로부터 배제되었다는 것을 단적으로 말해준다."[11] 그들은 한곳에 정착하지 못한 채 끊임없이 방황하기를 멈출 수 없다. 때문에 그들은 하층민이자 주변인으로 머물 수밖에 없는 것이다. 또한 이문구가 노동자들의 삶을 현실적이면서도 적나라하게 작품에 담아냈음을 확인할 수 있었다.

4. 비극과 희망이 교차하는 상징적 공간

앞서 살펴본 작품들에서 실향민과 노동자들의 공간이던 한강은 그들의 삭막한 현실을 반영하는 데 그치지 않고 나아가 그들의 감정을 발현하는 역할을 수행하기도 한다. "근대의 소설가는 구체적 장소를 인간존

---

9 구자황, 「왕소나무의 뿌리를 찾아서」, 『이문구 소설전집2 : 암소』, 랜덤하우스중앙, 2004, 298쪽.
10 황종연, 「도시화, 산업화 시대의 이방인」, 『작가세계』 통권 15, 세계사, 제4권 4호, 1992.11, 54쪽.
11 구자황, 앞의 글, 299쪽.

재의 본질을 현현하는 공간으로, 다른 한편으로는 목적론적 역사가 구현되는, 소위 시대의 정신을 담지하는 공간으로 집요하게 읽고자 한다."[12] 이문구 역시 세 편의 작품을 통해 한강이라는 구체적인 장소를 인간의 본질을 탐색하는 공간으로 활용함은 물론 1960년대라는 한정된 시대적 특수성까지 부각시켜냈다.

강을 이루고 있는 물의 기본적인 상징[13]인 생명, 정화 등은 널리 알려져 있다. 물은 생명의 근원이자 인간의 탄생과 죽음에 밀접하게 연관되어 있다는 특성 때문이다. 이에 강의 일반적인 상징[14]은 한자리에 머물지 않고 끊임없이 흐른다는 특성에 기인한다. 때문에 되돌아오지 않는 시간, 세월에 비견된다. 세월이 지나도 변하지 않는 강의 모습은 과거와 현재를 넘나드는 기준점 역할을 한다. 수많은 문학작품에서는 강을 중심으로 다양한 사건이 벌어지더라도 그 중심에 위치한 강 때문에 주제가 흔들리지 않고 이어져 작품성을 극대화하는 역할을 수행하기도 한다.

이문구는 물과 강의 일반적인 상징을 유지한 채 1960년대 실향민과 노동자의 삶을 한강에 투영했다.

「부동행」은 한강의 정령 또는 귀신이 '너'를 지칭하는 작품의 실질적인 화자가 되어 스토리를 진행한다. 모래톱에서 힘겹게 살아가던 '너'가 결국 인간적인 면모를 잃어감에 따라 그의 비극적인 행보를 전달하기도 하고, 과거 행적들이 비난받아 마땅함을 주장하는 역할을 수행하기도 한다. 이 때 한강은 한 인간을 죽음에 빠뜨릴 수도 있는 공포를 내포하며 심판자의 역할을 갖게 된다. 작품 속 '너'는 한강에서 익사의 위험을

---

12 김정아, 앞의 글, 72쪽.
13 융은 정신분석과 관련한 원형분석을 통해 "창조의 신비 · 탄생 · 죽음 · 소생 · 정화와 속죄 · 풍요와 성장의 상징이자 가장 일반적인 상징"이라고 정의하기도 하였다. (김준오, 『시론』, 삼지원, 2006, 217쪽).
14 강은 "자연을 창조하기 때문에 비옥, 풍요를 상징하며, 시간의 흐름을 암시하기 때문에 상실과 망각을 상징"한다. (이승훈, 『문화상징사전』, 푸른사상사, 2009, 17쪽).

넘긴 채 빠져나왔으나 결국 "청소국 분뇨차"(70쪽)에 치어 죽음을 맞게 된다. 「부동행」 속 한강은 한 인간의 비극적인 인생을 낱낱이 지켜보는 관찰자의 시선을 내포하고 있다. 때문에 시간의 흐름은 물론 정화와 속죄라는 상징을 비극적으로 표현하고 있다.

「몽금포타령」의 한강은 시간의 흐름이라는 강의 상징을 전제로 한다.

> 가에 나앉은 사람이면 다들 흐르며 머무는 물너울을 내려다보고 있었다. 뒷전에 있는 신두만이도 그런 축의 하나였다. 앉아 무심히 흐름새를 보고 있노라면 물이 흐른다기보다 강이, 강기슭이 떠내려가는 것처럼 느껴지기도 하고, 때론 문득 저 자신이 물굽이에 얹혀 이렇게 흐른다는 느낌이 들기도 했다.
>
> ─「몽금포타령」, 29쪽

강물을 하염없이 바라보는 사람들의 행동과 시선은 시간의 흐름을 속절없이 지켜만 봐야 하는 이들의 무기력함을 의미한다. 또한 끊임없이 흐르는 강물에 빗대어 시간의 흐름과 인생 자체를 동일시하고 있기도 있다.[15]

이밖에도 한강은 비극적인 삶을 살 수밖에 없는 작품 속 인물들에게 다양한 영향을 준다. 「몽금포타령」에 등장하는 한강은 한 인물이 돈 때문에 얼마나 추악해질 수 있는지를 확인할 수 있게 하는 공간으로 등장한다.

---

15 "끊임없이 흐르는 강물의 움직임은 시간의 진행, 생명의 영속성을 연상시킨다. 아래위로 출렁이는 물결의 파동은 인간의 운명과 생명의 성쇠를 상징한다. 그래서 강물은 예로부터 인간에게 명상과 관조의 대상이 되었다. 흐르는 강물을 보며 명상에 잠기고 거기서 생의 예지를 얻는 모티프는 많은 문학작품에 반복되어 나타난다. 또 한편으로 강물의 유장한 흐름과 출렁이는 유동성은 우리 마음을 가라앉히는 기능을 한다. 요컨대 강은 생의 예지와 내면의 평정을 선사하는 상징적 존재로 자리 잡게 된 것이다. (이승원, 「구상 시의 '강' 이미지」, 『인문논총』 통권 25호, 서울여자대학교 인문과학연구소, 2012, 6쪽).

(…) 익사 여부를 확인도 안 해본 채 한강에 놀잇배 몇 척이 낚시줄을 드리우고 수면에 맴돌고 있었다. 시체 한 구 건져주는데 이천 원이 공정 가격이더라는 수군거림이 귀를 밝혀준다.

— 「몽금포타령」, 45쪽

진행되던 공사가 중단되자 노동자들은 당장의 일거리가 없어 끼니를 걱정해야하는 극단적인 상황에 놓이게 된다. 그동안 모아둔 돈으로 장사를 시작하려는 이, 품팔이라도 해 외상값을 갚으려는 의지를 보이는 등 열심히 살아보려는 이들 사이에서 '박영식'은 남들과는 다른 선택을 하기 시작한다.

한강에 익사한 어린아이의 시체를 건져내는 일에 이천 원이라는 돈이 걸려있다는 사실을 알고 그는 낚싯대 하나를 든 채 한강물에 들어가길 주저하지 않는다. 오히려 그 속에서 "죽음의 시체를 찾는 일이 삶의 신체를 위한 노력이자 용기라고 주장"(46쪽)하기에 이른다. 문제는 결국 시체를 찾아낸 그가 슬픔에 빠져 있는 유족들에게 찾아가 품삯을 요구하는데 죄책감이나 미안함을 전혀 느끼지 않는 데서 발생한다. 그가 인간에 대한 연민, 생명에 대한 경외감 등 인간이 기본적으로 지녀야 할 덕목들을 점차 잃어가기 시작했음을 의미하기 때문이다.

한강과는 큰 관련이 없으나 이후에도 박영식의 이상 행동은 이어졌다.

그들이 막 실랑이를 벌이고 있을 때 중간에 끼어드는 자가 박이었다. 두만은 구세주를 만나더라도 그처럼 반가울 수가 없을 거였다. 박은 순경의 팔을 붙들며,

"돈은요? 출연료 말이에요."

순경은 힐끔 박의 주제꼴을 훑어보고 나더니 짐짓,

"이백 원이면 돼? 싫으면 말고."

"......"

박은 말 대신, 그러나 서슴지 않고 고개를 끄덕였다. 순경도 얼굴을 폈다. 원래 저런 놈이었지 싶어 두만은 육교 난간에 올라가 꼴이나 보기로 했다.

······교통사고 방지 계몽 사진전에 출품되면 대수로운가, 이 땅에 날 기억할 놈이 몇이나 된다구, 박은 그렇게 중얼거리며 누가 지시를 받고 자시고 할 것도 없이 차 밑으로 기어들어갔다. 피가 흥건하고 냄새가 비위를 뒤집었다.

—「몽금포타령」, 54~55쪽

박영식은 교통사고로 인해 사망자가 발생하자 피가 흥건한 그 자리에 누워 시체 대역을 하기에 이른다. 쥐약을 가지고 다니며 생과 사에 대해 논하던 이가 돈 때문에 급격하게 변해가는 모습은 급격한 산업화와 자본주의 사회의 비극적인 면모를 보여준다. 또한 박영식의 행동은 "개인의 양심과 윤리가 실종되고 점차 비인간화 되어가는"[16] 당대의 시대 분위기와 이를 우려하는 작가의 의중을 반영한 것이라고도 할 수 있다.

한강을 중심으로 모이게 된 여러 인물들은 도시의 계획 하에 기획[17]된 인물들이다. 또한 이들은 돈, 정착 등 다양한 목적을 위해 다양한 한계에 다다르게 되며 이를 어떤 방식으로 넘어서는지 역시 개발에 의한 기획이라고 볼 수 있다. 이때 한강은 기획된 존재들을 수렴함과 동시에 공간으로서의 새로운 의미가 부여된다. 이문구의 작품을 통해 부여된 한강은 하층민 또는 주변인으로 분류되는 실향민과 노동자들의 집결지이자 생존공간이라는 의미를 갖는다.

---

16 구자황, 앞의 글, 300쪽.
17 도시에서의 인간은 "실존적 한계상황을 넘어서 '공간 내 존재'를 기획"한다. (장일구, 앞의 글, 4쪽).

「금모랫빛」역시「부동행」,「몽금포타령」과 동일하게 등장인물들의 비참한 삶과 비극적 시대상을 담아내고 있다. 다만 한강을 대상으로 한 감정이입과 상징성이 크게 부각되고 있다는 점에서 차이를 보인다.

> (…) 달포를 하루같이 퍼부은 비에 가전소 수문이 개방되자 한강은 며칠 전부터 이미 치렁치렁한 만수였다. 교대 난간 밑의 교각들은 죄 한두 뼘 정도만 걸려 있어, 위용을 과시하던 대교도 위험 수위를 견뎌 허덕대는 터라 대교 전체가 순식간에 유실돼버리고 말 것 같은 불안이 가실 수 없게 되던 판이었다.
>
> —「금모랫빛」, 153쪽

「금모랫빛」속 한강은 오랜 기간 내린 비 때문에 범람 직전인 상태로 등장한다. 한강물이 언제 다리와 집들을 덮칠지 알 수 없을 정도로 위험한 상황이다. 이 때문에 사람들은 언제 강이 자신들을 덮칠지에 대한 불안감을 갖게 된다. 이 때 한강은 개발을 일삼는 사회의 비극적 단면을 상징한다. 넘실대는 한강물은 부정과 부패의 위험성을 경고하고 있으며 동시에 하층민들의 삶이 위험한 수위까지 내몰려 있음을 의미하기도 한다. 이후에도 한강은 지속적으로 등장하는데 이를 대하는 인물의 심경과 태도가 점차 변화하고 있음을 확인할 수 있다.

> 여전히 비 아닌 억수는 동이로 부어댔고 언제 홍수를 불렀더냐는 듯 말이 없는 한강은, 냉엄하기 흡사 밤의 기류 같은 늠름한 자세로 오로지 전진만 알고 있을 따름이었다.
>
> —「금모랫빛」, 177쪽

불어난 물의 수위에 사람들은 불안감을 느꼈다. 이어 그 모습을 냉엄

한 밤의 기류라고 표현하기에 이른다. 사람들의 걱정과 불안과는 관계 없이 비는 계속 내리며 한강물의 수위 또한 계속 치솟고 있기 때문이다.

홍수는 인간이 아닌 한 세계를 통틀어 재생한다는 상징을 내포하고 있다. 구약성서에 등장하는 「노아의 방주」의 홍수는 죄를 지은 인간들을 처벌함은 물론 새로운 세상을 열기 위한 정화와 징벌의 의미를 가지고 있다. 「금모랫빛」에서의 홍수는 하층민들에게는 생명까지 위협하는 직접적인 공포의 대상이자 생계의 막막함과 고된 삶의 한계 자체를 의미하기도 한다. 또한 파괴를 일삼는 도시의 산업화는 자연은 물론 인간성 상실까지 유도하는 위협적인 것임을 나타내고 있다.

> (…) 혹은 바다 같고, 혹은 하늘 같기만 한, 망망한 강물을 지켜본 동안 자기 자신이 강물에 휩쓸려 어디론가 정처 없이 표류하고 있는 듯한 착각에 사로잡혔고, 모든 게 불가능하리란 절망만이 의식돼 갈피를 못 잡은 탓이었나도 몰랐다. 어떻게 보면 물 같지 않기도 했다. 물빛도 발견할 수 없었다. '탁류'라는 한 마디로 그칠 수 없게, 강은 도통 흙빛깔이던 것이다. 물너울이 이는 것도 아니고 소용돌이가 보이지도 않았다. 논두렁이나 밭이랑이 흘러간다 싶기도 했다.
>
> ―「금모랫빛」, 171쪽

강물의 범람은 곧 생이 위협당하는 비극적인 상황을 의미하기 때문에 이를 바라보는 사람들의 심경은 절망 그 자체이다. 뿐만 아니라 한강의 탁한 색깔은 나아질 희망마저 사라짐을 의미한다. 물은 생명과 정반대인 죽음을 상징하기도 한다. 인간이 살아가는데 꼭 필요한 필수요소이지만 지나치면 죽음을 맞게도 할 수 있는 것이 물이기 때문이다. 수몰, 수장, 익사 등이 이에 해당한다. 「금모랫빛」의 경우 강물은 죽음을 의미하는 상징에 가깝게 나타나 있음을 확인할 수 있다.

(···) 빗소리에 잠이 깼느니라 싶으면서도 무슨 기척이 들렸던 게 분명한 것 같았다. 그리고 그것은 매우 기분 나쁜 음향이었다. 대뜸 불길한 예감이 머리를 때렸다. 순간적으로 소름이 돋았다. 해묵은 아무기나 도깨비, 혹은 유령의 울음소리가 아닐까 싶기도 했다. 아니 강이 우는 것 같기도 했다. 한강이 우는 것 같았다. 한강이, 흐르는 물이 운다던 소리도 여러 번 들었던 것 같았다. 강변 토박이들은 강 울음소리를 식별할 줄 안다고 하던 거였다.

—「금모랫빛」, 175쪽

「금모랫빛」에서 한강은 지속적으로 불길하고 암울한 암시를 주기 위해 등장한다. 불안, 냉정, 죽음에 이르기까지 그 의미는 점차 심화되다가 상반된 방향으로 변화하기 시작하는데 그 기점이 한강의 울음소리이다. 강이 내포하고 있는 유구한 역사, 끊임없이 흐르는 시간 등의 전형적인 상징은 한강의 울음을 통해 당대의 비극이 비단 하층민들에게만 해당되는 것이 아님을 밝힌다. 이는 근대화, 지나친 개발, 산업화를 모두 포함한 1960년대를 추모하는 한강의 곡소리이기도 한 것이다. 극으로 치닫는 공포의 상황에서도 만성은 아름다웠던 한강의 모습을 떠올리고 그 속에서 희망을 찾기 위해 애쓴다.

(···) 그러나 만성이 보다 더 도취할 수 있었던 것은 한없이 굽이쳐 뻗어 나간 모래톱이었다. 언제 바라봐도 삭막하기만 할 뿐으로 강물을 졸일 듯한 열기만 뿜고 있긴 했지만, 돋을볕에 생기를 얻어 알알이 되살아나 움직이며 금빛으로 반짝이던 광채는 덧없고 고달프기만 했던 만성의 속절없는 심신에게 더없을 그윽한 위로를 주어 온, 마음의 양식이었대도 지나친 말이랄 수 없던 것이다. 굽어보면 천리런듯 아득하기만 하던 백사장, 공허의 근원처럼 적적하기만 하던 곳이, 갑작스레 황홀함에 현기증을 이길 수 없게 하던 그 금모랫빛······ 아, 얼

마나 아름다운 빛이었던가. 매번 보람은 없었어도 그때마다 생명의 절대감을 느끼며 내일의 일기를 기대하곤 했던 만성은 다만 안타깝기만 할 따름이었다.

— 「금모랫빛」, 172쪽

만성이 늘상 바라보던 한강의 가장 아름다웠던 모습은 반짝이던 모래톱이었다. 모래톱은 한강 인근에 모여 어떻게든 생을 이어가보려는 수많은 하층민들의 의지를 의미한다. 그 금빛 반짝임이 힘든 삶을 이어가던 만성에게는 위안이자 미래였던 것이다. 이때 강물은 하층민들의 삶을 핍박하는 도구를 상징하며 그 곁에서 꿋꿋하게 생을 이어나가는 하층민들의 의지를 돋보이게 하는 역할을 한다.

(⋯) 한참 동안이나 누운 자세로 머릿속을 캐어대도 저 흙탕물에 유실되고 있는 모래톱이 금모랫빛으로 다시 반짝일 때까지 견뎌야 할 뿐이란 올가미에서 벗어날 수 없는 현실인 것을.

— 「금모랫빛」, 176쪽

만성은 범람할 듯 위협하는 한강도, 한강의 울음소리마저도 결국 견뎌내기로 작정한다. 이것이 곧 이문구가 이 작품을 통해 전하려던 진정한 메시지이자 주제가 된다. 고된 삶을 살아나가는 하층민들이 결국 견뎌내고 다시 반짝일 것이라는 믿음은 곧 고된 현실을 견뎌내야만 하는 이유이기도 한 것이다.

이문구는 세 편의 작품에 한강을 공통 배경으로 설정하였다. 같은 시대를 배경으로 한 작품들 임에도 동일하게 한강을 다룰 수밖에 없었던 것은 한강이 내포하고 있는 다양한 상징성 때문이다. 그는 물과 강이 내포하고 있는 일반적인 상징성과 우리나라 수도인 서울을 가로지르는 한강이 담고 있는 지리적·시대적 상징성을 결합시켜 새로운 의미를 창출하였다. 이를 통해 암울했던 1960년대 하층민들의 삶을 생생하게 그려냈을 뿐 아니라 그들이 얼마나 반짝이는 존재인지를 확인케 하고 밝은 미래를 제시했다. 그 과정에서 한강에 부여된 다양한 의미들이 보다 증폭되는 효과를 얻을 수 있음을 확인할 수 있었다.

　세 작품에서 의미하는 한강은 고난, 역경, 시련은 물론 공포, 죽음을 의미하기도 하며 정치, 경제, 자본주의를 넘어 한 시대 자체를 담아내고 있다. 이는 강의 기본적인 상징에 충실한 결과이기도 하다. 이문구는 한강을 근거지로 삼아 살아가는 수많은 하층민들에게 그들이 곧 한강이자 사회를 이루는 중심인물임을 강조하고자 한 것이다.

5. 결론

　본 연구는 이문구의 초기작인 「부동행」, 「몽금포타령」, 「금모랫빛」을 통해 1960년대 한강을 중심으로 한 공간 인식을 확인하고자 하였다.

　이를 위해 2장에서는 실향민들의 삶의 터전으로서의 한강을 살펴보았다. 실향민들에게 한강은 쉽게 정착할 수 있는 곳이자, 척박한 현실 자체를 의미한다. 때문에 실향민이자 하층민으로 살아갈 수밖에 없는 이들의 아픔과 그들을 바라보는 사회의 냉담한 시선까지도 확인할 수 있었다.

　3장에서는 노동자들의 현실을 담아내는 공간으로서의 한강의 모습을 확인해 보았다. 공사 현장을 따라 떠돌이 생활을 할 수밖에 없는 노동자들의 현실은 급격한 개발에 의해 영향을 받았다. 한강은 그들이 끼니를 해결할 수 있는 생계 수단임과 동시에 그들이 힘없는 하층민임을 재차 상기하도록 하는 공간이다. 또한 한강 개발을 필두로 한 과도한 개발, 자본주의의 폐해를 의미하기도 한다.

4장에서는 세 작품에 나타난 한강의 상징성에 대해 살펴보았다. 각각의 작품들은 한강을 하층민들이 쉽게 정착할 수 있는 자유로운 공간으로 설정하였다. 하지만 그 자유 속에서 차별과 억압을 견디며 힘겹게 살아야만 하는 하층민들의 차가운 현실 역시 확인할 수 있었다. 작품 속 한강은 물과 강의 일반적인 상징을 포괄함은 물론 나아가 현실을 반영하기도 했다. 나아가 어두운 현실을 딛고 보다 나아질 미래를 기대하게 하는 의미 있는 공간으로 발현되고 있음을 확인할 수 있었다.

연구의 대상이 된 이문구의 작품들을 통해 확인할 수 있었던 1960년대 시대상은 다음과 같은 특징을 담아내고 있다.

첫째, 전쟁의 여파로 고향을 잃게 된 실향민들은 물론 개별적인 이유로 고향을 떠날 수밖에 없었던 이들이 서울로 모여들면서 인구 증가로 이어지고 한강 주변에 정착하게 되었다.

둘째, 한강 주변에 모여든 실향민들은 이미 서울에 정착해 살아가고 있는 중심인물들에 의한 차별과 핍박을 견뎌내야 했으며 결국 주변인물, 하층민으로 전락하거나 낙오되었다.

셋째, 근대화와 산업화를 맞아 급변하는 시대 상황 속에 자본주의, 물질만능주의 사상이 팽배하게 되었고 인간의 가치를 돈으로 판단하는 부정적 양상을 현실에서 찾아볼 수 있게 되었다. 이는 하층민들을 냉대하게 되는 주요 요인이 되었다.

이문구의 작품들을 통해 1960년대가 개발, 산업화, 자본주의라는 큰 명목 하에 수많은 변화가 이루어졌다는 사실을 확인할 수 있었다. 이를 인한 부작용들이 드러나기 시작하면서 다양한 문제점들이 발생했다. 이때 주변인물인 실향민, 노동자 등으로 구성된 하층민들이 냉대를 받으며 힘겨운 삶을 살아야만 했던 현실까지 반영되어 있었다. "주변인의 삶은 부정적 근대를 넘어서는 하나의 방식을 암시"[18]하기에 소외된 사람들의 힘겨운 삶은 곧 비극적인 현실을 넘어 새로운 세상을 꿈꾸는 하층민들의 또 다른 삶의 방식이자 목표가 된다.

각각의 작품들은 모두 한강이라는 동일한 공간을 배경으로 하고 있다. 이는 작가 이문구의 개인적인 체험의 소산이자 발현의 결과라고 할 수 있다. 하지만 작품의 배경이 된 한강이라는 공간은 모두에게 개방되어 있는 특수한 공간이자 척박한 개발예정지를 의미하기도 한다. 열린 공간이기에 모여드는 수많은 하층민들의 비참한 삶은 결국 현재의 한강, 산업화, 자본주의를 이뤄내기 위한 디딤돌이자 부작용을 의미한다.

이문구가 각각의 작품을 통해 개별적으로 부여한 한강이라는 공간의 특수성은 1960년대라는 일정한 시대를 엿볼 수 있는 매개가 된다. 이 같은 특징이 기존의 물과 강의 일반적인 상징성과 결합해 작품 속에서 새로운 의미와 주제를 부여하고 있다.

본 연구를 통해 동일한 시공간을 배경으로 한 작품들을 한데 묶여 연구하는 것이 특정된 시대의 특성을 규명하는 하나의 방법으로 활용될 수 있음을 확인할 수 있었다. 또한 공간 연구의 경우 중첩되는 의미작용을 통해 기존의 상징에 더해진 새로운 시대적 의미가 부여될 수 있다는 사실 역시 확인할 수 있었다.

본 연구는 한 사람의 작가인 이문구에 제한하여 동일한 시공간을 통해 새롭게 규명되고 발생하는 의미를 찾아볼 수 있었다는데 그 의의가 있다. 이는 같은 방식의 작품을 발표한 여러 작가들에게도 공통적으로 적용하고 의미를 확인할 수 있는 연구 방법이 될 수 있을 것이며, 다양한 작가 및 작품에 대한 연계 연구가 가능함을 의미한다. 이어 후속 연

---

18 고인환, 앞의 글, 90쪽.

구로는 동일한 시공간을 배경으로 여러 작가가 다양하게 부여하는 의미가 시대를 특정할 수 있는지, 새로운 의미를 발생시킬 수 있는지를 확인하고자 한다.

참고문헌

1. 기본자료

이문구, 「부동행(不動行)」, 『이 풍진 세상을』, 책세상, 2007.

_____. 「몽금포타령」, 『이문구 전집2 : 암소』, 랜덤하우스중앙, 2004.

_____. 「금모랫빛」, 『이문구 전집6 : 다가오는 소리』, 랜덤하우스중앙, 2004.

2. 참고자료

고인환, 『이문구 소설에 나타난 근대성과 탈식민성 연구』, 청동거울, 2003.

구자황, 「왕소나무의 뿌리를 찾아서」, 『이문구 소설전집2 : 암소』, 랜덤하우스중앙, 2004.

구해근, 「현대한국 계급구조에 관한 시론」, 『한국사회의 재인식』, 한울, 1986.

김정아, 「이문구 소설의 토포필리아」, 『한국문학이론과 비평』 20호, 한국문학이론과비평학회, 2003.

김준오, 『시론』, 삼지원, 2006.

서울특별시사편찬위원회, 『한강의 어제와 오늘』, 서울특별시사편찬위원회, 2001.

이숭원, 「구상 시의 '강' 이미지」, 『인문논총』 통권25호, 서울여자대학교 인문과학연구소, 2012.

이승훈, 『문화상징사전』, 푸른사상사, 2009.

이평전, 「이문구 소설에 나타난 기억 공간과 주체 재현 양상 연구」, 『배달말』 51호, 배달말학회, 2012.12.

장일구, 「도시의 서사적 공간 형성 : 한국 현대소설에 투영된 몇 가지 국면」, 『현대소설연구』, 한국현대소설학회, 2007.

정희모, 「1960년대 소설의 서사적 새로움과 두 경향」, 『1960년대 문학연구』, 깊은샘, 1998.

황종연, 「도시화, 산업화 시대의 이방인」, 『작가세계』 통권 15, 세계사, 제4권 4호, 1992.11.

한강의 역사성(歷史性)과 서울의 공간성(空間性)

엄기표

1. 서론

인류가 삶을 영위하기 위해서는 필요한 요소들이 있는데, 그중에서도 절대적으로 필수불가결한 것이 물이다. 인류는 오랫동안 살기 좋은 공간을 찾는 과정에서 항상 그 중심에 물을 염두에 두었다. 인류는 선사시대(先史時代)부터 물이 있거나 흐르는 지역을 중심으로 거주해 왔으며, 그러한 곳이 오늘날까지 정치 경제 사회 문화의 중심지가 되고 있다. 고대 사회에서 패권을 차지하기 위하여 영토를 넓히는 과정도 결국은 물과 좋은 땅을 얻기 위함이었다. 아무리 과학 기술이 발달해도 인간들의 삶의 방식과 차원은 달라지었을지언정 생존에 가장 기본적인 요소는 변함이 없듯이 미래에도 인류는 물을 중시할 것이다. 그래서 앞으로는 물의 전쟁시대가 도래할 것이라는 예측도 있다. 우리 역사의 주요 무대도 물을 중심으로 전개되었다고 할 수 있다.

* 이 논문은 2015년 대한민국 교육부와 한국연구재단의 디지털인문학사업의 지원을 받아 수행된 연구임 (NRF-2015S1A6A8050947)

세계 어느 나라든지 큰 도시가 있는 곳이면 큰 강을 끼고 있다. 우리 나라도 한반도에 여러 개의 강이 있지만 그중에서도 우리 역사와 밀접한 관련을 가지고 있는 대표적인 강은 한반도의 중심 수도 서울을 관통하여 흐르고 있는 한강이다. 한강(漢江)은 한반도의 역사와 함께 굴곡을 했다고 할 수 있을 만큼 높은 역사성(歷史性)을 간직한 강이라 할 수 있다. 현재 한반도에는 금강, 영산강, 낙동강 등 여러 개의 강이 있지만 그 중에서도 한강은 우리 민족의 역사와 문화를 가장 많이 담고 있는 강이다. 그리고 한강이라는 큰 강과 함께 삼국시대 백제의 수도였던 한성(漢城)이 있었으며, 조선시대 수도였던 한양(漢陽) 이후 오늘날까지 대한민국의 수도인 서울이 있다. 한강은 서울을 아우르고 있으며, 서울은 한강을 끼고 발전한 도시라고 할 수 있다. 그래서 한강과 서울은 뗄 수 없는 역사성과 공간성(空間性)을 함께 공유하고 있다. 그렇다면 한강과 서울의 역사와 관계는 어떻게 전개되었으며, 그 속에서 서울이라는 공간이 갖는 지리적인 입지 조건과 중요성 등을 살펴보도록 하겠다.

남한강과 북한강이 만나는 양수리

2. 선사시대: 말 없는 역사의 증언자

한강은 태백산맥에서 발원하여 남한강과 북한강이라는 두 개의 큰 줄기로 나누어져 흐르다가 양수리에서 하나의 줄기로 합쳐져 서해안으로 흘러들어간다. 그래서 한강은 동쪽에서 서쪽으로 흐르는데, 그 물길이 강원도, 충청북도, 경기도, 서울특별시를 거치는 까닭에 한반도에서는 상당히 긴 강이다. 이러한 한강은 한반도에서 터를 잡고 역사가 시작된 이래 늘 우리 곁에서 아무 말 없이 웃고 우는, 싸우고 화해하는 인간들의 역사를 지켜보았다. 또한 한강은 우리 역사의 굽이굽이 마다 중요한 역사적 사건이 있었던 공간이기도 했다.

이러한 한강의 역사를 거슬러 올라가면 한강이 인간들과 관계를 맺기 시작한 것은 선사시대부터이다. 지금은 유적이나 유물로 흔적만 남아 있지만, 한강의 역사는 한반도에 인간이 거주하면서부터 시작되었다. 역사는 인간과 관련된 것이기에 당연한 것이기도 하지만 오늘날 서울이 있는 한강 유역에 선사시대의 사람들이 거주하면서 역사의 무대가 되었다. 선사시대 사람들은 한강 유역에서 나름대로의 생활을 영위해 갔다. 이와 같이 서울의 한강 유역 일대에는 구석기시대(舊石器時代)부터 사람들이 살았는데, 오늘날 그 흔적들이 여러 곳에서 확인되고 있다. 현재 확인되고 있는 대표적인 구석기시대 유적지로 각종 석기와 격지 등이 출토된 면목동 유적, 찍개와 자르개 등 다양한 형태의 석기가 수습된 하일동 유물산포지, 구석기시대의 토층이 확인된 세곡동 망골 유적지, 주먹도끼가 수습된 오금동 유물산포지 등이 있다. 이외에도 서울 지역은 아니지만 한강의 상류 쪽으로 올라가 북한강과 남한강 유역의 여러 곳에서도 구석기시대 사람들의 흔적이 유적이나 유물로 확인되고 있다. 이와 같이 구석기시대 한강 유역을 중심으로 살았던 사람들의 역사와 문화를 엿볼 수 있는 기록은 남아 있지 않지만 한반도에도 인류가 거주하면서부터 역사가 시작되었음을 알려주는 증거들이 한강 유역 일대에 전하고 있음을 알 수 있다. 오늘날 서울이 있는 한강 유역의 여러 곳에 사람들이 흩어져 살면서 나름대로의 역사와 문화를 일구어 나갔는데, 이는 오늘날 서울이라는 공간이 구석기시대부터 인간들의 터전이었으며 살만한 장소였음을 시사한다. 이와 같이 서울 지역이 구석기시대부터 한강 유역을 중심으로 역사가 시작되었음을 알려준다.

한강 유역은 구석기시대로부터 수만 년이 흐른 뒤에 시작된 신석기시대(新石器時代)에도 사람들이 살면서 역사와 문화를 일구었다. 구석기시대에는 한강 유역에서 특정한 장소에 정착하여 살지 않고 적당한 장소를 찾아 옮겨 다니면서 이동생활을 하였다. 그런데 신석기시대에는 이동생활보다 특정한 장소에 집을 짓고 농사를 지으면서 사는 정착생활을 많이 하였다. 그러한 사실을 보여주는 유적들이 많이 발견되었다. 서울 지역의 대표적인 신석기 유적으로 1925년 을축년 대홍수로 유실되어 유물들이 노출되면서 발견된 암사동 유적을 들 수 있다. 이 유적은 일제강점기에 발견되어 많은 유물들이 수습되었다. 그리고 해방 이후 여러 기관들이 발굴 조사를 진행하면서 많은 유적과 유물들이 확인되었는데, 석기와 토기 등이 다량으로 출토되었다.[1] 서울 암사동의 신석기시대 유적지는 한강을 끼고 형성된 집단 취락지로 한강이 당시 사람들의 삶에 중요한 곳이었음을 알려주고 있다. 이외에도 남한강과 북한강 유역의 여러 곳에서 신석기시대 유적이 확인되고 있다. 그런데 신석기시대에는 불을 사용할 줄 알게 되면서 흙으로 구워 만든 토기(土器)가 만들어지기 시작했다. 신석기시대 사람들은 토기를 만들었는데 그 형태를 원형으로

---

1 서울대학교 박물관, 『岩寺洞』, 서울대학교 고고인류학 총간 제11책, 1985.

빚었으며, 표면에 빗살무늬를 새겼다. 그리고 토기의 바닥을 평평하게 만든 것이 아니라 밑을 뾰족한 형태로 제작하였다. 또한 신석기시대의 유적지는 특정 지역에 집중적으로 분포하고 있어 당시 사람들이 정착생활을 했음을 암시하고 있다.[2] 신석기시대 한반도에 살았던 사람들에게는 많은 변화가 있었는데, 당시 불의 발명과 활용은 놀랄 만한 것이었다. 현재 신석기시대의 대표적인 유적지로 서울 지역의 암사동 유적지가 있다. 그리고 신석기시대의 여러 유적지에서 불땐 자리가 발견되어, 일상생활에서 불이 다양하게 활용되었음을 알려주고 있다. 불은 인류의 역사를 바꾼 대표적인 발명이었는데, 그러한 직접적인 흔적이 한강 유역의 서울 암사동 유적지에서 확인되었다. 또한 서울 지역에 위치하고 있는 신석기시대의 유적지에서는 돌도끼, 화살촉, 낚시 바늘 등 수렵이나 어로, 채집, 농경 등을 위한 여러 도구들이 무더기로 발견되었다.[3] 이들 지역은 대부분 한강 유역을 끼고 있다. 이와 같이 오늘날 서울을 끼고 있는 한강 유역은 신석기시대 들어와 전대(前代)보다 더 많은 사람들이 특정 지역에 움집을 짓고 집단 촌락을 형성하여 살았으며, 농사를 지어 식량을 얻는 등 생활 여건이 좋아지면서 정착생활을 많이 하였다. 신석기시대 들어와 이동생활이 아닌 정착생활을 하면서 한반도에도 문화와 문명이 형성될 수 있는 기틀이 다져졌다.

이와 같이 한강과 서울의 역사성과 공간성은 신석기시대 들어와 비로소 하나의 메타포가 형성되면서 유기적인 관계의 기틀이 되었다고 할 수 있다. 신석기시대 사람들은 우리의 직접적인 조상으로서 서울 지역에서 터전을 확립하여 한강 유역에서 본격적인 의미의 역사와 문화를 형성시킨 선조들이라고 할 수 있다. 오늘날까지 서울 암사동 일대의 유

---

2 임효재, 「신석기시대의 한강 유역」, 『한강사』, 1985.
3 최무장, 「한강 유역의 선사문화연구」, 『향토서울』 59, 서울시사편찬위원회, 1999.

적지는 박물관과 산책로 등 선사유적공원이 조성되어 한강 유역에 살았던 사람들의 삶과 서울이라는 도시의 유구한 역사를 알리는 공간으로서 그 역할을 수행하고 있다.

서울 암사동 신석기시대 유적 전경

그리고 청동기시대(靑銅器時代)는 한반도 전역에서 전면적으로 전개되었는데, 지역마다 약간의 차이는 있지만 거의 동일한 문화가 형성되었던 것으로 파악되고 있다. 현재 한강 유역에서 청동기

서울 암사동 신석기시대 생활상 재현

대 유적은 여러 곳에서 확인되고 있는데, 일반적으로 청동기시대 사람들은 하천이나 계곡이 내려다보이는 낮은 구릉지대의 경사면에 작은 취락을 형성하였던 것으로 밝혀지고 있다. 최근에는 한강 유역의 특정 지역에서만 청동기시대의 유적이 확인되는 것이 아니라 한강을 끼고 있는 하천의 전역에서 발견되고 있다. 이와 같이 청동기시대 유적이 서울의 광범위한 지역에서 확인되고 있는 것으로 보아 농경이 확대되고 발전되어 식량을 안정적으로 공급받게 되자 인구가 많이 늘어났으며, 그에 따라 생활환경과 반경이 넓어졌음을 알 수 있게 한다. 현재 서울을 중심한 한강 유역의 대표적인 청동기시대 유적으로는 낮은 야산에 위치한 명일동 주거지, 구릉지대에 위치한 가락동 주거지, 대규모 취락유적으로 확

인된 대모산 주거지, 여러 유형의 토기가 발견된 역삼동 주거지 등이 있다. 이외에도 청동기시대 관련 유물이라 할 수 있는 동검이나 거울을 비롯한 각종 청동기(靑銅器)와 석기(石器), 석관묘(石棺墓) 등이 서울 전역에서 확인되고 있다. 또한 청동기시대를 대표하는 고인돌이 양재동, 우면동, 정릉동, 반포동, 고덕동, 고척동, 원지동, 자곡동 등지에서 발견되고 있어, 거의 서울 전 지역이라 할 만하다. 그리고 청동기시대의 유물들도 서울의 광범위한 지역에서 수습되었다.[4] 청동기시대는 고인돌의 분포와 그 양이 역사성과 공간의 의미를 많이 부여하고 있는데, 현재 한반도에서 고인돌이 가장 많이 분포한 지역은 호남지역의 영산강 유역 일대이지만 이에 못지않게 서울 지역에도 많은 양이 분포하고 있다. 한편 한강이 흐르는 서울 지역은 지리적인 조건 등으로 보아 상당량의 고인돌이 있었을 것으로 예상되지만 근대화되면서 많은 고인돌이 파괴되거나 유실되었다. 청동기시대에도 한강 유역을 끼고 있는 서울 지역은 인간이 거주하기 적당한 공간이었음을 시사해 준다.

이와 같이 선사시대 한강 유역의 서울은 살기 좋은 장소로 인식되었으며, 많은 사람들이 거주하면서 역사와 문화의 현장이 되었다. 그런데 근현대기에 들어와 급격한 도시화로 많은 유적이 파괴되거나 멸실되면서 서울의 역사성과 공간성을 알려줄 유적과 유물들뿐만 아니라 흔적들이 사라졌다. 이러한 측면은 안타까운 현실이지만 그나마 유존되고 있는 유적이나 유물들은 당대 사람들이 한강 유역을 끼고 있는 서울 지역이 그래도 살 만한 장소로서 인식했음을 보여준다.

---

4 이경수, 「서울 지역 선사유적의 조사 현황」, 『서울특별시 문화유적 지표조사 종합보고서 제Ⅰ권』, 서울역사박물관, 2005, 97~122쪽.

3. 삼국시대: 패권 차지의 각축장

한반도는 기원전 3~2세기경에 철기문화가 유입되었고, 철기문화를 바탕으로 여러 지역에서 나라가 성립되었다. 그중에 일부는 연맹국가로 발전하였다. 이들은 한반도에서 패권을 차지하기 위하여 군사적으로 충돌하였고, 이해관계에 따라 끊임없이 전쟁을 벌였다. 그 결과 여러 연맹들이 하나로 합쳐지면서 고구려, 백제, 신라, 가야 등의 고대국가가 형성되었다.

삼국시대 초기에는 한강 유역을 중심으로하여 고구려와 백제가 치열한 접전을 벌였다. 그리고 한반도에서 패권을 차지하기 위해서는 정치 군사적으로 중요한 한강 유역을 확보하는 것이 중요하게 인식되었다. 그래서 한강 유역이 요충지이자 중요 지역으로 급부상한다. 이 중에서 백제가 가장 먼저 한강 유역을 차지하였다.

백제의 건국은 『삼국사기(三國史記)』에 의하면, 고구려 동명왕(東明王)의 서자인 온조(溫祚)가 고구려 왕위계승권 다툼에서 밀려나자, 그를 따르는 무리들을 이끌고 남쪽 한강 유역으로 내려와 남하해서 나라를 세웠다고 한다. 그리고 백제가 건국된 시기는 기원전 18년으로 기록되어 있다. 이와 같이 한강 유역은 오래전부터 여러 세력들이 패권을 차지하기 위하여 다툼을 벌이고 있었는데, 백제가 가장 먼저 한강 유역의 여러 세력들을 규합하여 나라를 건국하였다. 당시 백제는 한강 이남에 나라를 세웠는데, 고구려의 침략으로 수도를 웅진으로 천도하기까지를 한성 시기라고 한다. 오늘날로 치면 서울의 몽촌동, 석촌동, 삼성동 일대의 넓은 지역이 백제의 주요한 생활 근거지였음이 그동안의 고고학적 조사로 밝혀졌다. 그래서 이들 지역에서는 초기 백제 역사와 관련된 많은 유적 유물들이 확인되고 있다. 오늘날까지 다행히 남아 있는 몽촌토성, 풍납토성,

석촌동고분군 일대의 유적들은 고대 서울 지역에서 백제의 역사와 문화를 전해주고 있는 대표적인 문화유산들이다. 이외에도 하남 미사리 유적도 한성 시기 백제와 관련된 중요 유적으로 확인되었다. 백제가 고구려 장수왕의 침략으로 수도가 함락되어 웅진으로 천도할 때까지의 주요 역사의 무대가 오늘날 한강 유역의 서울 지역이었음을 알 수 있다. 이와 같이 서울이 한반도의 중심으로서 본격적인 의미가 부여되기 시작한 시기는 바로 백제가 수도를 한성으로 정하면서부터라고 할 수 있다. 백제는 한강 유역에 터를 잡으면서 이 지역에 살았던 마한을 비롯한 여러 세력들을 통합하여 맹주국(盟主國)이 되었고, 고대국가로서 성장할 수 있는 기틀을 다졌다. 이와 같이 당시 백제의 터전은 한강 유역이었다. 백제는 한강 유역을 중심으로 국력을 성장시켜 세력범위를 남쪽과 동쪽으로 확대하면서 영역을 넓혀나갔다. 백제는 한강을 단순한 하천이 아니라 역사와 문화를 발전시키는 매개체로서 십분 활용되었다. 당시 한강을 일러 아리수(阿利水)라고 불렀다.

한성 백제의 중심 한강 유역과 강남 지역

서울 백제의 몽촌토성

그런데 한강과 관련된 백제 이야기를 보면 부정적이다. 백제 개로왕의 신하였던 재증걸루(再曾傑婁)와 고이만년(古爾萬年)도

서울 백제의 풍납토성과 한강

관직에서 물러나 한강을 넘어 고구려로 망명했으며, 백제 재정을 고갈시킨 고구려의 첩자 도림(道琳)도 한강을 넘어 백제 땅으로 잠입했으며, 왕이라는 절대권력 앞에서도 정절을 지킨 도미부인(都彌夫人)도 두 눈을 잃은 남편을 데리고 한강을 건너 고구려 땅으로 들어가 살았다고 한다. 백제 역사와 한강은 좋지 않은 이야기로 점철되어 있다.

한강 유역과 서울 지역의 역사는 475년 9월 고구려 장수왕(長壽王)의 백제 한성 침략으로 새롭게 전개된다. 당시 고구려 군사들이 백제 왕성(王城)을 공격하기 위하여 건넜던 강도 한강이었다. 한강은 고구려로부터 백제를 지켜주는 천연적인 방어벽 역할을 했다. 그러나 고구려는 한강 도하 작전을 성공리에 수행하여 백제 왕성을 함락시키고, 당시 실정을 지속했던 백제 개로왕(蓋鹵王)을 사로잡아 죽인다. 그러면서 백제 역사의 주요 무대는 남쪽으로 옮겨지게 된다. 이후 백제 역사의 주요 무대는 한

고구려의 유물들이 출토된 용마산 보루

용마산 보루의 고구려 유물(토기)

강을 떠나 금강으로 이동하게 된다. 그리고 한강 유역은 고구려의 영향 하에 있게 되었다. 당시 한강 유역은 어느 강의 유역보다 비옥한 영토를 가지고 있었으며, 내륙과 바다로 통하는 유용한 수로(水路)를 제공해 주었다. 그러나 고구려는 백제만큼 한강 유역을 유용하게 활용하지는 못한 것 같다. 그 이유는 고구려의 수도가 평양이었고, 한강 유역은 수도로부터 상당한 거리에 있어 먼 변방지역이나 다름없었고, 인접하여 백제와 신라가 호시탐탐 한강 유역을 노리고 있었기 때문으로 보인다. 한강 유역은 고구려의 영역으로 고구려가 통치는 하고 있었지만 실질적인 지배는 하지 못했던 것으로 보인다. 당시 고구려는 백제의 수도가 있었던 한성과 한강 이북 지역을 대부분 점유하고는 있었지만 직접적인 통치를 하거나 그 지역에 살고 있는 주민들의 민심을 아우를 수 있는 수준은 아니었던 것으로 보인다.[5] 그러면서 서서히 한강 유역은 역사의 주요 무대에서 잠깐

---

5 김영관, 「三國時代 서울과 백제」, 『서울특별시 문화유적 지표조사 종합보고서 제 I 권』, 서울역사박물관, 2005, 131~132쪽.

사라지게 되고, 그 중요성은 부각되지 않았다.

한강 유역은 서서히 시간이 흐르면서 백제의 지배 영역으로 다시 회복되었다. 고구려의 대규모 공격에 의하여 일시적으로 한강 유역에 대한 통치권을 상실했지만 백제 무녕왕대(武寧王代, 재위 501~523년)에는 한강 유역을 거의 점유하여 실질적인 백제의 통치 역역으로 삼았던 것으로 보인다. 왜냐하면 무녕왕(武寧王)이 한성까지 순행하고 돌아왔다고 하는데, 당시 한강 유역이 백제 땅이 아니면 순행할 이유가 없었기 때문이다. 한편 백제 성왕(聖王)은 538년 봄에 백제 부흥과 재도약을 위하여 수도를 웅진에서 사비로 천도한다. 실로 전격적인 천도였다. 그 이전에 백제는 고구려의 공격으로 급박한 상황 속에서 왕실을 보존하기 위하여 한강 유역에서 탈출하다시피 나와 웅진으로 갈 수밖에 없었던 상황이었다. 웅진지역은 금강을 끼고 있지만 지형적으로 군사적으로 불리한 조건들이 많다. 특히, 웅진 지역은 지세가 협소하고 군사적으로도 방어에 불리하였다. 그런데 사비지역은 지형적인 이점과 아울러 넓은 금강 유역을 끼고 있어 군사적으로 방어에도 유리하였다. 백제는 어느 정도 안정기에 들어서자 551년 신라와 동맹군을 결성하여 고구려가 차지하고 있었던 6군의 땅과 한강 유역을 어렵지 않게 되찾는다. 그런데 신라의 배신으로 553년 다시 한강 유역의 땅을 신라에게 뺏기게 된다. 신라는 백제로부터 빼앗은 한강 유역에 새롭게 얻은 땅이라는 의미의 신주(新州)를 설치한다. 나아가 신라 진흥왕(眞興王)은 위험을 무릅 쓰고 전격적으로 신주를 설치한 지역으로 순행한다. 이러한 순행은 진흥왕이 한강 유역과 서울 지역이 신라의 땅임을 대내외적으로 선포하기 위함이었다. 서울을 아우르고 있는 한강 유역은 신라의 영역에 편입되었다. 이후 백제는 다시는 한강 유역을 차지하고 못하고 영원히 역사에서 사라지고 만다.

이와 같이 서울을 중심한 한강 유역은 삼국시대 각국의 성쇠와 함께

서울 방이동 고분군

서울 북한산 비봉 신라 진흥왕 순수비

그 영유권이 바뀔 만큼 정치 군사적으로 중요한 지역이었다. 이 지역을 차지하는 것이 한반도에서의 패권을 잡는 것이나 다름없었다. 오늘날과 마찬가지로 고대시대부터 서울을 중심한 한강 유역은 고대국가로의 성장과 발전의 중심에 있었음을 알 수 있다.

신라는 진흥왕대(眞興王代)에 한강 유역에 성공적으로 진출하여, 그 이후 몇 번의 우여곡절이 있기도 했지만 한강 유역에 대한 지배를 더욱 공고히 해 나갔다.[6] 신라는 7세기대에 들어와 오늘날 서울을 끼고 있는 한강 유역을 완벽하게 신라 영토로 편입시켜, 정치 외교적으로 한강 유역을 효율적으로 활용한다. 이와 같이 신라는 삼국 간 항쟁의 마지막 순간 한강 유역을 차지함으로써 주도적으로 삼국통일을 이룰 수 있는 기반을 다졌다고 할 수 있다.[7]

---

6 이호영, 「고구려 新羅의 漢江流域 進出 問題」, 『史學志』 18, 단국대학교 사학회, 1984.
7 임기환, 「고구려 신라의 한강 유역 경영과 서울」, 『서울학연구』 18, 서울학연구소, 2002. 2~31 쪽.

4. 통일신라 – 고려시대: 변방에서 천도 후보지로

신라는 삼국을 통일한 후 오늘날 서울 주변의 한강 유역이 당시 수도 였던 경주로부터는 상당히 먼 변방지역이었지만 군(郡)을 설치하고, 지방관을 파견하여 통치한다. 통일신라시대에는 한반도를 비롯하여 주변 국가들도 정치 사회적으로 안정되어 감에 따라 동아시아는 패권도 중요 하게 생각했지만 그에 못지않게 문화를 중시하였다. 이에 따라 한강 유역도 패권의 상징성이 약화되고, 정치 군사적인 중요성도 감소되면서 하나의 변방지역으로 그 중요성이 떨어진다. 특히 통일신라의 수도였던 경주로부터 오늘날 서울은 변방 중에 변방으로서 높은 관심을 받지 못 하였다. 당시에는 정치와 행정, 신앙 활동 등을 위하여 중요한 역할을 했 던 사찰(寺刹)들이 지방 곳곳에 건립되었다. 그런데 오늘날 서울 지역에 서 통일신라시대의 사찰은 장의사지(莊義寺址) 외에는 이렇다 할 사찰이 거의 확인되지 않고 있다.[8] 그만큼 한강 유역이 변방으로 인식되었음을 방증해 주고 있다. 한편 신라 말기는 혼란스런 정국 상황이 지속되었는 데, 그 와중에 822년 웅주(熊州)에서 반란을 일으킨 김헌창(金憲昌)의 아들 범문(梵文)이 고달산 적(賊), 수신(壽神) 등과 함께 모반하고 나서, 도읍을 오늘날 서울 지역에 정하려고 군사들을 이끌고 북한산성(北漢山城)을 공 격하다가 825년 패사(敗死)하였다고 한다. 상당히 혼란스러운 시기였음 을 알 수 있다. 당시 한반도는 9세기 중후반부터 혼란스러운 상황이 지 속되면서 후삼국 시기를 거쳐 고려시대로 이어진다. 고려가 건국되어 후삼국을 통일하기까지는 후백제의 견훤(甄萱), 후고구려의 궁예(弓裔), 나중에 고려를 건국한 왕건(王建) 등이 한반도에서 패권을 차지하기 위

---

8 嚴基杓, 「서울 지역 佛敎文化의 展開過程과 特徵」, 『鄕土서울』 第77號, 서울特別市史編纂委員 會, 2011, 145~206쪽.

하여 할거했던 시기였다. 이 시기 서울을 끼고 있는 한강 유역은 처음에는 궁예가 건국한 후고구려의 영향권 아래 있다가 왕건이 고려를 건국하면서부터는 고려의 지배 영역으로 편입되었다.

이와 같이 한강 유역이 우리 역사에서 가장 주목을 받지 못한 시기는 통일신라시대였다. 당시는 한강 유역이 수도로부터 너무 멀리 떨어진 변방이었기 때문에 어쩌면 당연했을지도 모른다. 그렇지만 한강 유역은 선진 문물을 가지고 있었던 중국 당나라와 교류의 창구로서 내륙에서 바다로 나가는 항구 역할을 했을 것이, 내륙으로 물품을 실어 나르는 수로교통의 요지로서 중요한 역할을 수행했을 것으로 사료된다.

태조 왕건은 후백제를 멸망시키고 명실상부한 고려를 건국했지만 여전히 지방의 호족들이 많은 실권을 가지고 있었다. 고려는 시간이 흐르면서 어느 정도 안정되어 갔지만 왕권(王權)과 중앙집권력(中央集權力)을 강화하는 것이 중요한 사안이었다. 고려 광종(光宗)은 노비안검법(奴婢按檢法)과 과거제도(科擧制度) 등을 통하여 왕권을 강화해 나간다. 그리고 고려 성종대(成宗代)에 이르러 내외관제(內外官制)를 정비하여 왕권을 더욱 강화했으며, 주요 지역에 12목(牧)을 설치하여 외관(外官)을 파견하는 등 통치제도를 일신하여 지방에까지 통치력이 미치게 된다. 당시 서울 지역은 고려의 수도였던 개경(開京)에서 비교적 가까운 지역에 위치하고 있었으며, 행정구역은 양주목(楊州牧)에 속하였다. 그런데 고려 문종대(文宗代)에 양주에 남경(南京)을 설치하게 된다. 남경을 설치한 이유는 풍수도참설(風水圖讖說), 왕권 강화를 위한 정치적 배경 등 다양한 의견이 있다. 어쨌든 당시 서울 지역에 남경이 설치되면서 수도였던 개경을 보위하는 역할도 했겠지만, 남경이 설치되었다는 사실 자체가 당시 한강 유역에 위치한 서울 지역에 많은 사람들이 거주하였으며 비교적 큰 규모의 도시가 형성되었음을 시사한다. 남경은 고려의 여러 국왕들이 관심을 가졌으며, 여러 번 재건되면서 규모가 확장되어 갔던 것으로 보인다. 이와 같이 도시명이 남경으로 당시 상당히 큰 도시였던 서경(西京), 동경(東京) 등과 대등하게 경(京)을 붙였던 것으로 보아, 당시 한강 유역에 있었던 오늘날의 서울 지역이 통일신라시대에는 변방지역으로 중요성이 부각되지 않았지만, 고려시대 들어와 정치적, 지리적인 중요성과 함께 살기 좋은 땅으로 인식되면서 많은 사람들이 거주하였던 것으로 보인다. 특히 고려시대에는 한강 유역이 수로를 통한 물류의 중심지 역할을 했다. 고려는 불교를 국시(國是)로 삼은 나라였기 때문에 불교가 크게 발전하면서 전국 곳곳에 많은 사찰들이 창건되거나 중창되었는데, 한강 유역에도 상당수의 사찰들이 건립되기에 이른다. 고려시대 남한강과 북한강 유역에는 유력한 대찰(大刹)들이 건립되어 신앙 활동의 공간이기도 했지만 정치 행정의 중심지 역할을 병행하는 경우가 많았다. 고려시대 한강 유역에 있었던 대표적인 사찰로 원주 흥법사(原州 興法寺), 원주 법천사(原州 法泉寺), 여주 신늑사(驪州 神勒寺) 등이 있었다. 또한 서울 지역의 한강 유역에도 많은 사찰들이 위치하고 있었다.

그런데 고려 후기 원나라의 침략으로 혼란스러운 정국이 지속되면서 남경에 대한 정치적인 관심과 중요성은 높지 않게 된다. 그리고 고려 말기 우왕(禑王)은 1382년 신하들의 반대에도 불구하고 한양으로 천도 아닌 천도를 했지만 그것을 반대하는 세력들이 많아 6개월여 만에 개경으로 환도하고 만다. 그렇지만 충분하지는 않았지만 당시 천도를 할 만큼 여러 시설물들이 갖추어져 있었음을 알 수 있다. 이후 우왕은 다시 남경으로 천도할 계획을 세우고, 남경에 산성을 축조하는 등 여러 시설물들을 정비하거나 신설하였다. 이와 같이 남경에 대한 관심이 높아졌지만 이성계(李成桂)의 위화도회군(威化島回軍)으로 우왕의 천도 계획은 무산되고 만다. 그리고 공양왕(恭讓王)이 즉위한 후 다시 한양으로 전격적인 천

고려 국왕들이 남경에 갈 때 들렀던 행궁이었던 파주 혜음원지

도가 단행되었지만 어수선한 분위기와 불안한 정국 등이 지속되었으며, 왕위의 보존까지 위협받자 신하들의 건의를 받아들여 다시 개경으로 환도하고 만다. 이와 같이 고려시대 들어와 남경이 설치되고, 고려 말기에는 짧은 기간이었지만 천도가 이루어졌던 것으로 보아 당시 남경지역은 점차 도시의 규모가 확장되고, 많은 사람들이 모여 살았던 것으로 보인다. 이와 같이 오늘날 한강 유역에 있는 서울 지역은 삼국시대 이후 중앙정부의 관심에서 약간 벗어나 있었는데, 고려시대 들어와 그 중요성이 부각되고, 남경이 설치되면서 천도 후보지로서 관심의 대상이 되면서 다시 역사의 전면에 등장하게 되는 계기가 형성되었다고 할 수 있다. 특히 고려 말기 일시적으로 천도까지 된 것은 당시 서울 지역에 대한 관심이 높았음을 암시한다.

5. 조선시대: 역사와 문화의 중심지

태조 이성계에 의하여 1392년 조선이 건국되면서 한강 유역과 서울 지역은 명실상부하게 한반도의 역사와 문화의 중심 무대가 된다. 이성계는 1392년 7월 16일 개성 수창궁(壽昌宮)에서 왕위에 올랐으며, 1393년 2월 국호(國號)를 조선(朝鮮)으로 바꾼다. 그리고 1394년 10월 도읍을 한양으로 천도한다. 당시 개경에서 한양으로의 천도 시에 여러 우여곡절이 있었지만 성공적으로 천도를 마무리하면서 한반도의 역사가 오늘날까지 한강을 중심으로 전개되는 계기가 되었다. 조선시대에도 남한강과 북한강 유역에 여러 도시가 있었지만 그중에서도 두 강줄기가 합하여 내려오는 곳에 있었던 한양이 수도로서 가장 큰 도시였다. 한강은 수도였던 한양을 끼고 흐르는 대표적인 강으로 인식되었다. 조선 건국 직후 수도를 정할 때에도 한강은 한양의 수도로서의 위상과 인식을 풍수지리학적으로도 뒷받침하였다. 당시 한강 유역에는 농업이 발달하면서 넓은 곡창지대가 형성되었고, 아직은 내륙의 육상 교통이 발달하지 못했기 때문에 풍부한 수량과 많은 지류가 있었던 한강은 조운(漕運)이나 수로 교통의 요지로 발달하였다. 이와 같이 조선시대 한강은 본류(本流)와 지류(支流)를 통하여 육지의 여러 곳을 구석구석까지 연결시켜 주는 대표적인 수로로서 경제적으로 커다란 기능을 수행하였다. 조선의 중앙 정부는 지방의 각 군현(郡縣)에서 거두어들인 조세미(租稅米)를 군현 인근의 강가나 해안에 위치한 조창(漕倉) 또는 수참(水站)에 쌓아두었다가 이를 수로를 통하여 한양으로 옮겼는데, 그 중심에 한강이 있었다. 경상도와 충정도 지역은 남한강을 통하여 한양으로 조세 물품을 옮겼고, 강원도는 배에 실어 북한강을 통하여 한양으로 옮겼는데, 이들 지역에서 올라온 물산들은 한강 유역의 용산 강안에 있는 강창(江倉)에 집결되었다.

그리고 한강 하류 쪽에서는 황해도, 전라도, 충청도 등의 조운선(漕運船)이 한강을 타고 들어와 서강(西江) 연안의 강창에 집결되었다. 이외에도 조선시대에는 일상생활에서 필요한 미곡, 땔감, 광물, 수공업 제품, 농산품 등 각종 생활용품이 총망라되어 한강을 통하여 옮겨지고 공급되었다. 조선시대 한강은 한반도의 중심에 위치하여 전국의 모든 물품들의 집결지였으며, 그 중심에 있었던 도시는 한양이었다. 모든 것이 한강을 통하여 한양으로 향하던 시대였다. 당시 한양은 한강이 있었기 때문에 크게 발전할 수 있었다. 그래서 조선시대 한강 유역에는 많은 상인들이 경제활동을 하였고, 어떤 상인들은 부를 축적하여 신분을 바꾸기

조선시대 『東輿圖』의 한강 유역과 한양

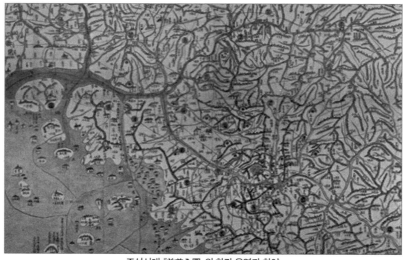

조선시대 『首善全圖』의 한강 유역과 한양

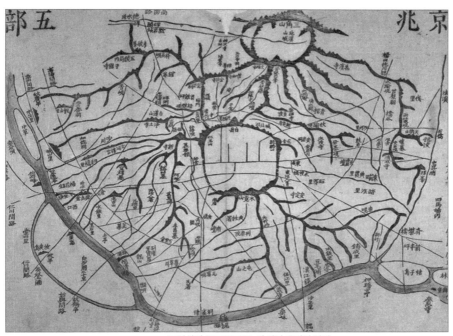

조선시대 『大東輿地圖』의 한강 유역과 한양

도 했다. 엄격한 신분제를 유지했던 조선 사회에서 한강은 신분 상승의 기회를 제공하는 무대가 되기도 했다. 또한 한강 유역에는 문물교류와 상업이 번성하면서 여러 곳에 상업적인 공간이 형성되었다. 당시 이들 공간들은 한강 유역을 끼고 자연스럽게 형성된 공간이었다. 이러한 공간으로 용산, 서강, 마포항의 규모가 가장 컸다. 이곳은 큰 규모의 대형 상인들을 중심으로 경제 활동이 이루어졌다. 또한 한강 유역에 자리 잡고 있는 두모포(豆毛浦)와 뚝섬은 목재와 시탄(柴炭)의 집산지이기도 했다. 그리고 한강 이남에서는 송파가 각 지방에서 올라오는 물산의 집산지로 유명하였다.

이와 같이 한강 유역이 조선시대 이전에는 주로 한반도의 패권을 차지하기 위한 공간으로 인식되었다면, 조선시대 들어와서는 수도 한양을 끼고 있어 조운과 수로교통의 요지로서 경제 활동의 중심지로 부상하였다. 물론 삼국시대부터 고려시대까지도 한강이 수로 교통에서 중요한 역할을 수행하기도 했지만 조선시대처럼 활발하지 못했으며, 군사적인 중요성이 많이 부각되어 있었다. 그런데 조선시대는 그러한 기능과 인식보다는 경제활동 중심의 한강으로 변모하였다.

그리고 서울 지역을 끼고 있는 한강은 강폭이 상당히 넓어 강을 건너기 위해서는 배를 타야 했다. 그래서 한강 유역에는 곳곳에 진(津)이나 도(渡)를 설치하여 강을 건널 수 있도록 하였는데, 국왕이 도강(渡江)할 때에는 별도로 부교(浮橋)를 설치하기도 했다. 오늘날도 한강에 부교를 설치하는 일은 상당히 어려운 일인데, 조선시대에 부교를 설치했다는 것은 당시 도하기술이 상당했으며 전문적인 인력들이 배양되었음을 알 수 있다. 조선시대 정조(正祖)가 혜경궁홍씨(惠慶宮洪氏)와 함께 수원화성으로 옮긴 사도세자(思悼世子)의 무덤인 륭릉(隆陵)에 행차할 때 한강에 부교를 설치했던 사실이 그림으로 전해지고 있다. 당시 정조가 어머니 혜경궁홍씨를 위하여 1795년 회갑연(回甲宴)을 수원화성에서 열었는데, 정조와 혜경궁홍씨가 한강에 설치된 부교를 통하여 도강하는 그림이다. 이 그림은 조선시대 최고의 화가 이신(爾信)이 그린 것으로 전해지고 있어 미술사적 가치가 높으며, 당대의 역사적 사실을 그대로 보여주고 있어 학술적으로도 중요한 자료로 평가받고 있다. 이 그림을 보면 당시 한강이 상당히 큰 강으로 수로교통이 원활하도록 하여 경제 활동에 있어서 중요한 강이기도 했지만 도강이나 홍수 등 극복해야 하는 강이기도 했음을 시사해 주고 있다. 또한 한강은 전시(戰時)에도 중요한 역할을 하기도 했다. 임진왜란(壬辰倭亂) 때에는 궁궐이 강북에 위치하고 있어 한강이 천혜의 방어선이었지만, 한강이라는 방어선이 쉽게 무너지면서 궁궐이 왜군들에게 철저하게 유린당하였다. 또한 병자호란(丙子胡亂) 때에는 인조(仁祖)가 청나라 군사들을 피하여 남한산성으로 피신하였다가 한겨울에 산성을 나와 한강변의 삼전도에서 청나라에게 치욕스런 항복 의식을 거행하기도 했다.

한편 조선 말기에는 제국주의 세력들이 조선을 침략하는데, 한강은 주요 창구가 되기도 했다. 당시 미국, 프랑스, 일본 등 제국주의 세력들은 서해안으로 접근하여 한강 하류를 통하여 수도 한양으로 들어갔다. 그 과정에서 당시 한양으로 들어가는 길목에 있었던 강화도가 역사의 많은 굴곡을 겪기도 했다. 이처럼 조선 말기와 근대 시기에 한강 유역은 제국주의 세력들의 각축장으로 변질되어 우리의 의지와는 다르게 역사가 전개되었다.

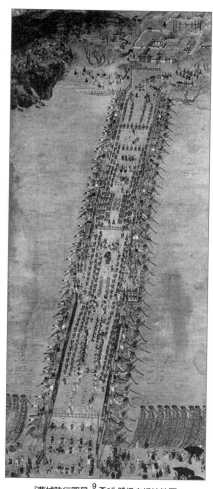

『華城陵行圖屛』[9] 중에 鷺梁舟橋渡涉圖

그리고 한강 유역은 조선시대의 문학과 예술 작품에도 자주 등장하였

9 『華城陵行圖屛』은 8폭 병풍으로 조선 정조가 1795년 윤2월 9일부터 16일까지 어머니 혜경궁 홍씨를 모시고 수원 화성에 행차하여 거행했던 주요 행사와 환궁 행렬을 그린 그림이다.

1900년 한강 마포나루터 전경

1910년대 한강 마포나루터 전경

한강나루터 전경

다. 조선시대 문학 작품에서 한강은 풍수지리와 연계되어 상징성이 높은 강으로 등장하는데, 예를 들면 정도전(鄭道傳)의 「신도가(新都歌)」, 권근(權近)의 「상대별곡(霜臺別曲)」, 변계량(卞季良)의 「화산별곡(華山別曲)」 등이 있다. 그리고 김상헌(金尙憲)과 정철(鄭澈)의 시조에서도 한강이 등장하고 있다. 또한 한시에서도 한강이 등장하고 있는데, 조위(曺偉)의 「남천과한강(南遷過漢江)」과 김시양(金時讓)의 「부계기문(涪溪記聞)」 등이 있다. 민요에서도 한강이 등장하는데, 예를 들면 「한강수타령」, 「아리랑타령」, 「수영요(水泳謠)」 등이 있다. 한강은 풍류와 시적 정서의 대상으로 나타나고 있는데, 대표적으로 이규보(李奎報)의 「한강(漢江)」, 이곡(李穀)의 「송한양정참군(送漢陽鄭參軍)」, 서거정(徐居正)의 「한도십영(漢都十詠)」 등이 있다.

| 겸재 정선의 「楊花津圖」 | 조선시대 「讀書堂契會圖」 |

그리고 허강(許橿)의 「서호별곡(西湖別曲)」은 배를 타고 마포 서강으로 내려오는 동안 한강의 풍경과 운치를 노래하여 풍류 문학의 단면을 엿볼 수 있도록 해 주고 있다. 임진왜란과 병자호란 당시의 문학 작품에도 한강이 등장하는데, 그러한 작품에는 비극과 비애의 장소로 기록되고 서술되어 한강이 비극의 역사를 품는 공간으로 묘사되었음을 알 수 있다. 전쟁 당시 한강을 묘사한 대표적인 문학 작품으로 『임진록(壬辰錄)』, 『난중잡록(亂中雜錄)』, 『묵재일기(默齋日記)』 등이 있다.

또한 회화 작품에도 한강이 그림의 주요 소재로 등장하고 있다. 대표적으로 한강 유역의 실경을 그린 겸재(謙齋) 정선(鄭敾, 1676~1759년)의 그림을 들 수 있다. 겸재 정선은 18세기 한강 유역의 경관을 사실적으로 그렸는데, 이중에서 한강 유역의 진경산수로 「압구정도(狎鷗亭圖)」, 「선유봉도(仙遊峯圖)」, 「양화진도(楊花津圖)」, 「이수정도(二水亭圖)」, 「송파진도(松坡津圖)」, 「광진도(廣津圖)」, 「목멱조돈도(木覓朝暾圖)」, 「공암층탑도(孔岩層塔圖)」 등이 있다. 그리고 그림을 그린 화가와 연대는 알 수 없지만 「독서당계회도(讀書堂契會圖)」는 풍취 있는 한강을 잘 묘사한 대표적인 작품으로 평가되고 있다. 이외에도 한강을 소재로 한 많은 그림들이 있다. 이들

회화 작품들은 사실을 전달하기 위한 그림이기보다는 작가가 본 산수의 아름다움, 한강과 자연의 조화로운 풍경 등을 그린 것으로 당대의 화풍과 사조를 담고 있어 미술사적으로 중요하게 다루어지고 있다.

6. 결론

우리 현대사에서 한강이 가지는 의미는 상당히 크고 높다. 우리나라가 경제적으로 크게 발전한 것을 한강의 기적이라고 표현할 만큼 한강은 특정한 지역에 흐르는 강이 아니라 한국을 대표하고 상징하는 대명사와 같은 이름이 되었다. 그런데 우리 역사 속에서 한강은 그 중요성이 높을 때도 있었고, 낮았을 때도 있어 시대에 따라 약간의 부침이 있었지만 중요성은 지속되었음을 알 수 있다.

오늘날 서울을 중심한 한강 유역은 선사시대에는 단순한 삶의 공간으로 생활의 터전으로 일구어졌는데, 시간이 흘러 한반도에서 고대국가가 출현하면서 여러 개의 나라가 실력을 다투던 시기에는 한강 유역이 패권의 상징으로 인식되었다. 그래서 한강 유역을 차지하기 위하여 나라 간에 화해와 협력을 강화해 나가면서 전쟁도 서슴지 않았다. 처음에는 백제가, 그리고 고구려가, 결국은 신라가 차지하면서 통일의 기반을 한강을 통하여 닦아 신라는 삼국통일을 이룩하게 된다. 그런데 한강을 끼고 있는 오늘날 서울 지역이 통일신라시대에는 수도 경주로부터 상당히 먼 변방지역이었기 때문에 중요 지역으로 인식되지 못하였다. 그러나 큰 강을 끼고 있으며, 비옥한 영토를 가지고 있었기 때문에 발전은 멈추지 않고 지속되었다. 고려 초기에도 비슷한 양상이 계속되었다. 그런데 서서히 한강 유역의 중요성이 부각되고 집권층을 중심으로 오늘날 서울 지역에 대한 관심이 높아졌다. 그러면서 여러 사업들이 전개되어 이전에 비하여 더욱 발전하게 된다. 이러한 양상은 조선시대 들어와 한강 유역의 한양이 수도가 되면서 오늘날까지 서울 지역이 한반도의 중심 지역으로 자리 잡게 되는 계기가 마련되게 되었다.

결국은 모든 것이 인간의 역사이듯 한강 유역과 서울 지역에는 수많은 사람들의 삶과 죽음이 연속되었으며, 그곳에 수많은 사람들의 기쁨과 애환이 담겼다. 이러한 역사적 배경과 지역적 특징은 한강이, 서울이 선사시대부터 오늘날까지 정치 경제 사회 문화 예술이 모두 공존했던 역사성과 공간성을 함유하도록 만들어냈다. 지금도 한강은 한반도의 중심으로서, 서울은 한반도의 요지로서 그러한 역할이 지속되고 있다.

참고문헌

1. 단행본

서울대학교 박물관, 『岩寺洞』, 서울대학교 고고인류학 총간 제11책, 1985.

임효재, 『신석기시대의 한강 유역』, 한강사, 1985.

2. 논문

김영관, 「三國時代 서울과 백제」, 『서울특별시 문화유적 지표조사 종합보고서 제 Ⅰ권』, 서울역사박물관, 2005.

嚴基杓, 「서울 지역 佛敎文化의 展開過程과 特徵」, 『鄕土서울』 第77號, 서울特別 市史編纂委員會, 2011.

이경수, 「서울 지역 선사유적의 조사 현황」, 『서울특별시 문화유적 지표조사 종합 보고서』 제Ⅰ권, 서울역사박물관, 2005.

이호영, 「고구려 新羅의 漢江流域 進出 問題」, 『史學 志』 18, 단국대학교 사학회, 1984.

임기환, 「고구려 신라의 한강 유역 경영과 서울」, 『서울학연구』 18, 서울학연구 소, 2002.

최무장, 「한강 유역의 선사문화연구」, 『향토서울』 59, 서울시사편찬위원회, 1999.

'한강' 브랜드화를 위한 공공디자인 정책과 사례 연구

서울시 〈한강 르네상스 프로젝트〉를 중심으로

이창욱, 임수경

1. 서론

1) 연구 배경 및 목적

영국 원로 도시학자 피터 홀(Peter Hall)은 "도시(국가)란 살아 있는 생물체와 같아서 일부 기능을 따로 떼어내 옮기면, 그 옮긴 기능이나 남아 있는 도시 전체에 결코 유익한 결과를 얻기 힘들다"[1]라고 하면서 도시 공간의 복합적인 이미지 구축의 필요성을 간접적으로 역설했다. 이와 같이 국가 브랜드 구축은 국가의 양적 측면에서의 경쟁력뿐만 아니라 문화적 영향력과 국가의 이미지 등 질적인 경쟁력까지 요구하고 있는 글로컬 시대의 세계 무대에서 경쟁력 있는 국가를 만들 수 있는 국가 마케팅의 핵심 전략이라 할 수 있다.

---

* 이 논문은 2015년 대한민국 교육부와 한국연구재단의 디지털인문학사업의 지원을 받아 수행된 연구임 (NRF-2015S1A6A8050947)

1 피터 홀, 「세계화로 가는 도시의 정책」, 『마드리드 OECD 콘퍼런스 발표문』, 2007.

한 공간을 브랜드화의 중요성은 국가적 차원에서나 그곳을 향유하는 도시민들에게 강하게 어필되고 있음에도 불구하고, 우리나라 곳곳의 대다수 공간들은 일회적이고 일률적인 콘셉트와 디자인이 적용되고 있는[2] 안타까운 실정이다. 특히 공간의 시각적인 환경(디자인적 요소)은 다른 공간과 차별화된 이미지를 구현함으로써 보다 강한 경쟁력을 가지게 됨에도 불구하고, 환경디자인[3]적 요소의 필요성이 어필되지 못해 왔다. 세계적인 브랜드화가 성공한 도시는 모두 공공디자인적 측면에서 높은 완성도를 보이고 있는 것처럼, 우리나라도 도시민들이 일상생활에서 많이 노출되고 있는 공공디자인의 중요성을 인식하고 변화한다면, 보다 완벽하고 차별화된 공간의 브랜드화를 완성시킬 수 있을 것이다.

이러한 배경에 본 연구는 2007년부터 시작되어 2030년까지 진행될 〈디자인 서울 프로젝트〉 내의 사업인 〈한강 르네상스 프로젝트〉의 정책과 성공사례를 분석·정리함으로써 해외 유명 '강' 브랜드와 어깨를 나란히 할 수 있는 '한강'의 세계적인 브랜드화 구축을 위한 디자인적 측면의 가치를 재정립하고자 한다.

2) 연구 범위 및 방법

본 연구는 '한강' 브랜드화를 위해 서울시가 추진하고 있는 공공디자인 정책과 사례에 한정하여 연구를 진행한다. 이를 위해 먼저, 도시 브랜

---

2 신홍경 외, 『story of DESIGN CITY』, 광문각, 2008, 24쪽.
3 "환경디자인은 건축물을 통해 생겨난 새로운 환경에 심미성과 기능성을 고려해 전체적인 환경 조화와 질서를 부여하는 종합적인 작업이다 특히 인간은 환경을 시각에 의존해 인지하므로 새로운 환경을 구축하는 과정에 시각적인 비중이 70%를 차지한다. 환경의 질을 향상시키는 이미지 구축 과정은 매우 중요하다. 따라서 환경색채디자인, 사인물 디자인, 시설물 디자인 등은 환경 디자인에서 중요한 요소이다." (공전선, 『사인문화』, 2005.11, 128쪽.)

드의 경쟁력과 해외 '강' 브랜드 사례를 공공디자인과의 관계와 함께 이론적 배경으로 정리한다.

공공디자인 정책 사례는 〈디자인 서울 프로젝트〉와, 프로젝트의 일환으로 진행되기 시작한 〈한강 르네상스 프로젝트〉 정책을 함께 정리하면서 한강 관련 공공디자인 정책의 큰 방향과 세부 진행사항을 확인한다.

그리고 한강공원에 설치되어 있는 시안디자인을 중심으로 공공디자인의 성공사례를 분석하여 공공디자인의 중요성에 따른 올바른 가치와 의미를 부여하고 궁극적으로는 독자적이고 수준 높은 '한강' 브랜드 창출을 위한 기틀을 마련하고자 한다.

2. 이론적 배경

1) 공간 브랜드의 경쟁력과 해외 '강' 브랜드 사례

영국의 시인 윌리엄 구버가 '신은 자연을 만들고 인간은 도시를 만들었다'라고 말한 것처럼, 도시의 역사는 곧 인류의 역사라고 할 수 있다. 태초부터 오랜 시간에 걸쳐 진행했던 채집, 사냥, 유목 등의 형태가 정착과 농경사회로 변모되면서 비로소 도시를 시초로 국가의 형태가 만들어지기 시작했다. 이때 도시에서 생존과 성장을 유지하기 위해서 가장 기본적인 조건은 충분한 식수의 공급이라고 할 수 있다.

세계 4대 문명의 발상지로 알려진 중국 황하, 인도 인더스, 중동 메소포타미아, 이집트 유역의 공통점은 모두 큰 강을 중심으로 발생했다는 데 있다. 즉, 인류의 문명은 강을 중심으로 출발했듯, 주요 도시(국가) 역시 강을 중심으로 발달되었다고 해도 과언이 아니다. 그뿐만 아니라 현대사회에서 도시의 강은 그 도시인의 삶과 밀접한 관계를 가지고 있음은 물론이고, 더 나아가서는 도시의 상징 혹은 도시의 브랜드로 구축되어 전 세계를 겨냥한 하나의 콘텐츠로서 역할을 담당하게 되었다. 예로는 예술과 사랑이 있는 프랑스의 세느강, 경제 기적과 전설이 가득한 독일의 라인강, 그리고 현대와 과거를 한꺼번에 아우르는 영국의 템즈강 등을 들 수 있다. 이는 전 세계적으로 산업구조가 재편되고 국가간의 경쟁이 심해지면서 세계의 많은 국가와 도시들이 브랜드 이미지를 구축하면서 경쟁적으로 장소마케팅에 힘쓰고 있기 때문이다.

해외 '강' 브랜드를 국가 브랜드로 성공시킨 대표 세 가지 사례와 한강의 국가 브랜드화 경쟁력을 함께 논의해 보고자 한다.

(1) 치열한 예술의 혼이 담긴 프랑스의 세느강

세느강은 파리를 동서로 관통하며, 강변으로 에펠탑과 노트르담 성당이 있는 프랑스에서 3번째로 긴 강이다. 파리의 근현대사와 궤적을 같이한 세느강은 그 위에 놓여진 36개의 다리들을 통해 국가 브랜드 이미지를 구축해 놓았다.

세느강의 다리들은 세계문화유산에 등재될 만큼 각각 독자적인 브랜드화를 이루고 있다는 것이 특징이다. 대표적인 예로, '퐁데자르 다리(Pont des arts)'는 오랫동안 파리의 예술가들이 즐겨 찾는 곳으로 유명하다. 카뮈, 사르트르, 랭보 등이 작품을 구상한 곳으로 알려진 이곳은, '예술가의 다리'라는 별칭을 가지고, 전세계의 예술가들이 이곳을 자유롭게 왕래하고 머물 수 있도록 보행자 다리로 설정해 놓은 것이 특징이다. 특히 예술을 꿈꾸는 세계인들에게 예술가라면 한번쯤은 이곳에서 세느강으로 지는 석양과 와인, 그리고 동료 예술인들의 혼을 함께 호흡해야 한다는 이미지를 구축함으로써, 현재까지 세느강의 다리들 중 가장 많은 관광객을 유치하고 있다.

또 다른 곳은 아폴리네르의 시에 나오는 '미라노 다리(Pont Mirabeau)'로, '미라노 다리에서 헤어진 여인'에 대한 아픈 사연이 함께 소개되면서 단번에 사랑을 이루기 위해서는 꼭 건너야 하는 다리로 이미지가 구축되었다. 그 외에도 영화의 배경이 되었던 '연인의 다리'로 유명한 '퐁네프의 다리(Pont neuf)', 황금장식으로 다리 중 가장 화려한 '알렉산드로 3세 다리(Pont Alexandre Ⅲ)' 등이 '예술가들의 낭만'이라는 프랑스의 국가 브랜드 이미지를 구축하는 데 일조를 하고 있다.

(2) 기적일 수밖에 없는 독일의 라인강

라인강은 스위스-리히텐슈타인 - 오스트리아 - 독일 - 프랑스 - 네덜란드 등을 가로지르며 흐르는 중부 유럽 최대의 강이지만, 〈로렐라이〉 전설과 독일 경제의 기적이라 불리는 '라인강의 기적'으로 독일인에게는 '아버지의 강'이라 불리며 독일의 국가 브랜드로 자리하게 되었다.

'라인강의 기적'이란 독일에서는 '경제 기적(Wirtschaftswunder)'으로 불리며, 제2차 세계대전 이후 독일의 경제 부흥을 지칭한 한국식 용어이다. 미국의 원조와 독일 국민들의 전후 복구 노력 등을 통해 1990년대 말까지 연 8%라는 경이로운 경제성장을 이룩해낸 변화를 뜻하며, 이 용어를 모방하여 한국은 한국전쟁 이후의 경제성장을 '한강의 기적'이라는 용어로 사용하게 되었다.

이와 함께 독일의 라인강은 피할 수 없는 전쟁으로 인해 이루어지지 못한 애틋한 사랑이라는 소재를 가진 〈로렐라이〉 전설을 가지고 있다. 전쟁으로 사랑하는 사람을 잃고 기다리던 사람까지 자살한다는 스토리는 사실상 각국 마다 비슷한 유형이 퍼져 있는 전 세계인의 러브 스토리라고 해도 과언이 아니다. 그러나 〈로렐라이〉 전설은 다른 비슷한 유형의 스토리들과는 다르게 실재 장소를 배경으로, 따라 부르기 쉬운 민요 음율이 합쳐졌고, 또한 각국의 동요로 불리면서 독일을 모르는 사람들에게까지 '애틋한 전설들이 가득한' 독일에 대한 환상을 심어 주기에 충분한 콘텐츠가 되고 있다.

(3) 과거와 현대를 아우르는 영국의 템즈강

템즈강은 영국 수로 런던을 관통하여 북해로 합류되는 강으로, 런던의 발전에 역사적으로 중요한 역할을 해왔으며, 현재까지도 수상 운송과 상수도원 등으로 이용되는 영국 제1의 강이다.

템즈강의 첫 번째 다리였던 런던 다리는 영국의 역사와 함께 무너졌다 다시 건축되기를 반복하는데, 맨 처음에는 로마인에 의해, 다시 색슨족에 의해 목조다리로 건축되었다가, 돌로, 다시 대리석으로 재건축되었다. 현재 런던 다리는 1973년에 개축된 것으로, 그런 변모하는 모습을 동요로 널리 퍼뜨리면서, 역사와 변화를 함께 아우르고자 하는 영국만의 이미지를 형성하고 있다고 볼 수 있다.

사실상 템즈강의 상징은 런던 다리보다 더 유명한 타워 브리지(Tower Bridge)가 있는데, 영국의 고딕 양식을 빌어 브리지 양쪽에 고딕 탑을 세운 것이 인상적이고, 대형 선박의 운행에 따라 다리 가운데가 열리는 독특한 개폐형으로 만들어서 또 다른 국가 브랜드를 만들고 있다.

그 외에도 템즈강변에 위치한 장소들로, 셰익스피어가 자신의 희곡을 상연하기 위해 자비를 들어 만들었다는 셰익스피어 글로브 극장(Shakespeare Globe Theatre)과 영국 항공(British Airways)이 1999년 새천년을 기념해서 만든 세계에서 가장 높은 관람차인 런던 아이(London Eye), 그리고 영국의 여류 소설가인 버지니아 울프(Virginia Wolf)가 코트 양쪽 주머니에 돌맹이를 가득 담고 강으로 걸어 들어가 아직까지 떠오르지 않았다는 템즈강의 강물은 과거와 현대를 이어주는 영국의 상징적인 브랜드가 되고 있다.

(4) 테마디자인으로 역사와 문화를 통합한 한국의 한강

국가 브랜드화의 연장선에서 한국의 한강은 길이가 총 497.5km로, 남한강·북한강·임진강 등이 본류로 합쳐져 흐르다가 서울을 관통할 때의 이름이 한강[京江]이라 지칭하는 것처럼, 큰 지류만 세 강이 합쳐지는 한국 제2의 강이다. 절대길이 자체도 방대할 뿐만 아니라, 강원도·충청도·경기도인 세 개의 도(都)를 한 번에 아우르기란 결코 만만한 작업이라 볼 수는 없겠지만, 한국을 대표하는 국가브랜드로서 이미지를 구축하기 위해서는 차별화된 성격 규정을 통한 브랜드화는 필수 작업이 아닐까 한다.[4]

이를 위해 본 연구에서는 〈한강 르네상스 프로젝트〉에서 진행되고 있는 '테마가 있는 한강공원 조성' 부분의 공공디자인을 차별화시켜 브랜드화를 위한 하나의 기틀을 다지고자 함이다.

이런 국가 브랜드화는 (1) 국가 활성화를 통해 외부의 방문객과 자본의 유인을 목적으로 하는 경제적 측면과 (2) 독자적인 문화를 지키고 발전시키는 문화적 측면, 그리고 (3) 국민들의 애국심과 공동체의식을 고

---

4 이에 2015년 9월부터 진행한 〈문학지리정보를 에디팅 한 디지털인문학 한강 플랫폼 개발〉 프로젝트는 '한강' 브랜드화를 위한 기저(基底)연구과정이라는 면에서 의의를 획득할 수 있을 것이다.

양하고자 하는 정치적 측면에, 동시에 긍정적인 효과를 유도해낼 수 있는 통합적인 방법이 될 수 있다.

이러한 시대적 흐름에 맞게, 한국의 요대(腰帶)를 담당하고 있는 한강을 한국형 대표 브랜드로 구축함으로써, 국가 경쟁력을 높일 뿐만 아니라 한국인들에게는 강한 긍지와 소속감을, 세계인들에게는 한국의 이미지를 상징화할 수 있다는 의의를 찾을 수 있으리라 본다.

2) 공공디자인의 의미와 방향

인간이 공동생활을 시작하여 일정한 장소에 정착함에 따라 다른 사람과 공유하는 다양한 목적의 공간들이 생겨나기 시작했다. 문명의 발달과 함께 도시화가 진행되고, 기능이 한층 분화된 다세포 사회가 발생되면서 공공장소를 아름답고 쾌적하게 만들기 위한 공공디자인(Public Design)의 중요성이 강조되었다.

공공디자인이란 용어는 디자인의 공공성을 강조하는 복합어로 시각적 인쇄 자료에서부터 공공공간과 시설, 정보 등 공공적으로 사용되는 모든 영역과 대상의 디자인을 가리키며 매우 다양한 분야에 포괄적으로 사용된다. 그런 점에서 주로 개별적인 소비재를 중심으로 시장을 통해 매개되는 사적 영역의 디자인과 구별되며, 그 자체가 공공재(Public goods)이거나 또는 사유물이라 할지라도 건물의 외관이나 옥외 광고물 등과 같은 공공적 성격을 띠는 것을 포함할 수 있다.[5]

따라서 공공디자인은 공적인 공간에서 대중들을 위한 삶의 질 향상에 대한 목적을 현실화시키고 디자인의 공공성이라는 가치를 실현하기 위

---

5 정봉금, 「21세기 문화산업을 위한 공공디자인 정책 연구」, 홍익대학교 박사학위 논문, 2005, 34쪽.

해 고려하는 모든 행위라고 할 수 있다. 때문에 공공디자인은 심미적, 기능적 측면을 고려해야 한다. 심미적 측면은 조형성, 조화성, 색채성을, 기능적 측면은 기술을 기반으로 한 사용성, 내구성을 포함한다. 최근에는 이 두 요소뿐 아니라 친환경성, 지속가능성, 쾌적성의 환경적 측면도 중요하게 고려된다. 좀더 자세히 정리하면 다음[6]과 같다.

[표 1] 공공디자인 성격

측면	성격	설명
심미적	조형성	재료가공, 표현기술 등 포함.
	조화성	개성보다는 전체와의 조화를 고려.
	색채성	사용자의 기호에 맞는 색채선정
기능적	사용성	편의, 안전, 위생, 관리 등 고려
	내구성	윤리적이고 사회적인 특성 고려
추가	친환경성	환경 친화적 디자인 도모
	지속가능성	재생, 교체 용이한 디자인 고려
	쾌적성	정신적·물리적 측면 포괄

즉, 공공디자인은 장소나 공간에 인간의 의도적인 조작 행위를 가함으로써 보다 유기적인 관계를 만드는 데 그 의미가 있다. 행위 대상을 시각적으로 체계화시켜 인간의 욕구를 충족시키는 시도로서 혹은 인간의 삶과 유리된 관계로부터 친밀한 삶의 공간으로 본래 기능을 강화, 회복시키려는 시도로서 공공디자인의 의의[7]를 찾을 수 있다.

공공디자인이 갖추어야 할 공공디자인의 목적, 주체, 소유, 대상은 다음

---

6 이성원, 「원에 의한 눈의 상징적 조형성 연구」, 중앙대학교 석사학위 논문, 2006, 15쪽.
  우인식, 「색채분포분석을 통한 도시색채 관리 방안에 관한 연구」, 대전대학교 석사학위 논문, 2003, 20쪽.
  허유진, 「서울 도심 공공장소의 쾌적성 증진 방안에 대한 연구」, 한양대학 석사학위 논문교, 2000, 11쪽.
7 한영호·안진근, 『현대도시 환경 디자인』, 기문당, 2006, 16쪽.

과 같다. 공공디자인은 모든 사용자, 즉 노인, 아이, 성인 그리고 외부 방문객(외국인)까지도 고려해 공익에 기여하여야 하며 공중을 넘어서 대중의 삶의 질 향상에 영향을 미쳐야 한다.[8] 기존의 공공디자인은 공공기관과 국가에 의해 공공의 의도와 목적을 반영하여 설치되었지만, 이제는 공공디자인의 주체가 공중(公衆)이라는 인식이 필요하다. 공공디자인은 도시 및 국가의 정체성을 표현하는 디자인으로 공중이 함께 누리며 사회구성원 어느 누구나 관계성을 가짐으로써 완성이 되는, 공공에 의해 소유되는 디자인이다. 공공디자인의 대상은 국민 즉, 불특정 다수이지만 장애인이나 노약자, 임산부와 같은 특정한 소수를 배려하는 자세 또한 필요하다.

공공디자인의 중요성이 강조되면서 판단 기준과 가치 기준, 즉 정책에 대한 목적 및 방향, 세부 내용 등의 관심이 많아졌다. 우리나라는 서울디자인재단(Seoul Design Foundation, 2008)이 출범하면서 본격적으로 공공디자인 산업을 진행했다고 볼 수 있다.

3. 서울시 공공디자인 정책

1) 〈디자인 서울 프로젝트〉 "시민 우선 디자인"

서울시는 2006년부터는 옥외 광고물과 현수막, 선전탑 등에 대한 정비를 진행하는 등 세계 도시로의 도약을 위해 '도시 전체의 디자인' 수준을 올리려는 노력을 시작했다. 2010년 세계 디자인 수도(World Design Capital)로 서울시가 선정되면서, 〈디자인 서울 프로젝트〉는 본격화되기 시작했다.

〈디자인 서울 프로젝트〉는 "시민 우선 디자인"이라는 디자인 전략을

---

8 권영걸, 「나에서 우리로, 양의 삶에서 질의 삶으로」, 공공디자인 대국민정책토론회, 2007.

기본으로, '비우는', '통합하는', '더불어 하는', '지속가능한'이라는 네 가지 디자인 원칙과 각 원칙에 세부 추진 전략을 세웠다. 전체적으로 서울시는 Hard City에서 Soft City로 변모하는 비전을 내세웠으며, '전체를 위한 전체의 모습'이라는 가이드라인을 가지고 〈디자인 서울 프로젝트〉를 구체화시킬 수 있는 세부 사업들을 기획, 추진해 나가고 있다.

(1) 기본목표와 추진전략

[표 2] 〈디자인 서울 프로젝트〉 기본목표와 추진전략

목표	추진전략
비우는 Airy	- 쾌적하고 여유있는 공공공간 - 저밀도, 고효율 공공시설물 디자인
통합하는 Integrated	- 다기능, 다목적 공공디자인 - 통합된 도시디자인 실행체계
더불어 Collaborative	- 시민, 전문가, 행정, 파트너쉽 형성 - 참여형, 체험형 디자인사업 추진
지속가능한 Sustainable	- 자연과 인간친화적 디자인 - 미래지향의 순환 가능한 디자인 - 지속적 사후평가 및 환류시스템

(2) 비전

[그림 1] 〈디자인 서울 프로젝트〉 비전

지금까지 서울시는 '기능과 효율성의 도시'라는 Hard City의 성격을 강조했다면, '시민 우선 디자인'이라는 '인간 중심의 도시'로의 변화를 추구하고자 했다.

(3) 가이드 라인

'전체를 위한 전체의 모습'을 모토로, 서울시는 공공건축물의 통일된 이미지 형성을 위해 관련 기관 및 부서에 일정 수준의 디자인 사례나 디자인 세부사항(색상, 형태, 재질 등)의 허용 범위 등을 제안하여 서울시 공공디자인의 계획 초기 단계부터 반영을 하고, 서울디자인위원회의 분야별 심의기준 등에 활용하도록 마련하고 있다. 정책의 큰 방향을 고려하는 이유는, 공공디자인은 기존의 것을 새롭게 발견하고 그 역할과 가치를 의미 있게 부여하여야 하며 그 영향력의 발생과 확대에 책임과 윤리의식을 가져야 한다. 공익이라는 대의 안에서 적절한 규제와 올바른 가이드 라인이 고려되어야 하기 때문이다.[9] 여기에는 공공시설에 관한 공공건축물, 공공공간, 공공시설물, 공공시각매체, 야간경관 가이드 라인 등을 마련하여 공공시설의 통일된 이미지 구축을 위해 노력[10]하고 있다.

디자인 관점에서 공공디자인의 종류는 다음과 같이 분류할 수 있다.

---

9 서혜욱, 「공공디자인정책」, 『서울교육』제50권 제2호 통권191호, 서울특별시교육연구정보원, 2008, 27쪽.
10 "그러나 결과물을 지나치게 빨리 가시화하려다 보니 많은 성과물을 거두게는 되었지만 시민들을 위한 배려와 공공성은 상실하게 되었다는 평도 있다."(임은영ㆍ남경숙, 「도시디자인 향상을 위한 한강전망쉼터 디자인평가에 관한 연구」, 『브랜드디자인학연구』 통권 27호, 2013, 95쪽.) 그렇기에 1차 시행이 마무리되고 2차 단계에 진입하는 현 시점에서 공공디자인의 중요성이 더욱 강조되고 있다.

[표 3] 디자인관점에서의 분류

디자인관점에서의 분류		
공공이미지	공공시설, 제품	공공환경
거리표지판 간판 번호판 공공기관의 각종 서식 및 증명 국가여권 등	휴지통 볼라드 버스정류장 가로등 우체통 공중전화부스 경찰차량, 경찰복 청소차량, 청소용구	여러 거리들 공원 경찰서 등 공공건물 학교 등 교육시설물 놀이터

이 프로젝트는 정책과 가이드 라인에 따라 다양한 사업이 계획되고 진행, 유지되고 있다. 사업 종류에 따라 정리[11]하면 다음과 같다.

[표 4] 〈디자인 서울 프로젝트〉 추진사업

사업 종류	사업명
도시경관	- 디자인 서울 거리조성 - 가이드 라인과 표준디자인 수립 및 개발
복원 및 재개발	- 광화문 광장 조성 - 한강 르네상스 프로젝트 - 동대문 Design Plaza & Park 조성
도시정체성 확립	- 상징, 색, 서체 체계화 - 도시갤러리 프로젝트
그 외	- 남산 르네상스 기본 계획 수립 - 서울 디자인 올림픽(SDO) - 우수 공공디자인 인증제 - 서울 해치택시 등

---

11 2016년 8월 현재 디자인 서울 프로젝트 공식홈페이지(http://design.seoul.go.kr)는 찾을 수 없는 관계로, 추진사업 관련 자료는 서혜욱의 위의 글과 위키백과 '디자인서울'(https://ko.wikipedia.org/wiki)을 참고했다.

추진사업 중 〈한강 르네상스 프로젝트〉를 보다 자세히 정리하고자 한다.

2) 〈한강 르네상스 프로젝트〉 '회복과 창조'

2006년부터 서울의 랜드 마크로 만들기 위한 〈한강 르네상스 프로젝트〉는 사업 종류에 언급되어 있다시피, 복원 및 재개발 사업의 일환으로 한강변의 모습을 화려하게 바꾸려기 보다 한강 본래의 모습을 되찾아주고, 접근성을 용이하게 하기 위한 사업이다. 단계적으로 진행하며 최종적으로는 2030년에 프로젝트의 완성을 목표로 진행하고 있다. 이 사업의 일환으로 진행되고 있었던 공공디자인은 국내외 공공디자인 부분과 시각디자인 부분에서 두각을 나타내고 있다.

그 예로 한강공원 안내사인물이 세계3대 디자인상이라 불리는 독일의 'iF디자인 어워드 공공디자인 부분' 수상작으로 선정된 것뿐만 아니라, 공공환경조형물부분 우수디자인, 시각디자인부분 우수디자인, 대한민국 공공디자인대상 최우수상, 국제공공디자인대상 Grand Prix, 대한민국공

[그림 2] 한강공원 대표 시안

공디자인EXPO대상 최우수상 등[12] 공공디자인의 수준은 높아지고 있다.

이 프로젝트는 '회복과 창조'를 내세워 한강의 자연성과 역사성을 회복하고 지리적 소통을 추구한다. 특히 주변의 토지이용, 경관 및 수상교통 등 인구, 산업, 사회개발, 문화의 부분을 포괄하고 있다.[13]

추진계획을 중심으로 8개의 과제를 선정하여 실현방안을 구체화시켰다.

[표 5] 〈한강 르네상스 프로젝트〉 추진계획&실천방안

추진계획	실천방안
- 자연성 회복 - 접근성 향상 - 문화 기반 조성 - 경관 개선 - 수상 이용 활성화	- 한강 중심의 도시공간 구조 재편 - 워터프런트 타운 조성 - 한강변 경관 개선 - 서해 연결 주운기반 조성 - 한강 중심의 Eco-Network 구축 - 한강변의 역사유적 연계강화 - 한강으로의 접근성 개선 - 테마가 있는 한강공원 조성

이 중 '테마가 있는 한강공원 조성'의 내용[14]을 살펴보면,

① 권역별로 테마에 걸맞는 다양한 문화콘텐츠와 기반시설을 조성하고, 제방측 일부 성토부지는 홍수기 침수를 최소화하여 보다 ② 안전한 문화·예술공간으로 활용도를 증대시킬 계획이다. 또한 시민 이용 수요가 많으면서 인접 배후지와의 접근성이 양호한 지역 등은 ③ 수상 이용

---

12 이종윤, 「한강에서 만나는 디자인의 즐거움」, 『웰빙뉴스』, 2011.9.28. (http://iwellbeing.net)

13 박용철 외, 「도시수변공간의 지속가능한 생태복원기반 개발에 관한 연구—한강 르네상스 프로젝트를 중심으로」, 『공공디자인학연구』 제3권 3호, 2008, 122쪽.

14 시정개발연구원, 「한강르네상스 기본계획 및 장기구상 수립방안」, 2007, 참고.

을 지원하는 터미널·마리나 등 기반시설을 함께 조성할 계획이고, ④ 한강공원 특화산업과 연계, ⑤ 한강 내 안내판 등 시설물의 통합 디자인 (CI)을 개발하여 한강의 이미지를 업그레이드할 계획이다.[15]

이 부분이 '한강' 브랜드화를 위한 공공디자인의 방향이자 추진 계획이라 볼 수 있다. 이를 추진 콘텐츠별로 나누어 정리하면 네 부분으로 나눌 수 있다.

먼저 ① '권역별 테마에 맞는 문화콘텐츠 조성'과 ② 문화·예술 공간으로 활용도를 증대는 〈한강 르네상스 프로젝트〉의 대표적인 사업으로 '한강공원 4대 특화사업'을 들 수 있다. 한강 4대 공원은 여의도한강공원, 뚝섬한강공원, 반포한강공원,[16] 난지한강공원으로, 각 공원의 개별적인 콘텐츠를 부여하여 공간별 특화시키면서 동시에 전체적으로 '한강공원'이 독자성을 획득하자는 취지로 접근할 수 있다.

여기서 ③ '수 상이용 시설 조성'은 제외한다면, ④ '한강공원 특화산업과 연계'는 한강공원의 공간에 따른 공공디자인 부분이고, ⑤ '한강 내 안내판 등 시설물의 통합 디자인 CI 개발'은 시설물 공공디자인 부분이 되겠다. 2008년부터 〈한강 르네상스 프로젝트〉의 일환으로 진행되는 〈공원시설물 미관제고〉 사업이라 할 수 있겠다.

〈공원시설물 미관제고〉 사업에서 진행되고 있는 통합 디자인 CI를 적용한 시설물 공공디자인의 성공사례를 분석하여 정리한다면, 2차로 진행될 사업들의 공공디자인의 방향 및 전략 등이 세워지지 않을까 한다. 이러한 분석 과정을 통해 공간 브랜드화를 추구하기 위해 공공디

---

15 박용철 외, 앞의 논문, 122쪽.
16 반포한강공원에는 최대 교량분수 '달빛무지개분수'를 중심으로 한강레인보우페스티벌(5월 ~10월)을 개최하여 기존의 '서래섬 나비·유채꽃 축제', '서울거리아티스트', '달빛광장 주말 문화마당' 등 대형축제 및 이벤트를 구성, 진행하고 있다.

자인적 가치에 대한 필요성 및 중요성을 강조할 수 있고, 더불어 궁극적으로는 '한강' 브랜드화를 위한 방법까지도 함께 도모할 수 있을 것이라 사료된다.

4. '한강' 공공디자인 분석

1) 〈공원시설물 미관제고〉 사업 방향 및 효과

서울의 중심을 가로질러 길게 동에서 서로 위치한 12개의 한강공원은 19종 2774개소의 공원 안내와 편의를 위한 사인을 정비[17]하였다. 2006년 1월에 시작하여 2009년 12월에 종료된 본 사업으로 한강공원 내의 시설물들은 모던하면서도 세련된 디자인을 입음에 따라 한강공원의 고품격 문화가치가 있는 공간으로 한층 더 업그레이드되었다.

특히 시민들의 편의와 미적인 측면보다는 정보 제공 기능 위주로 제작되었던 한강공원의 디자인에 관하여 한강공원의 CI를 반영하여 전체적인 통일성을 제공하고 각 시설물들의 개성이 잘 반영된 결과이다. 메카조형그룹 서미란 이사는 "한강을 상징하는 CI는 서울에서 한강이 갖고 있는 역사적, 정신적, 물리적인 의미에 대한 충분한 고찰을 바탕으로 콘셉트를 도출했다"며 "우리 민족의 젖줄이 돼준 한강의 시간적, 공간적 영속성을 포함했다"[18]고 밝혔다. 이처럼 새롭게 또한 통일되게 바뀌고 있는 시설물 사례에서는 통일성이 적용된 사인디자인을 중심으로 가로

---

17 변호진, 「한강공원 사인, 디자인 옷을 입다」, 『하이서울』 2008.6.1. (내 손 안에 서울 http://mediahub.seoul.go.kr)

18 신한중, 「(사인 시스템 엿보기)한강 안내사인의 변신은 '무죄'」, 『SP투데이』, 2009.1. 12. (www.sptoday.com)

등, 펜스, 위치표시물, 벤치, 화장실, 쓰레기통 디자인을 분석한다.

2) 시설물 공공디자인 사례 분석

(1) 가로등

①② 두 조형물의 상단 헤드 형태는 다르나 전체적인 색상과 형태의
통일감이 주변 경관과 잘 어우러지고 있다. 부가적인 장식물 없이 간
결한 디자인으로 보행자의 이동에 불편함이 없는 형태이다.
③ 최상단에는 풍력발전을 위한 바람개비와 그 밑에는 태양열을 위한
기판이 있다. 이를 이용하여 가로등에 전력을 공급하고 있다.
④ 곡선적인 형태가 간결하고 세련된 느낌을 주고 있으며 주변 경관
에 잘 어울리게 디자인 되었다.

[그림 3] 한강 사인디자인 가로등 사례

(2) 휀스

① 자연스러운 느낌으로 공간의 활용을 극대화하고 도시민들의 편의성을 강조하여 설치되었다.
② 진한 나무색의 바닥이 한강 앞의 풍경과 잘 어우러지고 있으며 휀스의 형태를 곡선화 함으로써 단순하고 간결하게 디자인하였다.

[그림 4] 한강 사인디자인 휀스 사례

(3) 위치 표시 및 안내물

① 서울하늘색, 은행노란색, 기와진 회색을 사용하여 전체적으로 어우러지며 한도 내에서도 눈에 잘 띄는 효과를 구현하였다.
② 디자인의 통일성 유지와 균형이 돋보이는 디자인으로 시설물별 적합한 규모와 크기, 재료의 일관성이 유지되고 있다.
③ 생태습지원의 특성을 고려하여 폰트와 색채 그리고 지도의 형태등 모두 공원의 느낌을 잘 살리고 있다.
④ 자전거 사용자를 위하여 가독성이 돋보이는 지도를 디자인하였다. 유기적인 균형이 잘 어우러지는 지도로 단순함이 돋보인다.

[그림 5] 한강 사인디자인 위치표시 및 안내물 사례

(4) 벤치

① 앉음판에 스트라이프 형태의 나무 재질을 사용
하여 단순하며 세련된 느낌을 강조하였다.
② 직선이 아닌 곡선을 사용하여 디자인적인 면을
살리고 사용자의 편의성을 높였다.
③ 사용자의 안전을 최우선으로 확보하고 범용적
으로 사용이 가능하도록 하였다.

[그림 6] 한강 사인디자인 벤치 사례

(5) 화장실

① 입구 앞에 경사로를 놓아 장애우들의 접근성을 고려하고, 문은 옆으로 열 수 있게 되어 공간 활용성을 높였다.
② 소홀해질 수 있는 화장실 뒷부분도 잘 정돈하여 미관적인 면을 고려했다.
③ 필요에 따라 이동이 가능한 형태로 제작되었다.
④ 다리의 중간에 위치한 화장실로서 운동이나 이동중인 시민의 편의를 극대화 하였다

[그림 7] 한강 사인디자인 화장실 사례

(6) 쓰레기통

① 주변 환경과 잘 어울리도록 색감
과 재질 등 환경성 고려하여 제작되
었다.
② 사용에 불편함이 없도록 보편성을
중시하고 깔끔한 형태로 제작되었다.

[그림 8] 한강 사인디자인 쓰레기통 사례

5. 결론 및 제언

본 연구는 세계적인 '한강'브랜드를 구축하기 위한 그 기저(基底)단계
로 2007년부터 진행되기 시작한 〈한강 르네상스 프로젝트〉의 사업 중에
서 〈공원시설물 미관제고〉 사업인 통합CI가 적용된 공공디자인 시설물
의 성공 사례(가로등, 펜스, 위치표시물, 벤치, 화장실, 쓰레기통 등)[19]를 분석했다.

이를 위해 먼저 세계적인 '강' 브랜드화를 성공시킨 사례를 분석했고, 순차적으로 〈디자인 서울 프로젝트〉의 정책 방향과 목적을 통해 차기 〈한강 르네상스 프로젝트〉 사업의 공공디자인적 필요성을 확인하고 가치를 재고(再考)했다.

〈한강 르네상스 프로젝트〉는 없는 것을 새롭게 창출한다는 의미가 아닌, 재생 및 복원의 의미로 한강이 가지고 있는 기존의 의미와 가치를 재편한다는 목적이 강하다고 볼 수 있다. 즉, 세계의 많은 도시가 그래왔듯, 그 공간이 갖고 있는 독특한 공간자산을 활용한 정체성의 확립을 우선시 한다는 것이다. 따라서 정체성을 복원하기 위해서는 한강이 가진 역사적, 문화적, 사회적 측면을 고루 활용해야 할 것이고, 동시에 경제적으로나 지리적으로 정체된 한강을 활성화시키기 위한 전략으로 활용되어야 할 것이다. 그러기 위해서는 다음과 같은 디자인적 전략을 제언하고자 한다.

먼저, 한강은 세계적인 강이기 전에 서울 정중앙을 가로지르며 우리 도시민들이 일상 속에서 손쉽게 휴식과 여유를 즐기는 공간이다. 한강이 가지는 지리적 편의성에 역사적 가치를 접목시켜 현대적으로 재해석한 한강의 공공디자인을 정착시켰으면 한다.

그리고 이번 〈공원시설물 미관제고〉 사업을 통해 디자인의 힘으로 미관과 실용성을 동시에 업그레이드를 시켰다는 평을 받고 있기는 하지만, 보다 세계적인 한강브랜드로 탄생시키기 위해서는 아직까지 부족하다고 평가되고 있는 국내 외국인과 관광객을 위한 영문 안내 표기나 보

---

19 "서울시 관계자는 이번 한강공원 시설물 정비사업을 통해 좀 더 쾌적한 한강공원 조성에 기여함으로써 시민들의 만족감을 높이고 한강이 국제적 수준의 공간으로 거듭날 수 있는 작은 걸음이 될 것으로 기대한다고 밝혔다" (조규일, 「한강르네상스, 한강공원 시설물에 세련된 디자인 입힌다」, 『NEWSWIRE』, 2008.6.10. (http://www.newswire.co.kr)

다 구체적인 안내글, 역사와 문화를 포함한 스토리텔링 등이 첨부된다면 더욱 발전을 기대할 수 있을 것이다.

끝으로, 한 공간을 국가 브랜드로 만든다는 외향적 목적만을 위한 노력과 함께 도시민을 위한 진정한 공간의 가치를 창출하는 궁극적인 목적을 함유한 한강의 공공디자인이 창출되기를 기대한다.

참고문헌

디자인 서울 프로젝트 http://design.seoul.go.kr
한강사업본부 http://hangang.seoul.go.kr

NEWSWIRE, 「한강르네상스, 한강공원 시설물에 세련된 디자인 입힌다」,
    www.newswire.co.kr(2008.6.10.)
SP투데이, 「(사인 시스템 엿보기)한강 안내사인의 변신은 '무죄'」, www.
    sptoday.com(2009.1.12)
웰빙뉴스, 「한강에서 만나는 디자인의 즐거움」, http://iwellbeing.ne
    (2011.9.28)
하이서울, 「한강공원 사인, 디자인 옷을 입다」, http://mediahub.seoul.go.kr
    (2008.6.1)

OECD 콘퍼런스, 「세계화로 가는 도시의 정책」, 『마드리드 OECD 콘퍼런스 발
    표문』, 2007.
공전선, 『사인문화』, 2005.11.
박용철 외, 「도시수변공간의 지속가능한 생태복원기반 개발에 관한 연구-한강
    르네상스 프로젝트를 중심으로」, 『공공디자인학연구』 제3권 3호, 2008.
서민정·전유라, 「공공시설 사인디자인의 색채활용에 관한 연구-문화예술 공간을
    중심으로」, 『커뮤니케이션디자인학연구』 NO.24, 2007.
서혜욱, 「공공디자인정책」, 『서울교육』, 2008.
시정개발연구원, 「한강르네상스 기본계획 및 장기구상 수립방안」, 2007.
신흥경 외, 『story of DESIGN CITY』, 광문각, 2008.
우인식, 「색채분포분석을 통한 도시색채 관리 방안에 관한 연구」, 대전대학교 석
    사학위 논문, 2003.
이성원, 「원에 의한 눈의 상징적 조형성 연구」, 중앙대학교 석사학위 논문, 2006.
임은영·남경숙, 「도시디자인 향상을 위한 한강전망쉼터 디자인평가에 관한 연
    구」, 『브랜드디자인학연구』 통권27호, 2013.

최귀영·여운장, 「디지털미디어시대의 디자인연구」, 『한국디자인포럼』 Vol.5, 2000.

한국연구재단, 「인문사회분야 학술지원사업 디지털인문학사업 신청요강」, 2015.

허유진, 「서울 도심 공공장소의 쾌적성 증진 방안에 대한 연구」, 한양대학교 석사 학위 논문, 2000.

인문콘텐츠를 활용한 스마트 학습 환경 개발

목표기반시나리오를 기반으로

전은화, 정효정

1. 연구의 목적 및 필요성

인문학이란 인간을 중심으로, 인간의 삶에 대한 이해를 목표로 하는 학문이며, 인간의 생물학적인 삶과 그 환경을 다루는 자연과학이나 인간의 사회적인 삶과 그 조건을 다루는 사회과학과도 구별되는 것이다.[1] 현대 사회에서 인문학은 생산성 향상에 직접적으로 기여한 결과를 확인하거나 그 가치를 측정한다는 것이 모호하기 때문에 종종 유용하지 못한 것으로 여겨지기도 한다. 그러나 인문학은 삶을 영위하기 위한 사고의 근간을 이룰 뿐 아니라 종합적 사고와 아이디어의 창발을 위한 토대를 이룬다. 이러한 맥락에서 최근 청소년들을 대상으로 한 인문 교육의 중요성에 대한 인식과 실천이 증가하고 있는 추세이다. 특히 청소년을 대상으로 한 인문 교육의 가치를 높이기 위한 방안과 그 성과를 확인하

* 이 논문은 2015년 대한민국 교육부와 한국연구재단의 디지털인문학사업의 지원을 받아 수행된 연구임 (NRF-2015S1A6A8050947)

[1] 권영민, 「디지털 시대 인문학의 방향」, 『국어국문학』, 2001, 5~13쪽.

기 위한 노력이 점차 확대되고 있다.

정보기술의 발달은 인문적 콘텐츠를 디지털화하여 인문콘텐츠에 접근을 용이하게 할 뿐 아니라, 콘텐츠를 통해 삶에 대한 통찰을 얻는데 유용하게 기여할 수 있게 되었다. 인문콘텐츠 또는 문화콘텐츠란 창의력, 상상력 등을 원천으로 인문적 요소들이 경제적 가치와 결합된 상품을 의미한다.[2] 인문콘텐츠의 개발은 문화 요소와 결합된 생활양식, 전통문화, 예술, 대중문화 등과 같은 다양한 요소에 창의성과 기술을 바탕으로 새로운 부가가치를 부여하는 과정이라고 할 수 있다.

이러한 디지털화된 인문콘텐츠는 다양한 플랫폼과 웹사이트를 통해 제공되고 있다. 문화체육관광부와 한국콘텐츠진흥원에서는 2002년부터 2010년까지 문화원형디지털콘텐츠화 사업을 추진하였으며 2012년 『문화원형콘텐츠 총람집』을 편찬하였다. 전통 문화원형들을 정치, 경제, 종교, 과학, 회화 등 총 14개 분야로 분류해 소개함으로써, 학계 뿐 아니라 드라마, 방송, 애니메이션, 게임, 패션, 디자인 등 다양한 영역에서 활용 가능하도록 했다(문화체육관광부, 2012). 미국의 MIT에서 수행하는 'Visualizing Cultures' 프로젝트는 디지털 인문콘텐츠를 활용한 인문 교육 사업이다. 역사적 사실에 관한 그림, 사진 등의 이미지 자료를 디지털 영상으로 제작하고, 영상 자료를 바탕으로 학술적인 설명을 부가하는 방법으로 제작되었다.[3]

그러나 현재까지 개발된 인문콘텐츠들은 다음과 같은 몇 가지 한계점들을 가지고 있다. 첫째, 자료의 제공이 역사 또는 문학 등 하나의 분야에 국한되었다는 점이다. 역사는 그 자체로 서사를 이루고 있으며, 서사

---

2 홍병선, 「문화예술 콘텐츠 산업에 대한 인문학적 성찰」, 『철학탐구』 36, 2015, 91~105쪽.
3 김현, 「디지털 인문학―인문학과 문화콘텐츠의 상생 구도에 관한 구상」, 『인문콘텐츠』 29, 2013, 9~16쪽.

내에는 다른 문화나 예술 분야와의 연계성을 포함하고 있다. 그러나 지금까지의 콘텐츠들은 단편적 지식 위주로 구성되어 있다는 한계점이 있다. 이러한 문제점에 대해 하나의 역사적 사실 또는 장소에 따라 관련된 인문콘텐츠들을 하나의 스토리텔링을 통해 제공하려는 노력들이 시도되고 있다.[4] 둘째, 대부분의 콘텐츠들은 콘텐츠를 전달하는데 초점을 두고 있기 때문에 사용자들이 제공된 콘텐츠와 능동적으로 상호작용할 필요성을 인식하지 못한다는 것이다. 학습은 목적 지향적(goal-directed)으로 이루어진다. 우리는 성장 과정에서 다양한 학습경험을 하게 되는데, 목적이 배제된 학습경험은 삶에서 의미 있게 활용되지 못하게 된다. 본 연구에서는 목표기반시나리오(Goal-based Scenario) 교수 학습 모형을 적용하여 인문콘텐츠를 보다 적극적으로 탐색하며 학습할 수 있는 방법론적 틀을 제공하고자 한다. 셋째, 학습자와 콘텐츠간 상호작용을 위한 적절한 지원체제가 마련되지 못하고 있다는 점이다. 최근 IT 기술의 발전에 따라 다양한 방식으로 상호작용을 지원하기 위한 플랫폼이 제안되고 있다. 본 연구에서는 학습자와 콘텐츠간 상호작용을 지원하는 스마트 학습 환경을 구현하고자 하였다.

본 연구의 목적은 역사적 서사에 기반을 둔 인문콘텐츠들을 능동적으로 학습해 나갈 수 있도록, 목표기반시나리오 교수 학습 모형 및 스마트 러닝을 위한 설계 원리를 적용한 학습 환경을 설계하는 데 있다.

---

4 임수경 · 김미나, 「디지털인문학 중심 스토리텔링 지식플랫폼 융합 필요성 및 방안 연구」, 『커뮤니케이션 디자인학연구』 54, 2016, 338~351쪽.

2. 이론적 배경

1) 목표기반시나리오 중심의 인문콘텐츠를 활용한 스마트 학습 환경 설계

본 연구에서 인문콘텐츠 구축을 위한 주요 원리는 하나의 역사적 사실과 연관된 이야기들을 스토리텔링 기법을 활용하여 디지털 콘텐츠화한다는 점이다. 아울러 이러한 디지털 인문콘텐츠에 대한 사용자들의 참여를 유도하기 위해서는 보다 적극적인 형태의 학습 기제가 제공될 필요성이 있다. 사용자의 능동적인 참여 활동을 유도하는 스마트 학습 환경의 구현과 목표기반시나리오 모형을 근간으로 하는 교수 학습 모형의 제공을 통해 청소년을 위한 인문 교육용 스마트 학습 환경을 구현하고자 하였다.

(1) 인문콘텐츠 구성을 위한 주요 교수 학습 원리

본 연구에서는 역사적 서사를 근간으로 하여 관련된 문학, 철학, 미술, 음악 분야 콘텐츠들을 하나의 스토리로 엮어 전달하고, 사용자들로 하여금 친근한 방식으로 인문콘텐츠를 경험할 수 있는 상호작용이 가능한 툴을 제공하고자 하였다. 스토리텔링(storytelling)이란 사건에 대한 진술이 지배적인 담화 양식이다. 스토리텔링에 관한 담론은 산업적, 전략적, 실용적, 매체 친화적, 맥락적, 그리고 절차적인 방향으로 더욱 세분화될 필요성이 있다. 이를 통해 학문 분야별 융합이 가능해지며 새로운 장르의 콘텐츠와 문화가 만들어질 수 있다.[5] 본 연구에서는 하나의 역사적 사실을 근간으로 다양한 인문콘텐츠들의 네트워크를 경험할 수 있도록 설계하고 인문콘텐츠에 대한 경험을 통해 새로운 문화를 창출해 내도록 하는 데 초점을 두고 있다. 스토리텔링은 향유자의 체험을 창조적으로 조작하는 전략적 구성과 그 실천이라는 점에서 참여 중심, 체험 중심, 과정 중심적이다. 따라서 스토리텔링을 구현하기 위해서는 서사, 장르, 매체, 구현 기술 등에 대한 텍스트 중심의 논의, 스토리텔링의 향유자의 소구 및 향우를 활성화하기 위한 전략, 성과, 그리고 비용 효과 등에 대한 논의를 모두 포함해야 한다.[6] 본 연구에서는 인문콘텐츠에 대한 접근성, 참여, 체험 등을 촉진하기 위한 전략으로 목표기반시나리오 모형을 하나의 교수 학습 기반으로 제공하였다.

교수 학습 모형이란 콘텐츠를 통해 추구하는 교육의 목표, 콘텐츠를 통해 제공하는 교육적 경험, 교육적 경험의 조직, 그리고 이러한 경험의 획득 여부에 대한 점검 등을 포함하는 일련의 교수 학습 절차를 도식화하고 추상화해 놓은 것이라고 할 수 있다. 본 연구에서 대상으로 선정한 인문콘텐츠를 가장 효과적으로 전달하고, 사용자 인식을 높일 수 있는 교수 학습 모형을 본 콘텐츠 설계의 원리로 제시하고자 하였다.

스마트 학습 환경 구성을 위한 주요 교수 학습 원리와 학습 환경 개발에 대한 시사점을 구체화하면 [표 1]과 같다.

---

5 박기수 외, 「문화콘텐츠 스토리텔링의 현황과 전망」, 『인문콘텐츠』 27, 2012, 9~25쪽.
6 박기수, 「One Source Multi Use 활성화를 위한 문화콘텐츠 스토리텔링 전환 연구」, 『한국언어문화』 44, 2011, 11쪽.

[표 1] 주요 교수 학습 원리와 인문콘텐츠를 활용한 교육 환경 개발에 대한 시사점

주요 교수 학습 원리	시사점
실제적인 과제의 제공	실제적인 과제의 제공
행위를 통한 학습	자발적 참여의 유도
기대 실패 경험	실패의 경험을 통한 학습 유도
	학습자원 및 피드백의 제공
	성찰의 기회 제공

첫째, 인문콘텐츠 활용 학습에서 가장 중요한 요소는 실제적 과제 (authentic task)를 해결해 가며 학습이 가능한 수행 지향적이어야 한다는 점 이다. 학습자들이 실제 체험을 해나가는 과정에서 주인의식과 흥미를 가 지고 학습에 참여할 수 있게 된다. 둘째, 기대 실패를 경험하도록 하는 것 이다. 학습자는 기대가 실패할 경우 원인과 대안을 찾기 위한 반성적인 사고와 탐색 활동을 하게 되는데, 경험에 대한 성찰적 평가는 학습자의 학습 성과를 진화시켜나가도록 돕는다. 셋째, 학습자들의 기대가 실패하 여 실패의 원인과 대안을 찾고자 할 때, 적절한 학습자원 즉 설명이나 자 료, 피드백이 적시에 제공되어야 한다. 또한 성찰과 기존 지식 재구성의 기회를 제공해야 한다. 기대 실패의 경험과 제공된 학습 자원, 성찰의 기 회는 학습자로 하여금 관련된 경험을 풍성하게 하고, 성장하게 한다.

(2) 목표기반시나리오 중심의 교수 학습 설계

본 연구에서는 이상과 같은 콘텐츠 구성의 주요 원리를 목표기반 시 나리오(Goal-based Scenario; 이하 GBS) 모형에 의해 구현하고자 하였다. GBS는 목표 달성에 요구되는 지식을 습득하고 지속적으로 기술을 연마 하는 과정을 통해 자신들의 목표에 도달하도록 촉구하는 시뮬레이션 과

정(Learning by doing simulation)으로 정의된다.[7] GBS 이론은 전통적인 교육이 탈맥락화되어 있으며, 교육을 통해 얻는 지식이 단편적이거나 왜곡된 사실에 그치고 있다는 문제의식에서 비롯되었다. Schank는 자연스러운 학습(natural learning) 즉, 실제 맥락 속에서 행함을 통해서 자신도 모르는 사이에 학습해 가도록 하는 우연적 학습을 유도하는 것이 중요하다는 점을 강조하였다.[8] 학습자의 능동적인 참여 활동을 유도하는 구성주의적 학습과 객관주의적 학습 목표 달성을 동시에 추구하는 GBS는 새로운 방식의 역사교육을 위한 유용한 기반 이론이 될 수 있다. GBS에서 강조하는 학습의 특징을 구체화하면 다음과 같다.[9]

첫째, 학습은 목적 지향적(goal-directed)으로 이루어진다. 우리는 성장 과정에서 다양한 학습 경험을 하게 되는데, 목적이 배제된 학습 경험은 삶에서 의미 있게 활용되지 못하게 된다. 우리는 목적 지향적으로 특정 상황에 주목하고 추론하는 과정을 경험하며 이 과정에서 유의미한 학습을 하게 된다. 둘째, 목적 지향적 학습은 기대 실패(expectation failure)를 통하여 촉발된다. Schank(2003)에 따르면 학습은 특정 기대에 대한 실패를 경험할 때, 뇌에서 회상 전략(reminding strategy)이 작동하면서 시작된다. 기대 실패는 자신이 가지고 있는 지식이 부정확하거나 부족하다는 사실을 깨닫는 것을 의미한다. 예를 들어 자신이 직면한 상황에 대처하기 위하여 시도한 결과가 예상 밖의 실패 혹은 성공을 거두게 되면서, 자신의 지식을 점검하고 분석하는 기회를 얻게 되는 것이다. 셋째, 문제의 해결은 사례를 기반(Case-based)으로 이루어지며, 학습은 문제 해결 사례를 축

---

7 Schank, R.C., Berman, T.R. & Macperson, K.A.. 'Learning by doing'. In C.M. Reigeluth (Ed.), "*Instructional design theories and models: A new paradigm of instructional theory*" Vol.11, Mahwah, NJ: Lawrence Erlbaum Associates, 1999, 161~181쪽.

8 김정훈, 2006.

9 조일현, 「Goal-based Scenarios (GBS) 이론의 재검토」, 『산업교육연구』 9, 2003. 35~56쪽.

적해 가는 과정이다. 기대 실패를 경험한 학습자는 문제의 해결안을 찾기 위하여 이제까지 축적해온 지식과 경험을 활용하게 되고, 문제를 해결한 이후에는 그 해결 사례를 축적해 두었다가 유사한 문제에 직면했을 때 보다 효과적인 방법을 찾는 데 기여하게 된다.

GBS의 설계는 G(Goal)요인과 S(Scenario)요인을 중심으로 이루어진다. G(Goal)요인은 목표를 중심으로 학습이 이루어진다는 점을 강조한다. 이를 위하여 학습자의 입장에서 실제적인 과제를 부여(실제성: Authenticity)하게 된다. 한편 목표 달성을 위하여 학습자들이 몰입할 수 있도록 유도하는 S(Scenario)요인이 필요하다. S요인은 과제를 이해하고, 그 해결 방안을 탐구하는 데 필요한 각종 자료들을 시나리오 또는 스토리 형태로 제시하는 것이다. G요인과 S요인이라는 두 개의 축을 중심으로 한 GBS 설계 원리는 다음과 같다.[10]

첫째, 학습 환경은 학습 목표를 중심으로 설계되어야 한다. 둘째, 학습 목표는 학습자들이 문제를 해결하고 목표를 달성하는 데 필요한 기대의 양과 질을 높이는 데 있다. 셋째, 학습자들에게는 기대 실패의 기회가 제공되어야 한다. 넷째, 학습자들이 기대 실패를 경험하고 실패 원인을 찾는 그 시점에 적절한 설명이나 관련 자료에 접근할 수 있도록 도와야 한다. 다섯째, 제공되는 설명이나 자료들은 학습자들이 몰입할 수 있는 현실적인 것이어야 한다. 여섯째, 효과적인 학습 환경은 학습자에게 성찰의 기회를 제공함으로써 자신의 학습 경험을 재구성할 수 있도록 도와야 한다.

---

10 강명희 외, 『미래를 생각하는 e-러닝 콘텐츠 설계』, 서현사, 2007.

2) 스마트 학습 환경을 통한 상호작용 촉진

스마트 미디어의 발달과 확산은 사회·문화 전반의 변화를 가져왔으며, 특히 청소년 및 대학생들은 이러한 변화의 흐름 속에서 뉴미디어를 적극적으로 수용하고 활용하는 모습을 보이고 있다. 소위 디지털 네이티브라고 일컬어지는 그들은 뉴미디어의 등장에 환호하고 관련된 새로운 문화를 적극적으로 만들어나가고 있다.

이처럼 스마트 기기가 빠르게 확산되면서 스마트폰 중독이나 그로 인해 파생될 수 있는 문제에 대한 우려의 목소리가 크다. 하지만 이미 스마트폰은 그들의 삶 속에서 중요한 역할을 차지하고 있는 매체인만큼 사용하지 못하도록 억지로 통제할 것이 아니라, 오히려 스마트폰을 긍정적으로 활용할 수 있도록 안내하고 교수－학습을 위한 용도로 사용함으로써 교육적 효과를 극대화하려는 노력이 필요한 때라고 할 수 있다.

이러한 시점에서 스마트 기기의 교육용 애플리케이션도 활발하게 개발, 활용되기 시작하고 있다. 애플의 앱스토어나 구글의 안드로이드 마켓에 등록되는 애플리케이션의 숫자는 폭발적으로 증가하고 있으며, 교육 분야의 애플리케이션도 게임과 엔터테인먼트에 이어 가장 많은 수가 등록되어 있다. 이렇게 급증하고 있는 교육용 애플리케이션은 스마트교육의 필요성과 가능성을 넓혀주고 있으며 스마트 시대에 적합한 교육이 무엇인가에 대한 논의를 낳고 있다.

스마트 기기의 확대, 교육용 애플리케이션의 확대에도 불구하고 현재 우리나라 스마트 교육 콘텐츠 시장은 매우 협소하다. 일방향적 콘텐츠 전달과 같이 편중된 목적을 위해 개발된 애플리케이션이 주를 이루고 있으며, 창의성 개발과 같은 고차적 차원의 교육 목적을 위한 애플리케이션은 더욱 찾아보기 어렵다. 스마트 교육이란 "학습자－학습자, 학습자 - 교수자, 학습자 - 콘텐츠간의 소통, 협력, 참여, 개방, 공유 기능이 가능하도록 하는 ICT 기술을 활용하여 수직적이고 일방적인 전통적인 교수, 학습 방식을 수평적, 쌍방향적, 참여적, 지능적, 그리고 상호작용적인 방식으로 전환하여 학습의 효과를 높이고자 하는 총체적인 접근"을 의미한다.[11] "스마트 교육이란 적절한 스마트 기기와 정보통신기술을 활용하여 지식과 정보, 각종 네트워크에의 상시적 접근을 통하여 협력적 상호작용, 지능적 맞춤화, 자기주도적 지식 구성이 가능해진 학습 환경"[12]을 의미한다. 즉, 스마트 교육은 ICT를 기반으로 하는 지능적, 상호작용적인 교육, 구성원 및 콘텐츠간 소통·협력·참여를 통한 자기주도적이고 능동적인 학습을 의미한다고 볼 수 있다. 창의 역량 개발을 위한 교육에서 스마트 교육을 적용하는 것은 일상 생활에서부터 전문 현장과의 연계를 통한 사회적 맥락을 제공하고, 학습자들이 원하는 정보에 언제 어디서든 접근할 수 있도록 하는 장점이 있다. 더욱이 SNS와의 연동은 학습자에게 창의성 발달 과정에서의 내면화와 외현화를 능동적으로 지원하는 기회를 제공할 수 있을 것이다.

스마트 학습 환경이 인문콘텐츠를 활용한 교육에 제공할 수 있는 가치는 콘텐츠 제공(Content), 정보 수집(Capture), 정보 처리(Compute), 소통(Communicate)이라고 하는 네 가지 차원에서 살펴볼 수 있다.[13]

---

11 위키피디아, http://ko.wikipedia.org(2016)
12 임병노 외, 「스마트교육 콘텐츠 및 프로그램 품질인증 가이드라인 개발 연구」, 『연구보고』 KR2012-1, 한국교육학술정보원, 2013.
13 서영석 외, 『모바일 러닝 설계』, 시그마프레스, 2014.

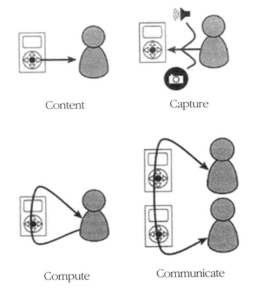

Content   Capture

Compute   Communicate

[그림 1] 스마트 학습 환경이 지원하는 4C

먼저 스마트 학습 환경이 지원할 수 있는 첫 번째 가치는 콘텐츠 제공 (Content)이다. 스마트 미디어의 일반적인 기능 중 하나는 다양한 콘텐츠로의 접근을 지원하는 것이다. 학습자가 필요로 하는 적시(just-in-time)에 언제 어디서나 상시로 정보를 제공해줄 수 있으며, 상황 맥락적인 지원이 가능하다. 이와 같은 지원은 학습자의 경험을 더욱 풍성하게 하기 위한 가장 기본적인 지원이라고 할 수 있다.

두 번째 가치는 정보 수집을 돕는 것(Capture)이다. 마이크와 카메라, 문자 입력 등 다양한 경로를 통해 스마트 기기에 데이터를 수집할 수 있다. GPS를 활용하여 위치 정보를 기록하거나, 학습자들의 미션 수행 과정을 비디오로 녹화하고, 상황을 기록하고, 맥락적인 자료를 수집할 수도 있다. 이들 정보들을 저장한 후에는 클라우드 컴퓨팅 기술을 기반으로 저장하거나 공유할 수 있으며, 이후에 성찰할 수 있도록 지원한다.

세 번째 가치는 정보를 입력(Compute)하고 단말기는 그 결과를 정보로 가공하거나 보다 의미 있는 자료를 만들어내는 처리 기능이다. 예를 들어 계산 기능을 활용하거나, 이해하기 어려운 데이터의 변화를 분석하기 위한 그래프를 그려볼 수도 있다. 이는 학습자들의 역량을 확대하는 데 매우 효과적일 수 있다.

마지막 가치는 타인과 연결하고 소통(Communicate)하도록 돕는 기능이다. 스마트 기기가 지원하는 소통 기능에는 메신저, 마이크로 블로깅(micro bloging), 문자 메시지(SMS)와 Facebook, LinkedIn, Twitter와 같은 소셜 네트워킹 서비스가 있다. 학습자들은 소통 기능을 활용함으로써 학습 과정에서 자신의 생각과 아이디어를 동료와 공유하거나 전문가들과 의사소통할 수 있다. 이는 학습을 통해 얻게 되는 지식을 내면화·외현화를 지원함으로써 학습 성과를 개인적 차원 및 사회적 차원에서 발달할 수 있도록 돕게 된다.

3) 인문콘텐츠의 디지털화를 위한 기술

IT를 활용하여 문화기술은 문화와 기술이 합체된 개념으로 그 자체만으로도 이미 융복합의 성질을 띠고 있다.[14] 인문학적 콘텐츠를 디지털화함으로써 인문적 체험들을 공유하고 새로운 가치로 승화시킬 수 있다. 인문콘텐츠의 디지털화란 정보기술(Information Technology)의 도움을 받아 새로운 방식으로 수행하는 인문학 연구와 교육, 그리고 이와 관계된 창

---

[14] 한동승 외, 「미디어와 문화기술 그리고 인문콘텐츠」, 『인문콘텐츠』 27, 2012, 53~59쪽.

조적인 저작 활동을 일컫는 말이다.[15] 이것은 전통적인 인문학의 주제를 계승하면서 연구 방법 면에서 디지털 기술을 활용하는 연구, 그리고 예전에는 가능하지 않았지만 컴퓨터를 사용함으로써 시도할 수 있게 된 새로운 성격의 인문학 연구를 포함한다. 한국관광공사에서 출시한 〈신라역사여행〉 등 백제, 가야 역사여행과 중앙박물관, 경주 및 가야 박물관 앱은 그동안 보지 못했던 여행안내에 대한 새로운 패러다임을 보여주고 있다. 경주 불국사와 안압지 등 대상 지역이 비록 제한적이기는 하지만 그동안 PC에서 접해 왔던 여행 정보의 기능을 넘어, 현장은 물론 어느 곳에서나 실시간, 개인별 맞춤 스토리텔링 오디오 안내 서비스가 제공된다.[16] 2012년 문화체육관광부와 한국콘텐츠진흥원에서는 2002년부터 2010년에 걸쳐 문화원형의 발굴과 활용 사례를 모은 『문화원형콘텐츠 총람집』을 편찬하였다. 본 보고서에는 총 14개 분야 200개의 주요 문화원형들에 대한 상세한 안내를 포함하고 있다. 개발한 문화원형 사업 결과물은 포털사이트를 통해 공개되고 있으며 또 다른 창작 원천으로 활용될 수 있도록 허용하고 있다.[17]

스마트 기기를 포함한 디지털미디어의 보급은 콘텐츠 개발과 보급에 있어서 획기적인 가능성을 제공하고 있다. 그 중에서도 사물인터넷 (Internet of Things; IoT)은 언제 어디서나 무엇과도 연결될 수 있는 통신 환경, 즉 사람과 사람, 사람과 사물, 사물과 사물간 커뮤니케이션을 가능하게 할 새로운 생태계로 인식되고 있다.[18] 사물인터넷의 보다 직접적인 출

---

15 김현, 「디지털 인문학―인문학과 문화콘텐츠의 상생 구도에 관한 구상」, 『인문콘텐츠』 29, 2013, 9~16쪽.

16 오마이뉴스, 「스마트폰 어플로 역사를 흥미롭고 즐겁게」, http://www.ohmynews.com(2011. 9. 26)

17 박기수 외, 「문화콘텐츠 스토리텔링의 현황과 전망」, 『인문콘텐츠』 27, 2012, 9~25쪽.

18 김민형 외, 「사물인터넷과 초연결사회: 개념적 토대 및 기술인문학의 가능성」, 『영상문화』 27, 2015, 215~238쪽.

현은 1999년 P&G의 엔지니어이자 MIT대학 Auto-ID Center의 디렉터였던 애쉬튼이 RFID 및 센서가 사물에 탑재된 사물인터넷이 구축될 것이라고 언급하면서 등장하였으며,[19] IT 기술의 발달에 따라 점차 그 기술과 개념이 점차 진화하고 있다.[20] 문화재청에서는 국가문화유산포털을 구축하여 〈내 손안의 궁〉이라고 하는 모바일 통합 서비스를 제공하고 있다. 구글 플레이스토어나 앱스토어를 통해 다운로드 받을 수 있으며, IoT 기반의 사물 인식으로 콘텐츠를 제공하고 있다.[21]

인문콘텐츠 간 네트워킹과 공유를 가능하게 할 또 하나의 IT 기술은 위치기반서비스(Location Based Service)이다. LBS는 위치정보 수집·이용·제공과 관련된 모든 유형의 서비스를 지칭한다. 위치정보는 개인 또는 사물이 특정한 시각에 존재했던 정보나 존재했던 장소에 관한 정보로서 전기통신설비 및 전기통신회선설비를 이용하여 수집한 것을 의미한다.[22] 시장조사업체인 가트너와 ABI 리서치가 발표한 보고서에 따르면 LBS 시장 규모는 오는 2016년 전체 124억 달러에 이를 것으로 전망하고 있다.[23] 또한 LBS 기술을 SNS(Social Networking Service)와 융합하여 콘텐츠를 만드는 것을 새로운 문화콘텐츠 기술로 꼽고 있다.[24] [표 3][25]은 국내에서 제공되는 LBA 서비스를 유형별로 분류한 것이다. SNS와 연관하여 해당 지역에 관련된 역사, 문학, 예술 작품에 대한 정보를 제공하는 형태의 서비스를 제공할 수 있을 것이다.

---

19 Ashton, K., 'hat 'internet of things' thing', "RFID Journal" 22(7), 2009. pp.97~114.
20 김민형 외, 앞의 논문.
21 국가문화유산 포털, from http://www.heritage.go.kr(2016, 6)
22 박찬휘 외, 「2015 국내 LBS 산업 실태 조사 결과보고서」, 『한국인터넷진흥원』, 2016.
23 위의 논문.
24 심연숙, 「LBS(Location Based Service)를 이용한 모바일 관광정보 어플리케이션에 관한 연구」, 『커뮤니케이션디자인협회』 41, 2012. 188~195쪽.
25 앞의 논문, 191쪽.

[표2] 국내 LBA 서비스 분류

분류	서비스	활용영역
Tracking	위치확인 서비스	특정인 차량 또는 이동 자산 등의 현재 위치를 파악하거나 위치 변동을 시간대별로 추적하여 그 위치를 서비스 가입자에게 통보함.
Safe & Security	안전 및 보안서비스	특정인 또는 대상의 응급 상황 발생 시 경보와 함께 위치를 파악하여 서비스 가입자에게 통보하고 필요시 조치를 취함.
Information	주변지역 정보 제공 서비스	가입자 주변에 위치한 음식점이나 주차장 등의 정보를 제공함.
Commerce	광고 및 상거래 응용서비스	일정 범위 내의 특정 지역에 위치한 휴대폰 가입자들을 대상으로 가까운 업소의 쿠폰을 다운로드 받을 수 있게 하는 행사 등을 홍보함.
Navigation	교통 및 항법 응용 서비스	가입자가 설정한 목적지까지의 구간에서 교통 상황을 감안한 가장 빠른 경로를 선택하여 안내함.

　　영국 박물관에서 제공하는 〈Street Museum〉 앱은 증강현실과 위치기반서비스를 이용하여 도시의 주요 지역에 다다르면 지역과 관련된 여행 정보를 제공하고 있다.[26]

　　사물인터넷, 위치기반서비스 등과 더불어 부각되는 콘텐츠 개발 기술은 증강현실 및 가상현실 분야이다. 증강현실(Augmented Reality)이란 실제 영상에 가상 세계 영상을 혼합하여 사용자와 가상 세계와의 상호작용을 가능하도록 구현한 컴퓨터 인터페이스 기술이다.[27] 사물이나 정보를 합성하여 원래의 환경에 존재하는 사물처럼 보이도록 하는 컴퓨터 그래픽 기법이다. MIT가 출간한 『Technology Review 2007』에서는 미래를 변화시킬 10대 기술로 증강현실(Augmented Reality) 기술을 선정하였다. 가상

---

26 Museum Of London, http://www.museumoflondon.org.uk
27 한국전자통신연구원, 「실감형 e-러닝기반 개인 맞춤형 학습시스템 개발에 관한 연구」, 2007, 06MC1900-01-07029.

현실(Virtual Reality; VR)이란 3차원의 다감각적이고, 실제적이며, 상호작용적인 디지털 환경이라고 할 수 있다.[28] 증강현실이 현실 세계를 기반으로 하는 것에 비해 가상현실은 가상의 환경을 기반으로 한다는 점에서 차이가 있다. 가상현실 기술은 대중의 상상력을 촉발하며 미래 교육, 직업, 여가 분야 등에서 다각적으로 활용될 전망이다. 가상현실은 고글 형태의 경량화된 HMD 단말 형태의 기기를 머리에 쓰거나 카드보드 형태의 기기 등을 통해 구현되고 있으며 글로벌 기업뿐 아니라 우리나라에서도 단말 개발이 가속화되고 있다. 증강현실 및 가상현실 기술은 교육 분야에 있어서 매우 광범위하게 적용되고 있다. 실험 도구들을 손으로 직접 다루면서 학습 흥미와 몰입을 극대화할 뿐 아니라 경험의 기회를 확대한다는 데 있어서 많은 가능성을 가지고 있다. 〈프라이드 인 코리아〉는 가상현실 기술을 도입하여 디지털 체험존을 만들어 역사 콘텐츠를 접할 수 있도록 구현하였는데, 고구려 광개토대왕과 해상왕 장보고의 영웅담을 담은 3D 입체 영상을 체험할 수 있도록 하였다. 또한 우리나라 대표 자연 유산인 독도를 가상현실로 체험할 수 있는 공간을 제공하고 있다.[29]

3. 연구 방법 및 절차

본 연구를 위해서 문헌 연구를 통해 인문콘텐츠 개발을 위한 기술적 요소와 교수 학습 모형을 검토하고 근간이 되는 설계 및 개발 원리를 도출하였다. 본 연구의 주요 연구 방법 및 절차는 다음과 같다.

---

28 Roussou, M., 'Learning by doing and learning through play: an exploration of interactivity in virtual environments for children', "Computers in Entertainment"(CIE), 2(1), 2004, 10쪽.
29 한국경제,「'IT랜드' 에버랜드」. from http://www.hankyung.com(2016. 5. 28)

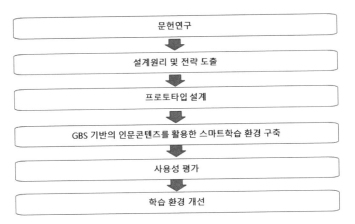

[그림 2] 연구 방법 및 절차

전체 콘텐츠 개발 절차는 GBS에서 제안하는 미션(Mission), 커버스토리 (Cover story) 및 역할(Role), 시나리오 운영(Scenario operations) 단계(Schank & Cleary, 1995)로 나누어 추진되었다. 전체 콘텐츠 설계는 [그림 3]과 같이 GBS 설계 모델 개념도에 준하여 추진되었다.

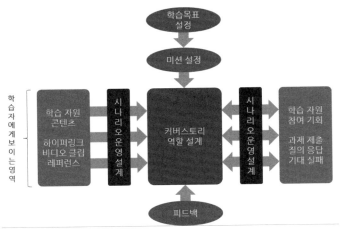

[그림 3] GBS 설계 모델 개념도[30]

[표 3]은 GBS 설계 요소에 따른 주요 개념을 나타낸 것이다.

[표 3] GBS 설계 요소

설계 요소		개념
미션		동기를 부여할 수 있는 수행 목표
커버스토리		미션을 위해 필요한 배경 이야기
역할		커버스토리 내에서 학습자의 역할
시나리오 운영	시나리오 활동	미션 수행을 위한 모든 활동(학습목표 반영)
	학습자원	목표 달성에 필요한 정보 및 다양한 자원
	피드백	활동에 대한 코치, 전문가의 피드백

콘텐츠 주요 설계 원리는 스마트 학습 환경이 인문콘텐츠를 활용한 교육에 제공할 수 있는 4가지 가치(4C; Content, Capture, Compute, Communicate) 원리(서영석 외, 2014)가 적용될 수 있도록 도출하였다. 도출된 주요 설계 원리는 ① 콘텐츠를 단순히 제시하는 것이 아니라 콘텐츠를 활용한 실제적인 과제 맥락을 제공할 것, ② 자발적으로 참여를 유도할 수 있는 기재를 제공할 것, ③ 실패의 경험을 통해 학습을 유도할 것, ④ 추가적인 학습 자원과 학습 경험에 따른 피드백을 제공할 것, 그리고 마지막으로 ⑤ 성찰을 통해 반추할 수 있는 기회를 제공할 것이었다.

도출된 설계 원리에 따라 인문콘텐츠를 활용한 스마트 학습 환경 프로토타입을 개발하였다. 개발된 프로토타입에 대해서는 6명의 전문가로 하여금 사용성 평가를 실시하였다. 사용성 평가는 '스마트 콘텐츠의 품질 평가에 대한 연구'[31]에서 사용되었던 문항 중 교수 학습 지원과 동기 유발과 관련된 문항만을 선별하여 구성하였다.

---

30 조일현 외, 「GBS+ 설계모델을 적용한 e-learning 코스웨어 개발 연구」, 『기업교육연구』 4(2), 2002.
31 임병노 외, 앞의 논문.

4. 인문콘텐츠를 활용한 스마트 학습 환경 프로토타입 개발

1) 설계 원리 및 전략 도출

GBS 이론 및 스마트 학습 환경의 교육적 가치를 검토함으로써 얻은 시사점을 바탕으로 역사교육을 위한 스마트 학습 환경의 설계 전략을 다음과 같이 도출하였다.

[표 4] GBS 기반 스마트 학습 환경 설계 원리

설계 원리	Content	Capture	Compute	Communicate
실제적인 과제의 제공	○			
자발적 참여의 유도	○			
실패의 경험을 통한 학습 유도		○	○	
학습자원 및 피드백의 제공	○			○
성찰의 기회 제공				○

첫째, 실제적이고 맥락화된 미션을 제공함으로써 학습자들이 주도적으로 학습에 참여할 수 있도록 유도한다. 이를 위하여 몰입감 있는 스토리를 담은 멀티미디어 자료를 제공함으로써 미션을 제공하고자 한다. 또한 스마트 학습 환경의 특징[32]을 기반으로 다양한 맥락과 상황에 근거한 학습 자원을 직간접적으로 제공함으로써 풍성한 경험을 할 수 있도록 유도한다.

둘째, 학습자들이 몰입할 수 있도록 유도하는 매력적인 커버스토리와 역할을 제시한다. 이는 학습자들이 주어진 미션을 즐겁게 수행해 나갈

---

[32] 임병노 외, 앞의 논문.

수 있도록 돕는다.

셋째, 기존에 알고 있던 지식을 적용해 볼 수 있도록 하고, 기대 실패를 경험함으로써 학습의 기회를 제공한다. 또한 기대 실패를 경험한 시점에 적절한 학습 자원 및 피드백을 제공함으로써 학습의 기회를 제공한다. 이는 학습자로 하여금 능동적인 학습을 유도할 수 있는 장치로 작용하며, 학습자가 자신의 경험을 분석적이고 비판적으로 구성할 수 있도록 이끌어준다.

넷째, 성찰의 기회를 통하여 반성적인 사고와 기존 지식을 재구성할 수 있는 기회를 제공한다. 학습자가 미션 수행 과정에서 얻게 된 자신의 경험과 지식이 어떠한 의미를 갖는지, 어떻게 재구성되었는지, 성찰적인 사고를 할 수 있도록 유도해야 한다. 이와 더불어 커뮤니티, SNS 등의 도구를 활용하여 상호작용할 수 있는 기회를 제공해야 한다. 학습자들은 자신이 얻은 경험을 다른 학습자, 교사, 전문가와 공유함으로써, 개인적 차원의 경험에 그치는 것이 아니라 사회적 경험으로 더욱 풍성해지고 정교화될 수 있다.

2) 프로토타입 개발

본 연구에서는 이상의 설계 원리를 기반으로 인문콘텐츠를 활용한 스마트 학습 환경의 프로토타입을 제안해 보고자 하였다. 도출된 설계 원리는 학습의 맥락과 학습 목표에 따라 다양하게 적용될 수 있을 것이다. 본 연구에서는 '한강'을 대상으로 학습자의 유의미한 학습 경험을 유도하는 통합적 활동을 지원하는 프로토타입을 다음과 같이 개발하였다. 스마트 학습 환경의 전체 구성은 [그림 5], [그림 6], [그림 7], [그림 8]에 제시된 바와 같다.

먼저 메인 화면에서는 학습자가 몰입할 수 있는 스토리와 역할을 부여함으로써 자연스럽게 미션 수행에 참여할 수 있도록 유도한다.

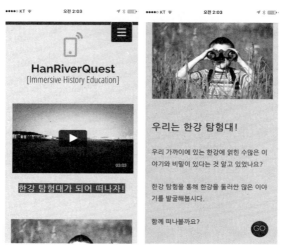

[그림 4] 메인 화면

또한 구글맵스를 기반으로 각 영역별로 관련된 다양한 탐구 주제를 제시하거나 학습자가 직접 탐구 주제를 생성하도록 하여 이를 해결하도록 한다. 학습자는 미션을 통해 해결해야 할 문제들을 발견하고, 해결 방안을 탐색한다는 목적성을 가지고 방문 현장을 관찰하게 되며, 이를 바탕으로 능동적으로 단서를 찾고 해결안을 제시하는 활동을 할 수 있다. 이러한 활동은 학습자가 능동적으로 실제적이고 다양한 경험을 할 수 있도록 촉진한다. 또한 미션 수행 과정 자체가 학습자에게 다양한 상호 작용과 성찰의 기회로 작용하게 된다.

[그림 5] 구글맵스를 기반으로 학습 자원 제공

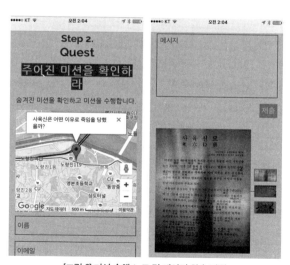

[그림 6] 미션 수행 노트 및 제시된 학습 자원

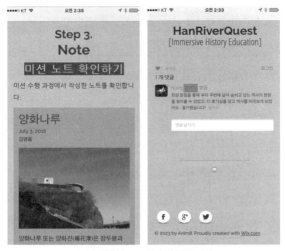

[그림 7] 작성 노트 확인 및 공유 지원

학습자는 자신의 위치를 탐색하고 활동에 따라 지도 안에 담긴 미션을 수행하고, 기록 활동을 통하여 개인적 성찰 활동에 참여하고, 이를 동료들과 공유하고 상호작용할 수 있도록 한다.

5. 인문콘텐츠를 활용한 스마트 학습 환경 프로토타입에 대한 사용성 평가

1) 사용성 평가 방법

학습 환경의 사용성을 평가하고자 전문가를 대상으로 사용편의성을 확인하는 설문을 실시하였다. 사용 편의성에 대한 설문지는 '스마트 콘텐츠의 품질 평가에 대한 연구'[33]에서 사용되었던 문항 중 교수 학습 지원과 동기 유발과 관련된 문항만을 선별하여 구성하였다. 검토에 참여한 전문가는 총 6명으로 교육과 기술 영역으로 구분하여 섭외하였으며, 각 영역에서 박사급 혹은 10년 이상의 경력을 보유한 자로 제한하였고, 구체적인 소속 및 전문성은 다음과 같다.

[표 9] 사용편의성 검토 참여 전문가의 전문성

분야		소속/직급
교육	전문가1	D대학/교수
	전문가2	원격교육연구기관/연구원
	전문가3	교육관련 K연구원/연구원
기술	전문가4	대학교수(UX, HCI 전문가)
	전문가5	L기업/차장(IT 전문가)
	전문가6	B기업/이사(IT 전문가)

2) 사용성 평가 결과

전문가 사용성 평가 결과 개발된 학습 환경에 대한 사용편의성은 평균 4.65로 나타났다. 영역별로는 내용 영역(4.92)에서 가장 높은 점수를 얻었고, 화면 및 인터페이스 영역(4.63), 교수 학습 지원 영역(4.50)의 순으로 나타났다. 특히 학습 내용의 정확성, 적절성, 윤리성(5.00)과 인터페이스가 직관적이고 일관적으로 구성(5.00)되었다는 점, 스마트 기기와 학습자의 특성에 적합하게 설계(4.67)되었다는 점, 안내와 도움 정보의 적절한 제공(4.67) 측면, 쉽고 편리하게 사용할 수 있고 원하는 내용에 접근할 수 있다는 점(4.67), 양질의 멀티미디어 자료를 활용(4.50)하였다는 측면에서

---

33 임병노 외, 앞의 논문.

높은 점수를 얻었다. 상대적으로 적절한 평가 기회 및 피드백 제공(4.17), 학습동기 유발(4.33), 심미성(4.33) 등에서는 다소 낮은 점수를 얻었다.

[표 10] 전문가 사용편의성 검토 결과(5점 척도)

	문항	평균
내용 영역	학습내용은 오타나 오류 없이 정확한 정보를 제공하고 있는가?	5.00
	학습내용이 콘텐츠의 개발의도에 맞도록 타당하게 선정·조직되어 있는가?	5.00
	학습내용의 수준과 난이도, 학습 분량은 대상 학습자의 특성을 적절히 고려하고 있는가?	4.67
	학습내용은 종교, 직업, 성, 인종 등과 관련하여 윤리적으로 문제가 없는가?	5.00
	내용 영역 평균	**4.92**
교수 학습 지원 영역	학습을 위한 도입요소나 활동을 적절히 제시하고 있는가?	4.50
	스마트 기기 및 콘텐츠 특성을 적절히 고려한 내용제시방법이나 전략을 활용하고 있는가?	4.67
	학습에 도움을 주는 안내 및 도움정보를 적절히 제공하고 있는가?	4.67
	스마트기기의 특성에 맞는 다양한 상호작용 활동을 유도하는가?	4.67
	내용 특성 및 상황에 맞게 양질의 멀티미디어 자료를 활용하고 있는가?	4.50
	학습자의 동기를 유발·유지시킴으로써 학습에 몰입할 수 있도록 하는가?	4.33
	학습 진행 도중에 학습 성과를 평가하고 그 결과에 따른 적절한 피드백을 제공하는가?	4.17
	교수학습 지원 영역 평균	**4.50**
화면 및 인 터페 이스 영역	화면 및 인터페이스 디자인이 심미적이고 학습자 특성을 적절히 고려하였는가?	4.33
	학습 진행을 위한 메뉴, 링크, 버튼, 아이콘 등의 인터페이스가 직관적이고 일관성 있게 제시되고 있는가?	5.00
	스마트 기기의 특성 및 학습활동의 특성에 적합한 입력방식을 활용하고 있는가?	4.50
	학습자가 쉽고 편리하게 사용할 수 있으며, 원하는 내용에 접근하는 방법이 복잡한 절차나 여러 단계를 거치지 않고 간편한가?	4.67
	화면 및 인터페이스 영역 평균	**4.63**
	평균	4.65

기타 의견으로는 구글맵스와 하이퍼링크를 기반으로 다양한 학습자 원으로 연계하고자 하는 시도는 적절하다고 판단되나, 해당 활동을 보다 고도화하여 위치기반서비스(Location Based Service)와 모바일 증강현실 기술을 적용하는 시도를 고려할 필요가 있다는 의견이 있었다. 특정 지점에 도착하면 푸시 서비스를 제공하여 보다 몰입감 있는 활동이 가능할 것이라고 제안하였다. 또한 현재로서는 정적인 정보를 주로 제공하고 있기 때문에, 사용자의 위치를 인식하여 전문가의 조언이나 원거리에 있는 동료 학습자들과의 소통이 가능하도록 지원하는 방안 등을 모색할 필요가 있다는 의견이 있었다.

6. 결론 및 제언

문화기술은 문화와 기술이 합체된 개념으로 그 자체만으로도 이미 융복합의 성질을 띠고 있다. 다시 말해서 문화는 발달된 디지털 기술을 기반으로 그것을 향유하는 사람들의 체험과 만족도를 제고시키고 있고, 디지털 기술은 기술이 구현하는 내용으로서의 문화를 선택하고 이를 통해 최신의 기술들을 발전시키고 있는 것이다.[34] 스마트 기기를 포함한 디지털미디어의 보급은 콘텐츠 개발과 보급에 있어서 획기적인 가능성을 제공하고 있다.

본 연구에서는 GBS 이론을 기반으로 디지털 인문콘텐츠 구축을 위한 스마트 학습 환경의 설계 원리를 도출하고, 이를 기반으로 프로토타입을 제안하였다. 본 연구에서 도출한 구체적인 설계 원리를 정리하면 다

---

[34] 한동숭 외, 「미디어와 문화기술 그리고 인문콘텐츠」, 『인문콘텐츠』 27, 2012.

음과 같다.

첫째, 실제적이고 맥락화된 미션을 기반으로 학습자들이 능동적으로 학습 과정에 참여할 수 있도록 유도한다. 이를 위하여 멀티미디어를 활용한 스토리텔링 자료를 통해 미션을 제시함으로써 몰입감을 높여준다. 또한 다양한 맥락과 상황과 관련된 학습 자원을 직간접적으로 제공함으로써 풍성한 경험을 지원한다.

둘째, 기존에 알고 있던 지식을 적용해 보고 기대 실패를 경험하게 하며, 기대 실패와 관련된 적절한 학습 자원 및 피드백을 적시에 제공함으로써 학습의 기회를 제공한다. 이는 능동적인 학습과 비판적 성찰 활동을 이끌어내는 역할을 한다.

셋째, 성찰 활동을 통해 반성적인 사고와 기존 지식을 재구성할 수 있는 기회를 제공한다. 미션을 수행하는 과정에서 얻게 된 경험과 지식을 반추하고, 커뮤니티, SNS 등의 도구를 기반으로 공유하도록 함으로써 개인적 성찰과 사회화된 성찰이 이루어지도록 유도한다.

마지막으로 스마트 학습 환경의 특징을 활용하여 일방향적으로 학습 내용을 제공하는 것에 머무르지 않고, 학습자들이 자발적으로 정보를 수집하고 입력하고, 연결하고 소통할 수 있도록 돕는다.

이상의 설계 원리를 토대로 스마트 학습 환경에 대한 프로토타입을 개발하였으며, 관련 전문가들을 대상으로 개발된 프로토타입의 사용성 평가를 실시하였다. 사용성 평가 결과 학습 내용의 정확성, 적절성, 윤리성 등의 영역에서는 높은 점수를 얻었으나, 학습자들의 몰입을 유도하기 위한 전략을 고도화하고 심미성을 강화할 필요가 있는 것으로 나타났다. 또한 위치기반서비스와 AP 기술을 활용하는 등의 시도를 추가적으로 고려할 필요가 있음을 확인할 수 있었다. 본 연구 결과에 따라 그 한계 및 후속 연구를 제안하면 다음과 같다.

첫째, 개발된 프로토타입의 기능적, 내용적 개선을 진행하고 효과성을 검증하는 연구가 필요하다. 이를 통하여 실제 교육 현장에서 효과를 나타내는지, 실효성과 유용성을 확인할 필요가 있으며, 이는 현장 연구를 통해 평가 및 검증해야 한다.

둘째, 제안된 스마트 학습 환경을 기반으로 실제 교육을 운영하기 위한 수업 모형에 대한 연구가 필요하다. 수업 모형은 교과 교육 수업과의 연계를 시도하는 수업 모형, 자유학기제 운영을 위한 자율적 수업 모형, 다양한 교과 교육을 융합한 STEAM형 수업 모형 등을 생각해 볼 수 있다. 이처럼 스마트 학습 환경에 기반을 둔 수업 모형에 대한 연구를 진행함으로써 현장에서 활용할 수 있는 세부적인 제안이 이루어져야 한다.

셋째, 기술적 측면에서 새롭게 시도할 만한 새로운 방향성과 가능성 탐색이 필요하다. 본 연구에서는 GBS와 스마트 학습 환경에 대한 검토를 기반으로 스마트 학습 환경에 대한 설계 원리를 도출하였다. 최근 발표된 호라이즌 리포트(Horizon Report)[35]에 따르면 향후 10년 이내에 교육 현장에 영향을 미칠 미디어에는 BYOD(Bring Your Own Device), 가상현실과 증강현실, 3D 프린터와 메이커스페이스, 학습 분석, 로보틱스 등이 있다. 이러한 기술들은 서로 분리되어 있다기보다는 서로 융복합적으로 교육 현장에 영향을 미치게 될 것이며, 디지털 인문학의 관점에서도 중요하게 고려해야 할 측면이라고 볼 수 있다. 테크놀로지의 발달에 따라 향후 교육은 어떤 방향으로 나아가야 하며, 향후 스마트 미디어에 기반을 둔 교육의 발전 가능성을 모색해 보는 연구가 필요하다.

---

[35] Johnson, L. · Adams Becker, S. · Estrada, V. & Freeman, A., 'The NMC Horizon Report: 2015 Museum Edition.' "New Media Consortium. 6101 West Courtyard Drive Building One Suite"100, Austin, TX 78730, 2015.

참고문헌

1. 단행본
강명희 외, 「미래를 생각하는 e-러닝 콘텐츠 설계」, 서현사, 2007.
이인화 외, 『디지털스토리텔링』, 황금가지, 2003.

2. 논문
김민형 · 김현주, 「사물인터넷과 초연결사회: 개념적 토대 및 기술인문학의 가능
　　　　성」, 『영상문화』 27, 2015.
김　현, 「디지털 인문학 – 인문학과 문화콘텐츠의 상생 구도에 관한 구상」, 『인문
　　　　콘텐츠』 29, 2013.
류인영 외, 「가상현실 기술을 활용한 역사학습 콘텐츠의 구현」, 『한국콘텐츠학회
　　　　논문지』 9(8), 2009.
박기수, 「One Source Multi Use 활성화를 위한 문화콘텐츠 스토리텔링 전환 연
　　　　구」, 『한국언어문화』 44, 2011.
박기수 · 안승범 · 이동은 · 한혜원, 「문화콘텐츠 스토리텔링의 현황과 전」, 『인문
　　　　콘텐츠』 27, 2012.
박찬휘 외, 「2015 국내 LBS 산업 실태 조사 결과보고서」, 『한국인터넷진흥원』,
　　　　2016.
성봉식, 「Goal-Based Scenarios에 기초한 절차적 학습과제 교수설계모형 개발
　　　　연구」, 서울대학교 대학원 교육공학전공 석사학위논문, 2005.
심연숙, 「LBS(Location Based Service)를 이용한 모바일 관광정보 어플리케이
　　　　션에 관한 연구」, 『커뮤니케이션디자인협회』 41, 2012.
임병노 외, 「스마트교육 콘텐츠 및 프로그램 품질인증 가이드라인 개발 연구」,
　　　　『연구보고』 KR 2012-1, 한국교육학술정보원, 2013.
임수경, 김미나, 「디지털인문학 중심 스토리텔링 지식플랫폼 융합 필요성 및 방안
　　　　연구」, 『커뮤니케이션 디자인학연구』 54, 2016.
조일현, 「Goal-based Scenarios (GBS) 이론의 재검토」, 『산업교육연구』 9, 2003.
조일현 외, 「GBS+ 설계모델을 적용한 e-learning 코스웨어 개발 연구」, 『기업

교육연구』4(2), 2002.

최정 외, 「역사 체험 프로그램에서 위치기반기술 및 게임화 적용 사례 연구」, 『한국컴퓨터게임학회논문지』28(2), 2015.

한동숭 외, 「미디어와 문화기술 그리고 인문콘텐츠」, 『인문콘텐츠』27, 2012.

Ashton, K., 'That 'internet of things' thing.' "RFID Journal"22(7), 2009.

Evans, D., 'How the internet of everything will change the world for the better. Cisco blog.', 2012

Johnson, L. · Adams Becker, S. · Estrada, V. & Freeman, A., 'The NMC Horizon Report: 2015 Museum Edition.' "New Media Consortium. 6101 West Courtyard Drive Building One Suite"100, Austin, TX 78730, 2015.

Roussou, M., 'Learning by doing and learning through play: an exploration of interactivity in virtual environments for children.', "Computers in Entertainment (CIE)", 2(1), 2004.

Schank, R.C. · Berman, T.R. & Macperson, K.A., 'Learning by doing.' In C.M. Reigeluth (Ed.), "Instructional design theories and models: A new paradigm of instructional theory" Vol.11, Mahwah, NJ: Lawrence Erlbaum Associates, 1999.

3. 사이트

국가문화유산 포털 from http://www.heritage.go.kr(2016.6)

오마이뉴스, 「스마트폰 어플로 역사를 흥미롭고 즐겁게」 http://www.ohmynews.com(2011.9.26)

위키피디아, http://ko.wikipedia.org(2016)

한국경제, 「'IT랜드' 에버랜드」, http://www.hankyung.com(2016.5.28)

찾아보기